A AMEAÇA DO OUTRO

coleção de antropologia
movimentos religiosos no mundo contemporâneo

Liliana Porto

A AMEAÇA DO OUTRO

Magia e Religiosidade no Vale do Jequitinhonha (MG)

cnpq/pronex
attar editorial
2007

coleção de antropologia
MOVIMENTOS RELIGIOSOS NO MUNDO CONTEMPORÂNEO

Coordenador
José Jorge de Carvalho

Conselho Editorial
Otávio Velho
José Jorge de Carvalho
Regina Novaes
Rita Laura Segato
Ari Pedro Oro

Supervisão editorial
Sergio Rizek

Revisão
Percival de Carvalho

Diagramação e capa
Silvana Panzoldo

Dados Internacionais de Catalogação na Publicação (CIP)
(Câmara Brasileira do Livro, SP, Brasil)

Porto, Liliana
A ameaça do outro : magia e religiosidade no Vale do Jequitinhonha (MG) / Liliana Porto. -- São Paulo : Attar, 2007, -- (Coleção de antropologia : movimentos religiosos no mundo contemporâneo)

Apoio: CNPq, Pronex.
Bibliografia.

1. Antropologia 2. Jequitinhonha, Rio, Vale - História 3. Magia 4. Religiosidade I. Título. II. Título : Magia e religiosidade no Vale do Jequitinhonha (MG) III. Série

07-5446 CDD-306.60981512

Índices para catálogo sistemático:

1. Jequitinhonha : Vale : Minas Gerais : Magia e religiosidade : Antropologia cultural : Sociologia 306.60981512

2. Magia e religiosidade : Vale do Jequitinhonha : Minas Gerais : Antropologia cultural : Sociologia 306.60981512

ISBN 978-85-85115-29-7

ATTAR EDITORIAL
rua Madre Mazzarello 336 05454-040 São Paulo - SP
fone/fax (11) 3021 2199 www.attar.com.br

Em memória de Seu Manoel,
Seu Vicente e Dona Maria de Rosa,
João Preto e D. Zeolita.

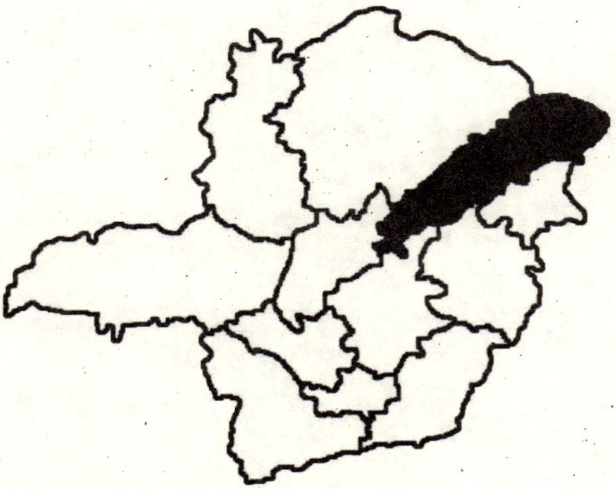

Vale do Jequitinhonha – Minas Gerais

Sumário

AGRADECIMENTOS

Este livro consiste em uma versão modificada de minha Tese de Doutorado em Antropologia Social pela Universidade de Brasília. A realização do doutorado ao longo de cinco anos, período em que estive morando e trabalhando em diversos locais, faz com que seja difícil agradecer a todos aqueles que, direta ou indiretamente, contribuíram para a redação do texto final. Além disso, a opção por adotar nomes fictícios para Terras Altas e seus habitantes me leva a não poder aqui citá-los nominalmente. Reconheço, assim, inicialmente, a importância de todos aqueles que comigo conviveram na cidade pelos mais de dois anos, ao longo de oito, em que lá estive fazendo campo. Muitos dos moradores locais não só colaboraram com informações e material para minha pesquisa, mas também me receberam em suas casas e estabeleceram comigo laços de amizade que perduram até hoje. Sem eles, este trabalho seria impossível.

Agradeço a todos os professores do Departamento de Antropologia da UnB que contribuíram, ao longo do mestrado e doutorado, para a consolidação da minha formação acadêmica, em especial à Prof. Mariza Peirano. A convivência com as turmas de doutorado do Departamento de Antropologia que ingressaram em 1998 e 1999 representou uma oportunidade de significativo desenvolvimento tanto intelectual quanto pessoal. E a possibilidade de morar com Tia Wânia, Carlinhos, Lu e Lê é algo que até hoje me deixa feliz. Eles criaram um ambiente ótimo de convivência e reflexão, e me deram um suporte fundamental, principalmente nos momentos difíceis pelos quais passei no período de término dos créditos.

Durante parte do tempo que passei em Terras Altas, e depois em Belo Horizonte, Mônica foi uma amiga indescritível, sempre pronta a me agüentar nas piores horas. Já minha ida para Diamantina para trabalhar nas Faculdades Federais Integradas de Diamantina (FAFEID, atualmente Universidade Federal do Vale do Jequitinhonha e Mucuri – UFVJM), no último ano de escrita da tese, me trouxe a oportunidade de usufruir da presença de amigos queridos que não estavam próximos, e também de conhecer outros muito especiais. Destaco

Harriman, Tim, Cunha e Nádia, Paulo Messias, Neudes, Emerson, Vanessa e Vítor, Fabiane e Léo, Fulgêncio, Zanza, Lúcia, Lucy. Morar com Madalena, Silmá, Raquel, D. Carmem e Seu José, e conviver por um ano com Vera e Diogo, e depois com Zilda, foram para mim oportunidades únicas, pelas pessoas maravilhosas que são. Com Aécio, Sandra e Breno estreitei ainda mais os laços de carinho e amizade. Aécio, além de participar dos meus dramas e crises, também discutiu comigo vários trechos da tese e me ajudou a estruturar melhor meus argumentos. A saída para a Universidade Federal do Paraná foi crucial para meu desenvolvimento profissional, mas a memória de Diamantina e de todos que comigo conviveram no período em que lá estive é significativa em minha vida.

O CNPq teve papel decisivo na garantia das condições de possibilidade de realização das disciplinas e pesquisa, ao me fornecer bolsa de doutorado por quatro anos, bem como na publicação deste texto através do Pronex "Movimentos Religiosos no Mundo Contemporâneo". Também a liberação da FAFEID me facultou o término da redação no prazo previsto. Agradeço às duas instituições por isso.

Gostaria, ainda, de destacar e agradecer a disponibilidade das professoras Deis Siqueira, Nei Clara de Lima, Ondina Pena Pereira e Rita Laura Segato, por terem se prontificado a, por duas vezes, participar da banca de defesa desta tese – a primeira delas com o texto ainda não concluído, o que fez com que suas observações fossem fundamentais para o formato final que ele tomou. A orientação do Prof. José Jorge de Carvalho sempre conjugou intervenções cruciais com o respeito por meu trabalho, além de ter sido para mim muito mais que apenas uma orientação. Ele e Rita são pessoas que admiro não somente pelo seu fôlego intelectual, mas também por sua postura frente ao conhecimento. Ambos marcaram significativamente minha formação e a maneira como encaro hoje a Antropologia.

Por fim, reconheço que sem minha família, principalmente meus pais e minhas irmãs, não conseguiria atingir o resultado que atingi. Minha mãe sofreu comigo todos os meus dramas ao longo dos cinco anos de doutorado, se deslocando várias vezes de Belo Horizonte para estar junto a mim. As meninas me apoiaram nas melhores e piores horas, Lia ainda mais de perto.

À minha família dedico este livro.

Problemas relativos à abordagem da religiosidade popular e da magia

A compreensão do universo de Terras Altas[1] – local em que foi realizada a etnografia que deu origem a este trabalho – e, em certa medida, do Alto Vale do Jequitinhonha de maneira mais ampla, principalmente no que se refere às visões de mundo e dos "outros" de seus habitantes, implica em uma imersão na religiosidade local e na maneira como os moradores da cidade concebem e temem as possibilidades de intervenção mágica no mundo e, em particular, em suas próprias vidas. Como argumentarei ao longo do texto, tais concepções constituem uma maneira específica de se relacionar com o entorno e com a alteridade, tendo influências marcantes nas relações sociais, nas disputas de poder, no tratamento da diferença, na percepção de ligações de causa e efeito peculiares ao mundo natural e entre este e o mundo sobrenatural (até mesmo a definição de natureza e sobrenatural se complexifica), só para citar alguns exemplos. A opção pela análise da religiosidade popular e de seus vínculos com a crença na magia se coloca, portanto, como dada pelo próprio contexto de pesquisa.

Esta opção, contudo, suscita questões relevantes de distintos níveis, indo desde os motivos que sustentam a afirmação acima de centralidade e as estratégias de campo utilizadas até os problemas teóricos envolvidos na abordagem e as especificidades da construção do texto etnográfico. Principalmente ao levar-se

1. Este é um nome fictício para a cidade estudada. Os motivos que me levaram a não revelar sua real identidade ficarão mais claros no item III deste capítulo.

em conta que a relevância que a magia adquire no imaginário local, sobretudo no que se refere à crença em feitiçaria, está vinculada a uma estigmatização regional do grupo. Por conseqüência o acesso aos temas em questão se dá em contextos de pesquisa específicos – em que a relação pesquisador-pesquisado não se estabelece de maneira clara, focada em um interesse explícito de conhecimento, mas é normalmente permeada por outras formas de relação baseadas em proximidade pessoal e confiança. Além disso, sua análise em texto coloca problemas referentes ao uso das histórias particulares e mesmo, ainda, à explicitação do vínculo entre o local e o tema – problemas estes que levaram à adoção tanto de nomes fictícios para o município, suas comunidades e os moradores nominalmente citados quanto de determinadas estratégias de construção textual. Acrescente-se, ainda, as dificuldades colocadas pela reflexão em torno da magia a partir de um referencial baseado no mito da ciência.

Tais questões, cruciais na compreensão dos pressupostos que orientam a redação posterior, serão exploradas neste capítulo. Já nos capítulos seguintes me dedicarei mais diretamente à reflexão em torno do material de pesquisa.

I. Questões teóricas: magia x ciência

A consideração de qualquer tipo de material de pesquisa etnográfica, independentemente de seu conteúdo particular, nos remete a uma série de discussões sobre o modelo de trabalho de campo da disciplina e como este se reflete na elaboração do texto antropológico. Desde que a "observação participante" passou a ser sua metodologia de investigação por excelência, é inconcebível desvincular o conhecimento antropológico desta prática, e mesmo autores como Lévi-Strauss (cf. 1973), cuja ênfase está centrada em modelos teóricos de elevado nível de abstração, reconhecem que, ainda que com status menor que o da antropologia (essencialmente teórica) tal como por ele definida, a etnografia é a base a partir da qual a teoria pode se desenvolver. Se mesmo nestes casos admite-se o papel da etnografia, quando a ênfase se desloca de modelos altamente abstratos para aqueles de "médio alcance" – como o proposto por Clifford Geertz (1978, 1998, 2001), em que a "descrição densa" é o objetivo central das considerações do antropólogo, e se defende uma generalização a partir do particular –, ela passa a ser identificada como a essência da disciplina. Mas, apesar de ser a etnografia definida como um texto elaborado a partir de uma experiência de trabalho de campo prolongada com um grupo específico, em geral esta experiência passa a ser acessória ou, em alguns casos, desaparece na escrita final. Como apontam as análises de construção dos textos antropológicos, muitas vezes a referência a tais experiências se reduz a uma estratégia de afirmação da autoridade do pesquisador, sendo descartada posteriormente (cf. Clifford, Marcus, 1986).

Além disso, a afirmação de que o trabalho de campo consiste em um rito de iniciação do antropólogo neófito é freqüente. Haveria um vínculo fundamental entre a experiência etnográfica e a construção do conhecimento. Em abordagens mais radicais, como a de José Jorge de Carvalho (1992), o autor afirma mesmo o caráter iniciático fundamental da disciplina, que participaria da "simbólica da busca" (assim como tradições religiosas, esotéricas e a psicanálise), sendo essencial, portanto, encarar as conseqüências do processo de iniciação para o sujeito do antropólogo – considerando-o não apenas como cientista, mas como um "buscador de humanidade" – e desta forma realizar o que define como a vocação crítica da antropologia.

Nas etnografias, contudo, a relação entre o trabalho de campo e o processo de iniciação do profissional da área passa a ser mais retórica que explorada de forma aprofundada. Com efeito, os rituais de iniciação têm importantes conseqüências para aqueles que os enfrentam, representando uma efetiva mudança de visão de mundo e postura frente à realidade. São vividos intensamente (e é exatamente esta intensidade que garante a diferenciação de visão de mundo). No entanto, ao transformar a experiência de campo e os dramas nela vividos em um tema marginal dos relatos, esvazia-se a possibilidade de distinguir sua importância na constituição do conhecimento, este sendo interpretado como autônomo. Não se percebe de que maneira o ritual transforma o neófito em iniciado e quais as suas conseqüências para a elaboração das interpretações etnográficas – o que resulta na aproximação de um modelo de análise científica em que os resultados da pesquisa são apresentados como independentes da atuação do pesquisador, a não ser quando esta é avaliada como inadequada.

O esvaziamento da reflexão em torno das experiências vividas no processo de pesquisa e sua interferência na compreensão do conhecimento produzido a partir dele pode ocorrer, inclusive, em textos fortemente marcados pelo cotidiano do campo. Cito como exemplo o livro de Paul Stoller, *In Sorcery's Shadow* (1987), em que o autor faz um relato detalhado de sua experiência como aprendiz de feiticeiros Songhay, e o próprio subtítulo do livro o apresenta como uma memória. Poder-se-ia supor que este seria um texto no qual as questões relativas à relação entre trabalho de campo e forma de conhecimento fossem abordadas com profundidade. No entanto, Stoller se desloca da posição de antropólogo para a de aprendiz de feiticeiro, e não explora os dramas provavelmente enfrentados pela necessidade de contrapor sua visão de mundo prévia àquela na qual imerge. Assim, relata vários acontecimentos em que é testemunha do poder de cura de seu mestre, mas não discute como concilia estas vivências com uma concepção de senso comum de seu próprio grupo de que curas não podem ser conseqüência direta de ritos mágicos, mas precisam de algum outro tipo de explicação (como, para ilustrar, aquela que as atribui ao poder do inconsciente). Esta questão fica mais explícita quando ele conta que após algum tempo foi solicitado como feiticeiro e, seguindo orientação de seu mestre, realizou o feitiço, tendo deixado o campo em seguida. Ao voltar, é tratado como um especialista eficaz na área, e fica sabendo que suas ações alcançaram os objetivos supostos (embora ele afirme que as realiza de maneira automática, sem acreditar em seu sucesso). Apesar da surpresa, e de provavelmente ver várias de suas crenças, e mesmo sua postura como pesquisador, colocadas em cheque neste momento, Stoller não analisa as conseqüências de experiências como esta na maneira como concebe o mundo e a antropologia.

Parece que, para o antropólogo, as duas opções são ou estar em uma posição de distanciamento e proteção contra a crença do "outro", ou imergir em seu mundo. Creio, contudo, que uma terceira opção é a mais interessante: aquela que reconhece os problemas do diálogo – tanto com os pesquisados quanto com a comunidade acadêmica, e o próprio diálogo interno – em que concepções de mundo distintas se contrapõem, e a maneira como este processo de contraposição é produtor de conhecimento. Tal opção, por sua vez, exige que se considere o trabalho de campo como um *locus* de produção de conhecimento, sendo este diretamente relacionado e dependente daquele. Em outras palavras, não haveria um conhecimento antropológico "objetivo", quando se entende por objetivo o ser independente das condições em que é produzido. A meta da reflexão disciplinar não é nem apenas descrever a experiência de campo, nem utilizá-la como ilustração para teorias antropológicas já consolidadas. Nas palavras de Geertz:

> Trata-se de compreender que falar com os outros implica escutá-los, e que, ao escutá-los, é muito improvável que o que se tem a dizer permaneça inabalado (2001: 227).

Como é também improvável que o que se tenha a dizer seja a reprodução do que o outro lhe disse.

Aqui, as reflexões de Mikhail Bakhtin (1997) ao considerar a análise literária, em que o autor ressalta que as potencialidades de um texto se mostram em contextos (históricos) específicos, sendo essencialmente abertas, são esclarecedoras. Segundo ele, tais potencialidades não estão todas presentes no instante da produção da obra, sendo estabelecidas a partir dos diversos diálogos que com ela são entabulados ao longo do tempo. A dialogia apresenta, portanto, este caráter de abertura, de criação e de não restrição a nenhum dos participantes no diálogo. Ela instaura uma nova compreensão do mundo, surgida no processo de comunicação.

Se pensarmos no modelo dialógico como representante da base do trabalho de campo em antropologia, percebemos que caberia ao pesquisador ser capaz de estabelecer um diálogo duplo. Em primeiro lugar, com seus sujeitos de estudo, o que implicaria em não descaracterizar o discurso destes a partir de uma definição prévia de tal discurso como essencialmente equivocado (como, por exemplo, quando se define crença em magia como "superstição") nem tampouco reproduzi-lo sem reconhecer os problemas que coloca para as crenças e a visão de mundo do próprio antropólogo e do contexto em que vive. Em segundo lugar, com a comunidade acadêmica da qual faz parte, fazendo interagir de maneira criadora o diálogo que estabeleceu com seus sujeitos de estudo e a tradição teórica da disciplina. Por fim, seria essencial expressar a dinâmica desse duplo diálogo no texto etnográfico.

É importante, contudo, reconhecer as complexidades do diálogo acima, que não envolve participantes em situação de igualdade, principalmente em seu primeiro aspecto. Com efeito, o controle do processo de investigação e de redação do texto etnográfico estabelece uma relação de poder em que normalmente é o antropólogo o responsável pela definição de temas e local de pesquisa, pela colocação das questões definidas como relevantes (para o que contribuem tanto a sensibilidade ao contexto estudado quanto as reflexões teóricas da disciplina), pela seleção do material a ser analisado e estruturação do texto final. Esta relação, sistematicamente criticada por vários autores pós-modernos,[2] é muito mais difícil de ser rompida que se suporia em um primeiro momento. Propostas como a de Vagner Gonçalves da Silva em *O Antropólogo e sua Magia* (2000), segundo a qual texto etnográfico deve ser subordinado aos "nativos", para que estes exerçam uma postura de crítica que resulte em sua revisão, embora possam parecer uma proposta ideal de dialogia, colocam problemas complexos e são

2. Conferir, entre outros, Clifford e Marcus, 1986.

pouco claras. Apesar de este processo ser, em certos casos, interessante, não penso que deva ser uma prática obrigatória. Em primeiro lugar, como discutido anteriormente, não se pode reduzir o texto etnográfico a uma reprodução de discursos "nativos", visto que ele é dirigido também para uma outra comunidade (e o diálogo com esta comunidade de pares é essencial para sua elaboração). É pouco provável que os sujeitos de estudo tenham uma mesma interpretação de sua realidade que o antropólogo (normalmente, quando os textos não são somente descritivos, os argumentos são até mesmo incompreensíveis para eles), e em certos casos as interpretações são não apenas discordantes, mas também inconciliáveis. Nestes casos, arrisca-se a gerar um conflito político de difícil solução, que resulte não em um aprofundamento do diálogo, mas, isso sim, em uma inviabilização do mesmo. A questão de quem será o árbitro do conflito, e em que bases se dará sua solução, é colocada – questão que pode levar a um fortalecimento do poder do antropólogo e de seu discurso. Além disso, e este é o caso de minha experiência de pesquisa, as reflexões antropológicas muitas vezes não despertam grande interesse para a maior parte dos sujeitos estudados. O que, contudo, não implica em que o diálogo não seja produtivo porque não ocorre a partir do texto final e de maneira explícita. Propostas como a de Vagner Silva, portanto, apesar de poderem ser vistas como "politicamente corretas", em certos contextos tornam-se intelectualmente limitantes.

Mariza Peirano (1995), ao discutir o texto de Nicholas Thomas, "Against Ethnography", aborda aspectos importantes do que tento aqui apontar. Segundo a autora, o desenvolvimento da teoria antropológica é resultante do confronto entre experiência de pesquisa de campo e teoria pré-existente, confronto este que "se dá no antropólogo". Tanto que identifica como uma das implicações de sua argumentação que "o processo de descoberta antropológica resulta de um diálogo comparativo, não entre pesquisador e nativo como indivíduos, mas entre a teoria acumulada da disciplina e a observação etnográfica que traz novos desafios para ser entendida e interpretada" (:44). Se é fundamental na abordagem de qualquer tema partir de questões colocadas teoricamente, de acordo com as tradições disciplinares às quais o pesquisador se vincula, a riqueza da análise consiste na capacidade do pesquisador de lidar com os modelos teóricos de maneira flexível, possibilitando sua contraposição constante ao material observado. Pois tanto é impossível uma postura de "neutralidade", no sentido de ausência de um esquema conceitual prévio de aproximação ao real, quanto desaconselhável uma posição de incapacidade de diálogo entre teoria e contexto de pesquisa. Nas palavras de Peirano:

> Nem todo bom antropólogo é necessariamente um etnógrafo. [...] Mas todo bom antropólogo reconhece que é na sensibilidade para o confronto ou o diálogo entre teorias acadêmicas e nativas que está o potencial de riqueza da antropologia (:48).

Johannes Fabian (1983), ao discutir a questão da negação, pelos antropólogos, da coexistência e contemporaneidade de seus sujeitos de estudo em relação a si mesmo (que, em conjunto, ele denomina como a negação da *coevalness* – "a persistente e sistemática tendência a situar o(s) referente(s) da antropologia em um Tempo outro que o presente do produtor do discurso antropológico"[3]), torna o problema da dialogia ainda mais complexo. Segundo esse autor, apesar da queda explícita do paradigma evolucionista, certas concepções marcantes neste paradigma permanecem subrepticiamente na disciplina, levando a que, embora o trabalho de campo só se viabilize através de um contato direto pesquisador-pesquisado, ambos vivendo em um mesmo Tempo, haja uma tendência, no momento de elaboração do texto etnográfico, de deslocar este "outro" no espaço e no tempo, representando a diferença como distância – tanto espacial quanto temporal.[4] Como sintetiza o próprio autor:

> We constantly need to cover up for a fundamental contradiction: On the one hand we dogmatically insist that anthropology rests on ethnographic research involving personal, prolonged interaction with the Other. But then we pronounce upon the knowledge gained from such research a discourse which construes the Other in terms of distance, spatial and temporal. The Other's empirical presence turns into his theoretical absence, a conjuring trick which is worked with the help of an array of devices that have the common intent and function to keep the Other outside the Time of anthropology (Fabian, 1983: xi).

Ou, ainda:

> the temporal conditions experienced in fieldwork and those expressed in writing (and teaching) usually contradict each other. Productive empirical research, we hold, is possible only when researcher and researched share Time. Only as communicative praxis does ethnography carry the promise of yielding new knowled-

---

3. *"a persistent and systematic tendency to place the referent(s) of anthropology in a Time other than the present of the producer of anthropological discourse"* (:31).

4. Nas palavras do autor: "the temporal discourse of anthropology as it was formed decisively under the paradigm of evolutionism rested on a conception of Time that was not only secularized and naturalized but also thoroughly spatialized. Ever since, I shall argue, anthropology's efforts to construct relations with its Other by means of temporal devices implied affirmation of difference as *distance*" (:16).

> ge about another culture. Yet the discourse that pretends to interpret, analyze, and communicate ethnographic knowledge to the researcher's society is pronounced from a "distance", that is, from a position which denies coevalness to the object of inquiry (Idem: 71).

O deslocamento temporal provocado pelo modelo predominante de discurso antropológico, segundo Fabian, provém de uma certa concepção do "eu" e do "outro" que implica em relações de poder e desigualdade nas condições de produção industrial capitalista. Consiste, em outras palavras, em uma opção política, sendo a maneira como o referente é situado no Tempo informada por concepções em torno das relações tanto entre indivíduos quanto entre grupos. Neste sentido, o vínculo normalmente estabelecido entre antropologia e imperialismo se torna mais sutil e profundo, na medida em que, em última instância, esta desconhece a contemporaneidade da diferença – sendo contemporaneidade aqui compreendida como co-ocorrência não apenas em um tempo físico, mas em um tempo lógico.

O processo descrito por Fabian se aplica tanto a análises voltadas para a "cultura" quanto para a "tradição" de um grupo,[5] e se aproxima muito do que se denomina a síndrome antropológica do "objeto em vias de extinção".[6] É a negação da contemporaneidade e uma idealização da cultura como fechada e ameaçada pelo que lhe é externo faz se considerar a mudança como um risco constante. Em outras palavras, cultura e tradição consistiriam, neste caso, em visões românticas de um passado prestes a desaparecer, ou que se mantém em suas manifestações. Seus agentes, portanto, estão do ponto de vista lógico situados em um Tempo

---

5. Ao discutir a Festa de Nossa Senhora do Rosário (cf. Porto, 1998), dando ênfase a sua definição como a principal tradição local, estas questões se colocavam. Principalmente pela tendência, ao se falar de tradição, de considerá-la como imutável e caracterizada por uma permanência em relação ao passado. A argumentação que então desenvolvi apontava em direção contrária, ressaltando que a idéia de continuidade só era possível por ser a tradição suscetível a mudanças que possibilitavam sua adequação ao sentido por ela adquirido na atualidade (que muitas vezes divergia daquele que tivera em contextos históricos anteriores). Sendo assim, a tradição não é algo do passado que permanece até os dias atuais, mas algo que constrói sua importância no presente a partir de um discurso que ressalta a continuidade com relação ao passado. Relatos centrados em torno do suposto "declínio da tradição", muito freqüentes, devem ser então encarados não como a prova de uma perda irreparável, mas como um discurso político de afirmação ou negação de poder a determinados grupos sociais no presente.

6. Nas palavras de Fabian (1998): "Theories of modernity shared a tragic stance that had been cultivated by anthropology since its beginnings: the peoples the West came with were said to be doomed; ethnography's objects were always disappearing objects"(:24).

diferente daquele do pesquisador, apesar de, como ressalta Fabian, sendo o trabalho de campo a forma de se ter acesso a ambas, haver a necessidade de que o diálogo que ele supõe se dê em um Tempo Intersubjetivo comum. Esta negação de uma co-ocorrência em um Tempo Lógico se manifesta na própria dicotomia sociedades tradicionais / sociedades modernas.

Mas se abordar a tradição já traz a questão da transformação da diferença em distância temporal, talvez o tema da religiosidade popular e crença em feitiçaria seja um caso extremo deste tipo de deslocamento, possibilitando que o debate se desenvolva até suas últimas conseqüências. Em primeiro lugar, cabe aqui fazer uma reflexão sobre a maneira como o adjetivo "popular" é interpretado, principalmente quando é atribuído à religiosidade. De forma geral, compreende-se o popular como um resquício de uma religiosidade passada, fadada ao desaparecimento no instante em que as camadas populares tiverem acesso à educação formal e a uma compreensão "correta" da realidade. Assim, por exemplo, o catolicismo popular se caracterizaria por incorporar uma série de crenças mágicas (tidas como supersticiosas) específicas de estratos mais baixos da população, por estabelecer uma relação pessoal entre seres sobrenaturais (santos) e fiéis, por tomar os padrões das relações sociais vigentes como modelo para as relações com o mundo sobrenatural.[7]

Mas se é possível identificar limites nessa concepção do popular, não se deve, contudo, simplesmente descartar o adjetivo, pois abordagens diferenciadas demonstram suas potencialidades. Com efeito, há autores que possuem uma concepção do popular que atribui ao adjetivo a capacidade de romper com uma visão oficial e unificada da cultura, e que vê na liberdade de pensamento e expressão das camadas populares um importante potencial de contraposição aos cânones oficiais. Bakhtin (1993) é um desses autores, e destaca como a cultura popular da Idade Média consegue criar alternativas ao mundo sério oficial, tendo como base o riso e as leis da liberdade. A cultura popular seria, em outras palavras, fonte de renovação e de possibilidade de questionamento da ordem vigente.

Também Fabian (1998) defende o uso do conceito de "cultura popular" para que se possa abordar aspectos da práxis humana que são deixados de lado pela concepção unitária de cultura. Esta tenderia a enfatizar os aspectos normativos, integrativos, estruturais, enquanto a análise da cultura popular abriria espaço para se considerar a pluralidade interna da cultura, seus aspectos

---

7. O trabalho de Alba Zaluar (1983) ilustra este tipo de abordagem, principalmente com relação aos últimos aspectos citados.

dinâmicos, questões relativas ao poder e, principalmente, a liberdade que a caracteriza. Em suas palavras:

> The study of popular culture [...] can be said to have made us rediscover freedom as a condition of survival through creativity in situations that, through the lens of culture theory, could only be viewed as too precarious to sustain anything but imitations, resemblances, or caricatures of culture (1998: 74).

É no sentido apontado por estes dois autores que pretendo abordar o catolicismo popular em Terras Altas. Ou seja, considerando-o como uma forma rica, pouco sistematizada, contraposta ao modelo oficial de catolicismo e capaz de lidar com tradições religiosas diferenciadas de uma maneira criativa e particular. Rompendo, portanto, com uma imagem da religiosidade popular que a situa necessariamente no passado, como um anacronismo que certamente será superado à medida que a compreensão racional do mundo seja difundida para as camadas populares. Tentando reconhecer a contemporaneidade do mundo católico popular e entender sua lógica, suas contradições, a maneira como dialoga com as demais esferas da cultura – incluindo o catolicismo mais ortodoxo, as religiões afro-brasileiras, as crenças mágicas e o modelo científico de compreensão da realidade. Reconhecendo, por fim, que não é possível fazer referência a um modelo de catolicismo claro e bem definido quando se fala do contexto nacional e regional (pois os diversos grupos e indivíduos nele se inserem de maneira diferenciada).

Quando a reflexão se desloca da religiosidade, mesmo que popular, para as crenças mágicas, o reconhecimento da contemporaneidade de grupos que partilham ou não destas crenças se torna ainda mais complexo e difícil. Não há como escapar de uma visão que considera a ciência como a forma legítima de conhecimento – que supõe ser ela capaz de alcançar um conhecimento "real" do mundo, uma concepção correta da relação causa-efeito, sustentada por um método experimental.[8] Neste sentido, a magia é interpretada como uma noção equivocada da relação causa-efeito, uma forma de conhecimento que só pode ser compreendida como

---

8. Apesar do debate desenvolvido nas últimas décadas que questionam esta concepção da ciência, colocando em cheque não apenas a adequação conhecimento científico-realidade, mas defendendo que a ciência se constrói não com base na realidade, mas nos discursos cientificamente elaborados no passado e reconhecidos como legítimos (cf. Latour, 1986), ou demonstrando como o método experimental não é característico da ciência desde seus primórdios, mas foi estabelecido em um contexto histórico específico (cf. Shapin e Schaffer, 1985), a ciência – principalmente aquelas áreas reconhecidas como "hard sciences" – continua a ser vista como a forma "verdadeira" de conhecimento.

válida a partir da referência a explicações que lhe são exteriores (como, por exemplo, necessidade de resolução de tensões sociais, solução para determinados problemas inconscientes, dificuldade de lidar com o inexplicável do mundo – as coincidências), e, além disso, que tende a desaparecer conforme o conhecimento científico se propaga – o que também é visto como algo inevitável. Neste contexto, a necessidade de contrapor dois modelos conflitantes de saber, em última instância, não se coloca, pois um é definido como claramente superior ao outro e, em conseqüência, como temporalmente posterior.

Esta contraposição da magia à ciência como a contraposição de um conhecimento "falso", supersticioso, "atrasado", a um outro "objetivo", "verdadeiro", "experimental", encontra-se na base das definições clássicas de magia – e do "sagrado" de maneira geral, estabelecendo a linha divisória entre crença e conhecimento. Ao considerarmos os clássicos da disciplina sobre o tema, como, por exemplo, Marcel Mauss em "Esboço de uma Teoria Geral da Magia", percebemos que ele parte da definição de magia como "atos tradicionais que têm uma eficácia *sui generis*" (1974: 49), e o que dá este caráter *sui generis* de sua eficácia é exatamente ela consistir em uma representação social, tendo como base crenças apriorísticas, não sujeitas a crítica ou verificação e que permitem a interpretação de qualquer fato desfavorável em benefício da própria crença – pois, como ela envolve uma série de ritos positivos e negativos definidos inclusive em seus detalhes, bem como supõe a existência da contramagia, o insucesso pode ser facilmente explicado seja por uma realização inadequada dos ritos, seja por terem sido eles rebatidos por outra força mágica superior. É com base em tais concepções, portanto, que Mauss afirma:

> A magia, no conjunto, é, pois, objeto de uma crença *a priori*, crença que é coletiva, unânime, sendo a natureza dessa mesma crença que faz com que a magia possa facilmente atravessar o abismo que separa seus dados de suas conclusões (Idem: 126/127).

Neste trecho fica explícita a posição de Mauss, como indicamos acima, de que não há uma coincidência entre o discurso da magia e os resultados supostamente obtidos através dos ritos mágicos. Ao contrário, o autor fala mesmo de abismo. No entanto, ele abre espaço para que se possa pensar a eficácia mágica, devido tanto àquelas que identifica como as leis de propriedade da magia, que a fazem uma "ciência rudimentar",[9] quanto a seu caráter de representação coletiva.

---

9. Novamente, nesta expressão, podemos identificar o tipo de distanciamento temporal de que temos tratado.

Principalmente neste segundo caso, contudo, a explicação da eficácia mágica encontra-se fora dela, pois "em magia, como em religião, o indivíduo não raciocina, ou seus raciocínios são inconscientes" (Idem: 105). É exatamente por ser um juízo concebido como se afastando da realidade que o autor centra a análise sobre o tema em seu caráter de representação coletiva. Neste sentido, a ciência não precisaria de uma explicação semelhante, pois não é "crença", e sim "conhecimento", e como tal é sua compreensão adequada da realidade que lhe dá legitimidade. Já no caso da magia:

> Definitivamente, é sempre a sociedade que se paga a si mesma com a falsa moeda de seu sonho. A síntese da causa e do efeito só se produz na opinião pública. Fora dessa maneira de conceber a magia, só é possível figurá-la como um encadeamento de absurdos e de erros propagados, cuja invenção será mal compreendida e cuja propagação não será compreendida nunca (Idem: 154).

Mas, se em Mauss é presente esta definição da magia como compreensão equivocada do mundo, o centro da análise não é o estabelecimento do contraste entre ela e a ciência, e sim uma caracterização e análise de sua dinâmica específica. Já Malinowski, em "Magia, Ciência e Religião", faz deste um dos temas centrais do texto, como o próprio título indica. Na verdade, podemos pensar que o fato de reunir na mesma reflexão magia, ciência e religião implica em um reconhecimento de pontos de proximidade e distância entre estas três esferas, e que a responsável pelo contato entre elas é exatamente a magia. Pois, por um lado, ela se aproxima da ciência por ser uma tentativa de intervenção direta no mundo, tendo por base um sistema de concepções em torno da lógica de funcionamento deste. Distancia-se da ciência, contudo, e é neste aspecto que se aproxima da religião, por não ter uma base experimental, mas resultar da sentimentalidade, da dificuldade do homem de lidar com sua incapacidade de controlar o que lhe é exterior, de garantir o sucesso de seus atos. É, assim como a religião, uma crença, e não uma forma de conhecimento, como sintetiza o autor:

> A ciência, mesmo como representação do conhecimento primitivo do homem selvagem, baseia-se na experiência normal e universal do dia-a-dia, experiência conquistada pela luta do homem com a natureza para sua subsistência e segurança, assente na observação, determinada pela razão. A magia baseia-se na experiência específica de estados emocionais em que o homem se observa a si próprio e não a natureza, em que a verdade é revelada não através da razão mas da ação das emoções sobre o organismo humano. A ciência fundamenta-se na convicção de que a experiência, o esforço e a razão são válidos; a magia, na crença de que a esperança não pode falhar nem o desejo iludir. As teorias do conhecimento são

> ditadas pela lógica, as da magia pela associação de idéias sob os auspícios do desejo. Como fato empiricamente comprovado, os moldes do conhecimento racional e os moldes do saber mágico estão de per si incorporados numa tradição diferente, num esquema social diferente e num tipo de atividade diferente, e todas estas diferenças são perfeitamente reconhecidas pelos selvagens. Uma constitui o domínio do profano; a outra, rodeada de formalidades, mistérios e tabus, constitui metade do domínio do sagrado (1988: 89/90).

Aqui, a comparação com Mauss se faz interessante. Em ambos os autores, o que define o sagrado, domínio em que a magia se insere, é sua base nos sentimentos e sua imunidade à crítica e a evidências negativas. Também os dois autores reconhecem na magia uma tentativa de intervenção prática no mundo, ao contrário da religião, o que a aproximaria das técnicas (ou, na linguagem de Malinowski, da ciência). Este aspecto da definição de ambos, inclusive, será mantido ao longo deste texto, sendo considerados como mágicos os atos que têm um objetivo de intervenção clara na realidade. É neste sentido que é possível falar de aspectos mágicos de uma religião. Mas, se em todos estes pontos Mauss e Malinowski coincidem, há uma diferença significativa: enquanto o primeiro, apesar de reconhecer distinções entre magia e ciência, considera a possibilidade de que, em certos casos, a primeira consista em uma "ciência rudimentar", o último, como fica claro no trecho acima, as distingue por fazerem parte de tradições diferentes, o que impossibilitaria que uma fosse antecedente da outra. No entanto, mesmo com este reconhecimento da diferença, pode-se supor que, à medida que a ciência fosse eliminando a incerteza nas atividades humanas e garantindo maior controle sobre o mundo, a magia tenderia, segundo Malinowski, a desaparecer, pois é o resultado de incertezas emocionais e da necessidade do homem de lidar com elas – afinal, esta se diferencia das "teorias de conhecimento", e é uma crença do "homem primitivo" ou do "espírito crédulo e ignorante de todos os tempos" (cf. 1988: 84). Além disso, vemos novamente um modelo de explicação de crenças mágicas que recorre a fatores externos – o equilíbrio de sentimentos perturbadores – e que não lhes atribui legitimidade em si mesmas.

Dentre os textos clássicos em que há indicações do conflito já citado entre uma concepção própria de mundo do pesquisador e as vivências de uma outra concepção experimentadas durante o trabalho de campo, destaca-se *Bruxaria, Oráculos e Magia entre os Azande*, de Evans-Pritchard. Antes, contudo, de passar à consideração da abordagem deste autor, é importante ressaltar que sua definição de magia é muito mais restrita que a que estou discutindo.

Para ele, a magia se refere a um conjunto de práticas que envolve ritos e o uso de determinadas drogas, distinguindo-se assim da bruxaria, que, entre os Azande, para existir, só precisa que aquele que possui a "substância bruxaria" tenha algum tipo de atitude emocional negativa com relação a sua vítima. A forma de o autor englobar a bruxaria, a magia e os processos divinatórios seria através da noção de forças e crenças místicas, sendo esta noção próxima ao que aqui defino como magia.

Evans-Pritchard, ao longo do livro, evidencia em vários momentos o conflito entre sua própria concepção de mundo e aquela conhecida e vivenciada durante a pesquisa. No entanto, apesar de apontá-lo no decorrer de seu texto, não o discute de forma sistemática. Com efeito, o autor oscila entre uma postura relativista que tenta demonstrar a lógica interna das crenças zande e outra que considera estas crenças na eficácia de forças místicas como aquelas presentes na bruxaria, na feitiçaria e nos processos divinatórios como absurdas. Alguns trechos ilustram o que quero apontar. Inicio por um que explicita a posição relativista de Evans-Pritchard:

> Mas quando um infortúnio está em processo – como na doença – ou é considerado antecipadamente, nossa resposta é diferente da deles. Fazemos todo esforço possível para livrar-nos ou escapar do infortúnio por meio de nosso conhecimento das condições objetivas que o causam. O Zande age de modo semelhante, mas como em seu modo de ver a causa principal de todo infortúnio é a bruxaria, ele concentra sua atenção nesse fator de suprema importância. Como nós, ele usa de meios racionais de controle das condições que produzem o infortúnio, mas nós concebemos tais condições de outra forma (1978: 107).

O autor vai além de considerar que as atitudes zande, tendo por base suas crenças, são racionais e coerentes, reconhecendo-as, inclusive, como adequadas na organização do cotidiano. E o faz baseando-se na própria experiência, pois admite que, durante o período em que esteve entre eles, utilizou-se também do idioma da bruxaria e das práticas divinatórias:

> Achei a princípio estranho viver entre os Azande e ouvir explicações ingênuas sobre infortúnios que, a nosso ver, tinham causas evidentes. Mas em pouco tempo aprendi o idioma de seu pensamento e passei a aplicar as noções de bruxaria tão espontaneamente quanto eles, nas situações em que o conceito era relevante (Idem: 58).

> Nunca encontrei grandes dificuldades em observar consultas oraculares. Descobri que, em tais assuntos, a melhor maneira de ganhar a confiança dos Azande era agir como eles, levando os vereditos oraculares igualmente a sério. Sempre mantive um suprimento de veneno do oráculo para uso doméstico e para ajudar

> os vizinhos, e regulávamos nossos negócios de acordo com as decisões do oráculo. Devo observar que achei essa maneira de organizar minha casa e meus negócios tão satisfatória quanto qualquer outra que conheço. Entre os Azande, é o único modo de vida que compreendem, fornecendo os únicos argumentos capazes de lhes convencer e acalmar (Idem: 172).

Mas, apesar do discurso acima, Evans-Pritchard aparentemente não utiliza de forma tão espontânea as concepções místicas zande, pois elas consistem em uma explicação de mundo que, segundo ele, não pode ser verdadeira. Duas páginas antes da primeira das duas citações acima, declara que "bruxos, da forma como os Azande os concebem, não podem *evidentemente* existir" (Idem: 56 – grifo meu), não ficando claro a partir de que ponto de vista defende esta impossibilidade evidente, e menos ainda como é possível aplicar espontaneamente um idioma que considera, em última instância, absurdo. Dois trechos adicionais ilustram o que tento indicar:

> Minha compreensão dos sentimentos dos Azande quando embruxados foi ajudada por uma participação, ao menos relativa, em experiências semelhantes. Tentei adaptar-me à sua cultura, levando a vida de meus anfitriões, tanto quanto fosse conveniente, e partilhando suas esperanças e alegrias, apatias e sofrimentos. Sob muitos aspectos, minha vida era igual à deles: sofri de suas doenças, usei de suas fontes de alimento e adotei ao máximo possível seus próprios padrões de comportamento, com as resultantes amizades e inimizades. Mas foi na esfera da bruxaria que tive mais sucesso em "pensar como negro". Acostumei-me a reagir aos infortúnios no idioma da bruxaria *e foi com esforço que mantive essa queda no irracional* (Idem: 85 – grifo meu).

> Já que sabemos que os adivinhos têm consciência de uma parte da realidade inacessível ao resto da sociedade, devemos perguntar-nos se não possuem igualmente *uma apreciação mais ampla da natureza de outras coisas no mundo* que os cerca. Não cheguei a essa conclusão, contudo.
>
> [...]
>
> Mas o adivinho Zande, apesar de seu conhecimento adicional, crê tão firmemente na magia quanto seus companheiros menos informados, sabe que engana os leigos, mas não sabe o quanto é *enganado pela sua própria ignorância*. Assim como os leigos exprimem seu ceticismo em um idioma místico, os adivinhos também exprimem seu conhecimento em termos místicos [...] Aqui, como em toda parte, estamos diante da mesma *mistura de conhecimento e erro* (Idem: 161/162 – grifos meus).

É, contudo, em uma reflexão posterior que o autor explicita seu próprio dilema interno e a consciência da dificuldade de lidar com o problema. Assim, quando escreve o texto "Reminiscências", faz a seguinte afirmação:

> Muitas vezes me perguntaram se, quando estava entre os Azande, cheguei a aceitar suas idéias sobre bruxaria. Esta é uma pergunta difícil. Acho que vocês podem dizer que as aceitei; não tinha escolha. *Em minha própria cultura*, dentro da atmosfera de pensamento em que nasci e fui criado, *rejeitava, e rejeito, as noções Zande sobre bruxaria. Na cultura deles*, dentro do horizonte de idéias que então vivia, *eu as aceitava; de certa forma, acreditava nelas* (Idem: 303 – grifos meus).

Se me prolonguei um pouco mais ao falar de Evans-Pritchard é por acreditar que, nos textos citados, o autor coloca questões cruciais para se pensar a abordagem antropológica da magia, apesar de não discuti-las em profundidade. Também, de forma indireta, toca no problema central levantado por Fabian da negação da *coevalness* na disciplina, e no conseqüente deslocamento temporal que este implica. Com efeito, no trecho acima ele lida com tal problema de uma forma curiosa, adotando uma postura em que a impossibilidade de um diálogo entre as duas concepções de mundo aparece, e em que estabelece uma ruptura temporal entre momentos de vinculação a crenças diferenciadas. Assim, percebe-se que afirmações sobre a evidente inexistência da bruxaria tal como concebida pelos Azande, ou a crença nos processos divinatórios como superstição, ou, em última instância, a inexistência de drogas maléficas e feiticeiros, são feitas a partir de uma postura adotada pelo pesquisador após o período de campo, durante o momento de redação do texto etnográfico. Mas, supostamente, estas não seriam tão evidentes durante a convivência com os Azande. Este reconhecimento de dois momentos com posturas diversas, contudo, se mostra insustentável logo no início de *Bruxaria, Oráculos e Magia entre os Azande*, no momento em que o autor descreve a situação em que, supostamente, ele teria visto a bruxaria. Neste caso, inicia com tal afirmação, demonstra como ela seria a forma mais convincente de explicar o que lhe ocorreu, mas depois descaracteriza tal explicação por ser a bruxaria uma impossibilidade. Aqui, a divisão entre um momento de crença e outro de não-crença se desfaz, pois Evans-Pritchard está lidando durante todo o tempo com contextos em que a explicação mística parece consistente e com sua recusa de que ela seja uma possível compreensão "racional" da natureza. Além disso, ao separar os dois momentos, falando, por exemplo, em superstição ao se referir às crenças zande, o autor realiza uma cisão espacial e principalmente lógica entre eles, que resulta em um deslocamento temporal dos Azande e na negação do Tempo Intersubjetivo em que se dá a pesquisa. O diálogo do pesquisador com crenças para ele irracionais, que, a meu ver, seria uma das discussões mais ricas em situações como estas, é deslocado para segundo plano.

As dificuldades enfrentadas por Evans-Pritchard permanecem em abordagens mais recentes sobre o assunto, e aparentemente a opção por um dos dois momentos por ele indicados em "Reminiscências" é uma das principais formas de lidar com o tema. Assim, como vimos anteriormente, ao escrever sobre seu processo de aprendiz como feiticeiro Songhay, Paul Stoller (1987) opta por adotar uma postura em que as crenças e práticas songhay são não apenas operadas de maneira coerente, mas têm uma efetividade e parecem uma forma adequada de compreensão do mundo, e até mesmo de ação sobre ele. Não é, entretanto, possível deixar de pensar sobre os problemas de aceitação de um modelo radicalmente distinto daquele que é legitimamente professado pela sociedade do próprio pesquisador, e, na medida em que este não é considerado, ele também não é questionado de forma mais aprofundada.

Jeanne Favret-Saada (1999), em seu excelente estudo sobre bruxaria no Bocage, parte de um ponto semelhante àquele com que iniciei aqui as reflexões, considerando como a literatura científica sobre bruxaria na atualidade tende a desqualificar esta forma de compreensão do mundo como crédula, ilusória, como algo do passado que tende a desaparecer com o fim da "ignorância" (o que é expresso por perguntas tais como se os sujeitos estudados "ainda acreditam" em bruxaria). Também considera de forma esclarecedora as dificuldades do trabalho de campo relacionadas com esta questão – discussão a que voltarei posteriormente. No entanto, a meu ver, acaba por adotar a segunda opção acima indicada, o que a faz desconsiderar situações de campo que aparecem apenas marginalmente em seu texto, a principal delas em uma nota de rodapé. Isto porque, apesar de afirmar que é impossível fazer trabalho de campo sobre bruxaria na região sem se inserir no processo de luta contra a bruxaria ou como sua vítima ou como o especialista responsável pela reversão do processo (como "ensorcelé" ou "désenvoûteurs"), esta inserção se dá em um sistema de base ilusória e de forma ilusória, na medida em que a autora deduz, a partir da impossibilidade de acesso aos bruxos – pois nenhuma pessoa admitiria esta posição –, sua provável inexistência, dedução esta que me parece pouco convincente:

> Le sorcier, c'est l'être don't parlent ceux qui tiennent le discours de la sorcellerie (ensorcelés et désenvoûteurs) et il n'y apparaît que comme sujet de l'énonce. Ses victimes assurent qu'il n'a pas besoin de s'avouer sorcier, parce que sa mort parle pour lui: chacun rit à ses funérailles parce qu'il est mort de façon significative, emporté em quelques heures à la suite d'une prédiction d'um devin ou bien em hennissant comme la jument qu'il maléficiait, etc. Cela rend trés improbable

> qu'il existe quelque sorcier qui pratiquerait effectivement des maléfices, mais on se doute que cela n'est pas du tout nécessaire au fonctionnemente du systéme (1999: 50).[10]

Favret-Saada trabalha essencialmente na esfera dos discursos em torno das acusações de bruxaria, tentando perceber como estes discursos são construídos em contextos de campo específicos, em que ela se torna parte integrante do processo. No entanto, sua postura não parece conceder crédito ao discurso dos sujeitos de seu estudo, na medida em que ela supõe a inexistência de bruxos pela incapacidade de ter acesso a alguém que aja publicamente como tal ou que assim se considere. A participação da autora nos casos relacionados ao combate a efeitos maléficos atribuídos à magia negativa não é uma participação efetiva, mas uma estratégia para ter acesso a informações inacessíveis de outra maneira. Além disso, a afirmação de que a existência de bruxos é irrelevante para o discurso por ela analisado me parece, ainda, ter como efeito (mesmo que não intencional) a caracterização das noções sobre bruxaria no Bocage como ilusórias – apesar de sua afirmação inicial da necessidade de se desvincular de concepções do gênero.

Tanto a reflexão sobre a lógica dos processos sociais quanto minha experiência de campo apontam em sentido contrário à afirmação de Favret-Saada. Em primeiro lugar, me parece logicamente improvável que, em um grupo em que se define a bruxaria como uma fonte especialmente forte e perigosa de poder, não haja pessoas dispostas a tentar recorrer a esta fonte em benefício

---

10. Em outro trecho, a autora afirma: "Les sorciers sont supposés pratiquer des rituels précis d'envoûtement: arracher une touffe de poils de la vache à tarir et prononcer dessus une incantation, enterrer um crapaud charmé sous le seuil de la maison ou de l'étable, piquer de clous d'acier charmés dans les murs, etc. Nul ne les a jamais vus pratiquer: l'ensorcelé a pu voir sa voisine tenir des poils de vache à la main, mais qui peut dire à quelle vache ils appartenaient et si une incantation a été prononcée? Qui peut dire, de plus, si c'était pour ensorceler autrui ou pour se desorceler soi-même? Il a pu trouver um crapaud enterré sous le seuil de sa demeure, mais qu'il ait été charmé, il ne le sait que par déduction si, par exemple, une fois qu'il a brûlé ensorcelés évoquent les effets catastrophiques du regard, de la parole et du toucher de leur sorcier, leur conviction est, em dernière analyse, fondée sur l'idée que le sorcier est tel parce qu'il possède ces '*livres*' et parce qu'il y trouve l'indication des rituels précis d'envoûtment. Or il me paraît que, si tel ou tel sorcier présumé a de bonnes raison de se sentir coupable de la '*jalousie*' qu'on lui impute ou de la '*force*' de sa parole, de son regard et de son toucher, s'il a de bonnes raisons de se sentir menacé par la '*force*' du désorceleur qu'on lui oppose, il est em tout cas innocent d'avoir pratiqué um quelconque rituel d'envoûtment" (:229/230). Esta argumentação, contudo, que Favret-Saada afirma como lógica, me parece pouco evidente.

próprio. Quanto às pessoas assumirem tal disposição, talvez isto não ocorra quando este uso é tido como moralmente condenável, mas o fato não deve ser interpretado como indício da inexistência de bruxos. Em meu trabalho de campo enfrentei dificuldade semelhante à relatada pela autora de ter acesso a contextos que me trouxessem evidências claras sobre a realização de práticas de feitiçaria (no caso da bruxaria tal como por ela descrita, em que na maior parte dos casos não se lida com ritos específicos, mas com encantamentos – ou seja, com palavras –, a probabilidade de ter acesso a práticas é ainda menor). Encontrei, contudo, vários indícios que me mostravam que tais práticas ocorriam com uma certa freqüência, embora talvez não na proporção em que as acusações acontecem, e em pelo menos um momento pude ter acesso à realização de um rito de enfeitiçamento. Também ouvi falar muitas vezes na existência de livros de feitiçaria que tornavam seus donos extremamente poderosos, e das capacidades miraculosas destes livros – com destaque para o de São Cipriano –, mas se não tivesse um amigo mais novo, não envolvido com essas crenças e cujo avô já tinha morrido, nunca teria conseguido um exemplar do Livro de São Cipriano que pertencera a seu avô – curiosamente um dos homens mais respeitados da região – nem saberia de sua posse de outro desses livros, mais antigo, e das histórias da família sobre eles.

A própria Favret-Saada cita, na nota de rodapé 33 do capítulo 6,[11] um caso que coloca em cheque sua suposição inicial. Refere-se ao assassinato de um capelão, sendo um dos motivos dados pelo assassino o roubo de um livro de bruxaria por ele herdado de sua mãe. Este mesmo capelão emprestara à autora um livro do gênero, sem identificar a fonte, que ela havia sido incapaz de devolver por ter sido ele confiscado pela especialista em desfazer encantamentos que estava consultando. Suas reflexões giram em torno da possibilidade de que estivesse envolvida nesta "história maluca", e do desequilíbrio mental do assassino. Afirma, inclusive, ter esquecido o incidente até lê-lo em suas notas de campo. No entanto, a maneira como relata o fato faz com que ele não seja um mero incidente: neste momento ela reconhece a existência dos livros que são considerados fonte de bruxaria, o interesse claro em sua posse e a maneira como a provável privação de um deles gera uma reação violenta. Neste contexto, parece pouco

---

11. É interessante observar que, também neste caso, a autora defende na introdução de seu livro a necessidade de incorporar no texto etnográfico a experiência de campo, e efetivamente o faz em parte, mas quando surge uma situação que exigiria uma discussão mais detalhada entre a relação entre discursos e práticas, ela a desloca para um pé de página.

sustentável sua afirmação de que provavelmente não há bruxos que proferem encantamentos, e que sua inexistência é praticamente irrelevante para a operação do discurso acusatório.

O que as abordagens de Stoller e Favret-Saada ilustram, a meu ver, é a necessidade de tentar lidar com o diálogo inerente à prática de trabalho de campo, reconhecendo os conflitos por ela gerados e como ela se dá em um Tempo Intersubjetivo compartilhado. Pois qualquer uma delas leva a que se desconsidere uma esfera da experiência de campo: no caso de Stoller, a dificuldade de lidar com concepções e acontecimentos muito distintos daqueles concebidos como possíveis na sociedade do antropólogo; no caso de Favret-Saada, a de conceder ao discurso do "outro" uma realidade que vai além dele mesmo, e de vivenciar situações inusitadas muito mais coerentes através deste discurso que daquele do pesquisador. Em ambos os casos, há uma separação radical entre duas formas distintas de compreensão do mundo, em que uma delas adquire superioridade em relação à outra, e em que o diálogo entre elas parece ser impossível. Esta separação, por sua vez, reforça a percepção das duas sociedades como fazendo parte de Tempos diferenciados.

Voltando à relação entre magia e ciência, outro aspecto que deixa claro como a primeira é definida a partir de uma distinção entre "crença" e "conhecimento", distinção esta que tem por base a segunda, é o uso de noções como causas "naturais" e "sobrenaturais". Esta distinção, na maior parte das vezes, se deve a um contraste entre a maneira como o "outro" interpreta a relação causa-efeito e aquela interpretação considerada pelo pesquisador como adequada. Em outras palavras, a noção de "sobrenatural" traz uma idéia de irrealidade, de desconhecimento das "verdadeiras" relações entre causa e efeito. O que não quer dizer que os próprios grupos não elaborem classificações de causas diferenciadas, e que as separem. Mesmo porque, em grupos inseridos na sociedade industrial capitalista, e sujeitos à educação em moldes ocidentais, o discurso científico legitimado é não apenas conhecido, mas reconhecido como válido e como sinal de "desenvolvimento", de "esclarecimento".

No estudo de Favret-Saada citado acima, por exemplo, os habitantes da região do Bocage só admitem a existência da bruxaria para pessoas que estão de alguma maneira envolvidas nos processos acusatórios. Para agentes de fora – principalmente jornalistas, pesquisadores ou pessoas que serão responsáveis por elaborar a imagem exterior da região –, o discurso adotado é o da inexistência da bruxaria e da credulidade ingênua daqueles que recorrem a especialistas em desmanchá-la, sendo estes caricaturados como charlatães. Em outras palavras, há a consciência da possibilidade de dois modelos de compreensão do real, da maior legitimidade de um deles, e de como a afirmação do outro traz o estigma do "atraso" e da "ignorância". Além disso, mesmo para aqueles que recorrem à bruxaria como explicação de infortúnios, ela só é mobilizada quando os infortúnios são recorrentes, podendo, então, ser identificada uma causa distinta daquela tida por "natural". Sendo assim, o argumento de que o conhecimento de uma explicação do mundo em moldes científicos levaria a um inevitável abandono das crenças mágicas se mostra claramente insustentável.

Em vários contextos, contudo, a distinção entre "natural" e "sobrenatural" não pode ser feita a partir do próprio sistema estudado, e só é significativa com referência a um modelo externo visto como fonte de conhecimento legítimo. Um dos casos em que isto ocorre é com relação à forma como é definido o feitiço colocado na comida em Terras Altas. Os habitantes locais o consideram uma das principais ameaças a que estão sujeitos, e ele implica em um sistema de desconfianças mútuas e de práticas muito difundidas. Assim, por exemplo, qualquer tipo de presente alimentar proveniente de uma pessoa com quem as relações sociais não são muito amistosas, ou com quem não se tem grande proximidade, é interpretado como algo suspeito. Esta suspeita, contudo, não deve ser demonstrada, e a solução nestes casos é jogar fora o alimento no quintal de casa, o que torna impossível ao doador perceber a desconfiança do outro. Mas, se há uma quase unanimidade com relação à percepção do risco representado pela doação alimentar entre pessoas não próximas, sua interpretação é bastante diversificada, e muitas vezes ambígua.[12] Pode-se dizer que ela se dá em um contínuo em que um dos extremos consiste na concepção de que o mal provocado pelas substâncias colocadas na comida se deve às propriedades mágicas destas substâncias – assim, as substâncias só atingirão aqueles para as quais foram dirigidas –, enquanto no outro extremo o mal é atribuído basicamente a suas propriedades químicas, aproximando-se de um processo de envenenamento. No entanto, a maior parte das explicações não apenas fica entre os dois extremos, como oscila ao longo do contínuo. Em outras palavras, aqueles que são mais vinculados a um discurso cientificista afirmam que temem comer em qualquer lugar porque a comida pode estar envenenada, mas se recusam a fazê-lo mesmo em situações em que observam

12. Aqui, deve-se considerar que os moradores de Terras Altas têm concepções diferentes tanto da magia quanto da ciência, e que a difusão dos meios oficiais de escolaridade e dos meios de comunicação faz com que o discurso científico tenha influência significativa na forma de concepção de mundo local.

que outros se alimentam da mesma comida e nada lhes ocorre. Por outro lado, há várias histórias de pessoas espertas que testaram a comida que lhes foi oferecida em animais, e estes sofreram seus resultados nefastos (o que seria inconcebível em explicações que consideram que o feitiço é dirigido). O feitiço ingerido, além disso, não é visto como causa apenas de mal-estar relacionado a saúde, mas é capaz de provocar atraso na vida da pessoa, e é uma das mais temidas formas de feitiço amoroso. E, ainda, como qualquer influência mágica, deve ser neutralizado através de processos também mágicos. Neste contexto, é difícil distinguir entre causas "naturais" e "sobrenaturais", na medida em que, no discurso, as propriedades químicas e mágicas das substâncias não são diferenciadas. O envenenamento e o feitiço colocado na comida se confundem, a lógica de operação de ambos é comum: são o resultado de uma traição, de uma situação em que a vítima é atingida por confiar ingenuamente nas intenções amistosas de alguém que lhe é hostil, e esta lógica é muito mais significativa que a forma de ação da substância.

Outro exemplo em que a separação entre causas "naturais" e "sobrenaturais" não pode ser estabelecida é quanto à compreensão, em Terras Altas, da maneira como o mau-olhado atinge suas vítimas. A capacidade de colocar o mau-olhado em alguém é uma característica intrínseca do agressor, e muitas vezes independe de sua vontade consciente.[13] O mal por ele provocado pode ser percebido como uma sensação física de desconforto, mal-estar, desânimo, sonolência. Este só pode ser eliminado através de benzeção, e os tratamentos da medicina tradicional são ineficazes, apesar de serem muitas vezes tentados – pois os sintomas costumam ser confundidos com uma gripe ou outra doença leve. Como definir, portanto, se as conseqüências do mau-olhado se devem a fatores "naturais" ou "sobrenaturais", a não ser fora do modelo de compreensão da realidade do próprio grupo? Afinal, o mau-olhado parece estar muito mais relacionado ao mundo físico que ao mundo místico. Como também está relacionado ao mundo físico o cobreiro, que é uma irritação de pele supostamente causada pelo contato direto ou indireto com um dos bichos que pode originá-lo – sapo, lagartixa, aranha, entre outros. Mas este é mais um mal que só pode ser curado através de benzeção, não havendo outro tratamento considerado eficaz.[14]

---

13. Neste sentido, o mau-olhado em Terras Altas se aproximaria da bruxaria zande, e o argumento seguinte pode ser aplicado também a este caso.

14. A ineficácia de outros tratamentos não é definida *a priori*, sendo estes muitas vezes tentados: a benzeção pode ser uma alternativa posterior. Por exemplo, meu anfitrião, um

Deve-se acrescentar, ainda, que a distância entre crença e conhecimento, subjacente às concepções do etnógrafo, pode, além de resultar em um relato que provoca o deslocamento temporal dos sujeitos estudados, provocar também uma dificuldade de comunicação entre pesquisador e pesquisados. Isto porque um argumento semelhante é construído por aqueles que consideram a magia um aspecto fundamental na compreensão da dinâmica do mundo. Assim como a crença na magia, para não crentes, é sinal de ignorância e superstição e, conseqüentemente, de incapacidade de lidar com o mundo da maneira correta, também para os defensores da magia a crença em sua inexistência é uma ignorância que fragiliza aquele que não a considera, e não pode assim dela se defender. É, portanto, igualmente interpretada como um conhecimento inadequado da realidade. O uso do mesmo tipo de argumento entre crentes e céticos leva a que ambos transformem sua visão de mundo em um modelo inquestionável, e incomensurável com a visão de mundo do "outro". O problema é como estabelecer um diálogo produtivo neste contexto, que não seja apenas um diálogo entre surdos.

Rita Segato (1992), ao abordar os paradoxos do relativismo frente ao sagrado, estende esta argumentação para a antropologia como um todo, analisando como a adoção do relativismo como um método racional de resolução dos problemas colocados pela diversidade dificulta o estabelecimento de um diálogo efetivo com os sujeitos de estudo – na medida em o antropólogo se coloca em uma posição de poder em que ele supostamente controla os rumos da conversa e a avaliação de seus elementos significativos. Segundo este método, duas opções seriam possíveis: por um lado, a busca de universais humanos subjacentes à diferença; por outro, a tradução do modelo nativo para uma linguagem que o torne compreensível. Em ambos os casos, contudo, a ação observada é identificada com uma linguagem cuja inteligibilidade está fora dela mesma. Além disso, apenas os aspectos que podem ser inseridos em uma argumentação

---

profissional da área de saúde que faz questão de afirmar sua descrença em feitiçaria e curas não médicas, tinha um filho de pouco mais de um ano, e este começou a apresentar uma forte irritação de pele na virilha. O pai o levou a três médicos diferentes, sendo que nenhum deles conseguiu fornecer um diagnóstico claro, e cada um indicou um tratamento. Ao observar que estes não tinham resultados positivos, e por insistência de sua mãe, levou o garotinho a uma benzedeira, que identificou o mal (que já durava cerca de duas semanas) como cobreiro, suspendeu as pomadas indicadas pelos médicos e iniciou uma benzeção de três dias. No terceiro dia, a irritação estava praticamente seca, o que colocou o próprio pai do garoto em dúvida quanto a seu ceticismo.

racional passam a ser considerados, tornando-se os demais invisíveis no discurso antropológico.[15] Nas palavras da autora:

> Reencontramos aqui a idéia de que todo ato deve ser entendido como uma fala, onde o dito é sempre algo que está fora do ato mesmo de dizer. O vetor que liga significante e significado define uma linearidade horizontal regida pelo entrecruzamento racional das relações próprias de uma estrutura igualmente horizontal. Chamo horizontal à relação entre o homem e a sua pólis vista como uma extensão ou em complementaridade com o mundo da natureza, ou seja, explorável por meio do método científico, para contrapô-la com a relação vertical do ser humano com o seu cosmos, com as causas que o transcendem e que só pode vislumbrar. Este uso das imagens de horizontalidade e verticalidade evoca, ou melhor, constitui uma transformação da oposição entre pensamento aristotélico e neoplatônico, onde a vertente aristotélica do pensamento moderno estaria marcada pelo horizontalismo da ciência, ou seja, o pressuposto de "homologia entre a causalidade real dos processos naturais e a causalidade lógica da demonstração", em contraposição com a verticalidade da causalidade final, cuja estrutura é "eminentemente teológica" e de raiz platônica (:121).

A redução da realidade ao racionalmente inteligível é, portanto, uma conseqüência do poder que adquire a ciência na nossa sociedade, em que ela passa a ser o único discurso legítimo de constituição do real, ao ponto de somente ser convincente a descrição de mundo que se baseie em conceitos "cientificamente construídos" – sendo uma das conseqüências já apontadas deste processo a desvalorização de qualquer tipo de interpretação mágica. Cabe, contudo, reconhecer os limites deste discurso, não a fim de aboli-lo, mas de ampliar as possibilidades de compreensão do mundo e, no caso específico da antropologia, do outro.

Retomando a questão das crenças mágicas, talvez um caminho para sua abordagem seja tentar perceber como ela contribui para a constituição de uma visão de mundo e das relações sociais na comunidade, pois caso seu objetivo fundamental não seja o estabelecimento das relações entre causa e efeito, o contraste constante com a ciência pode limitar a reflexão. Na situação aqui estudada, proponho que o discurso sobre a feitiçaria e outros males sobrenaturais remete mais a uma concepção do vínculo com o outro que com a natureza. Compreende-se, portanto, que mais do que definir se o feitiço alimentar se deve a substâncias

---

15. Nas palavras da autora: "Trata-se [...] do velho lema 'contextualizar para entender', nas suas inúmeras versões. Ao definirmos entender como o que está dito pelo significante fora do ato de significar, o objetivo é traduzir o que foi dito pelo ato para esquecer o ato" (1992:122).

químicas ou a processos místicos é importante para os sujeitos de estudo ressaltar que ele é o resultado da ação danosa de alguém, e que esta ação consiste na sua essência (não o mecanismo pelo qual os objetivos do agressor podem ser atingidos). Como tentarei desenvolver ao longo da segunda parte do texto, creio que a chave para a compreensão da agressão mágica em Terras Altas encontra-se na forma como as relações sociais são estruturadas, nas dificuldades em lidar com a diferença, nos sentimentos de hostilidade que são dirigidos aos outros e na projeção destes sentimentos neles mesmos – que gera um ambiente de desconfiança constante. O que não implica que a feitiçaria seja apenas uma linguagem para expressar tensões sociais; ao contrário, ela contribui decisivamente na constituição do modelo de relações sociais e das tensões sociais possíveis – e, neste sentido, a possibilidade de alcançar fins previamente definidos através de ritos mágicos é essencial. Na verdade, a redução da crença a uma linguagem limita, como indicamos, tanto a possibilidade de compreendê-la em sua especificidade, na medida em que, do ponto de vista lógico, qualquer outra linguagem adotada seria igualmente legítima, quanto seu impacto emocional na vida dos que partilham desta crença – impacto este que marca de maneira significativa a vida dos habitantes de Terras Altas. Com efeito, a feitiçaria é experienciada como uma ameaça terrível e concreta, apresentando relação direta com o ódio e a inveja que marcam a convivência com o outro. O reconhecimento deste impacto emocional que a possibilidade de ser alvo da agressividade alheia provoca, bem como a potencial capacidade de dirigir desta forma a própria agressividade ao outro, são fundamentais na compreensão do lugar ocupado pela crença na feitiçaria no cotidiano. Tão fundamentais quanto a crença na possibilidade de agir no mundo através de ritos mágicos.

II. Trabalho de campo: imagem pública e imagem privada

A opção pelo tema da religiosidade e da magia não traz apenas problemas quanto à abordagem teórica do material obtido, mas também à maneira de realizar o trabalho de campo, as estratégias utilizadas e os fatores que levam à escolha de tais estratégias. Antes, porém, de considerar especificamente tais aspectos, retomo os motivos que impulsionaram esta opção.

Antes de minha ida a Terras Altas, não tinha um interesse direto pela religiosidade – tanto que, apesar de ter estudado a Festa de Nossa Senhora do Rosário de Chapada do Norte (Porto, 1998), a considerei do ponto de vista da tradição, não de seus aspectos religiosos. Tampouco a magia era um assunto que me atraísse a atenção de maneira especial. Minha formação foi essencialmente agnóstica, e estes, principalmente o segundo, eram temas distantes de meu cotidiano. No entanto, ao permanecer por um período de alguns meses em Terras Altas, pude observar os discursos em torno do preconceito sofrido pela cidade (demonstrado até mesmo por alguns de seus distritos) devido à predominância de população negra, e a forma como este preconceito se expressava através da afirmação de Terras Altas como terra de feiticeiros.[16] Simultaneamente, vários moradores locais reconheciam o vínculo da feitiçaria com os negros e sua presença no passado – quando negros velhos puniam atitudes não corteses de pessoas normalmente brancas ou de nível social mais alto, que por exemplo se recusavam a cumprimentá-los ou negavam-se a dar-lhes carona na estrada. Constatei, ainda, que uma esfera definida como "sobrenatural" fazia parte do cotidiano, e que a referência a ela normalmente se dava através de uma linguagem católica. Em síntese, a opção pelo estudo da religiosidade e da crença em feitiçaria foi feita a partir da importância a elas atribuída pelos sujeitos do estudo.

Mas, se tal opção se mostrou uma conseqüência do diálogo estabelecido no campo, a pesquisa tornou-se mais complexa ao se dirigir especificamente a estes temas. Em primeiro lugar, porque há apenas uma visibilidade local e informal da feitiçaria – ou seja, não há reconhecimento da importância da magia negativa (e nem mesmo da magia em geral) e de ritos religiosos e/ou mágicos de origem afro-brasileira por parte das autoridades religiosas ou de estatísticas e órgãos oficiais. Assim, por exemplo, em 1970 todos os moradores do município eram definidos pelo Censo Demográfico como católicos, e se segundo o Censo de 1991 há uma pequena diversificação neste quadro, continua não havendo nenhum morador que se defina como adepto de alguma religião mediúnica – apesar da importância crescente de umbandas e candomblés na zona rural da cidade, e da recorrência constante de moradores urbanos a pais-de-santo e curadores (a maior parte destes, segundo o relato de seus consulentes, vinculando sua atividade a algum tipo de transe). Também os diversos párocos

---

16. Neste sentido, é interessante ressaltar uma distinção com relação ao estudo da magia no Brasil, que me foi sugerida por meu colega Marcos Silveira. Se, aqui, é muito mais plausível pensar na magia, na medida em que esta é uma crença difundida em todas as classes sociais, por outro lado a identificação de certos tipos de magia com práticas religiosas negras torna a estigmatização a partir de práticas e crenças mágicas uma constante, sendo esta uma faceta significativa do racismo brasileiro.

que foram responsáveis por Terras Altas durante os anos em que lá estive nunca fizeram nenhuma referência pública à crença na feitiçaria ou à prática de ritos religiosos afro-brasileiros.

Mas talvez o maior empecilho para a pesquisa da magia tenha sido a existência de discursos diferenciados sobre o tema, podendo ser identificado um discurso "público", feito para os "de fora", e um discurso "privado", é compartilhado somente com pessoas com as quais se tem certa intimidade. O primeiro sempre vincula a feitiçaria aos negros, a desloca no passado, e só reconhece uma ameaça mágica de tipo "punitivo", que embora seja condenada é provocada pela postura anti-social da vítima. Com efeito, mesmo depois de cinco meses de trabalho de campo, é esta a única versão da magia local por mim identificada – o que me fez então conceber que, com exceção das situações envolvendo ritos mágicos amorosos realizados por mulheres, em todas as demais o encantamento seria ocasionado por um comportamento social impróprio da vítima, ou teria o objetivo de cura.

Somente a permanência prolongada na cidade e o estabelecimento de relações com os moradores locais que ultrapassavam as situações de pesquisa é que me permitiram ter acesso ao discurso "privado" em torno da feitiçaria, quando esta deixava de ser um recurso de poder punitivo dos negros do passado para se tornar uma ameaça temível do cotidiano.[17] Este segundo discurso levava a uma complexificação significativa da análise, na medida em que as relações ideais inicialmente estabelecidas passavam a operar apenas de forma parcial, e em que o conjunto de agentes envolvidos se ampliava e diversificava. Com efeito, enquanto no primeiro tipo havia uma relação direta entre agressor e vítima, a agressão era provocada e o agressor claramente identificado com um grupo racial específico – os negros –, no segundo pode-se identificar quatro tipos de agentes distintos, que apenas em alguns casos se superpõem: o acusador, que é quem elabora o discurso que atribui a outro a agressão mística;[18] a vítima, que sofre a suposta agressão, e muitas vezes não

17. Um dos aspectos que mais contribuiu para que eu começasse a perceber esta segunda forma de discurso foi meu contato íntimo com uma família de poucos membros que vivia uma situação de tensão, sendo eu uma das raras pessoas que um dos membros da família considerava digna de confiança para falar sobre o assunto.

18. O uso do adjetivo "místico" ao longo do texto aponta para aspectos que fogem do que se define localmente como forças comuns que organizam o cotidiano, tentando não usar a dicotomia natural-sobrenatural – que coloca as questões já apontadas em torno dos critérios de definição de cada um dos termos. Inspira-se no uso que Evans-Pritchard faz desta expressão, como discutido anteriormente.

coincide com o acusador (havendo casos inclusive em que ela nega a possibilidade de semelhante ataque); o acusado, responsável pela iniciativa de atingir a vítima; o especialista, que é a pessoa que deve ser procurada, nas situações em que o acusado não conhece os métodos de enfeitiçamento, para que sua agressão se torne efetiva. Neste caso, não há qualquer relação entre o acusado ou o especialista e o estereótipo de feiticeiro negro idealmente estabelecido:[19] o acusado é em geral alguém próximo hostilizado pelo acusador e o grande condenado nos discursos, e o especialista alguém também condenado, mas de maneira mais geral, e que não é obrigatoriamente negro. Ele é até mesmo valorizado em outros momentos, pois assim como possui a faculdade de prejudicar, também pode possuir a de curar, sendo eventualmente necessários os seus serviços. Em outras palavras, a crença em uma agressão mística implica na crença na possibilidade de se contrapor a ela, e para que isto seja feito é em geral preciso recorrer a um especialista capaz tanto de provocar o mal quanto de eliminá-lo.

Este segundo tipo de discurso também apresenta o problema da invisibilidade: o acesso à feitiçaria se dá essencialmente através dos relatos acusatórios, pois o uso deste recurso é sempre atribuído ao outro, nunca a si mesmo. Nos casos em que o sujeito reconhece ter feito algo para alguém, é normalmente como forma de se contrapor a uma agressão anteriormente realizada pela pessoa atingida. E os próprios especialistas, embora admitam que sabem "até matar" caso desejem (o que serve para afirmar seu poder), dizem não fazê-lo, pois este é um comportamento socialmente condenado e moralmente inadequado. Nos ritos públicos por eles realizados a que pude comparecer não houve uma única vez em que algo que visasse atingir um terceiro fosse executado. Normalmente a ênfase dos ritos era em curas ou "limpezas" de males difusos.

Embora lide com um contexto distinto, em que a bruxaria consiste apenas em encantamentos verbais e em que as categorias de acusado e especialista não se diferenciam, Favret-Saada (1999) também precisa enfrentar o problema da invisibilidade das práticas de bruxaria. Como vimos, a opção por ela adotada é de afirmar a inexistência efetiva de tais práticas, o que a faz ter, inclusive, dificuldades de lidar com situações de campo que apontam em sentido contrário. Creio que minha experiência em Terras Altas demonstra de

19. Embora, como será melhor explorado no Capítulo IV, não precise haver relação entre o estereótipo e o acusado ou o especialista, quando uma destas duas categorias coincide com o estereótipo – e principalmente se elas também coincidem uma com a outra – o poder atribuído à pessoa é potencializado.

maneira convincente que, embora seja difícil lidar com um tema que apresenta esta invisibilidade, não se deve compreendê-la como inexistência – apesar de ser necessário o reconhecimento de que não há uma relação direta entre discursos acusatórios e práticas mágicas. Em primeiro lugar porque, como argumentei anteriormente, é improvável que em uma sociedade que reconhece o "místico" como fonte importante de poder, não haja pessoas que tentem recorrer a ele. Depois, embora raramente, em alguns casos se pode presenciar práticas ou indícios de práticas de feitiçaria, e cabe ao pesquisador estar constantemente atento a estes indícios, bem como a discursos que descrevem tais práticas (e que diferem dos discursos acusatórios, em que o mecanismo de imposição do mal não é identificado em detalhes, e só é relevante quando demonstra como o agressor abusou da boa fé da vítima).

Além disso, os discursos acusatórios através dos quais normalmente se tem acesso à feitiçaria são privados, não havendo esfera pública em que possam se expressar. Não há qualquer tipo de enfrentamento direto entre acusador e acusado, e muitas vezes o segundo sequer suspeita das desconfianças do primeiro. O que coloca uma série de problemas relativos tanto à estratégia de pesquisa de campo quanto à maneira como trabalhar as informações no texto etnográfico. Pois os casos mais detalhados de acusação de enfeitiçamento dos quais tomei conhecimento foram em contextos que não eram definidos pelos sujeitos como contextos de pesquisa. Com efeito, caso vissem a possibilidade de que suas desconfianças e hostilidades fossem relatadas publicamente, é provável que não as tivessem dividido comigo. Um dos discursos de maior impacto a que tive acesso ao longo de todo o meu trabalho de campo – em que um rapaz evangélico, ao saber de minha partida e tendo visto umas fotos de candomblé que tirei, me procura para me prevenir sobre os riscos que corria por possuir aquelas fotos, argumentando como o diabo é poderoso e me contando de que maneira ele era responsável pela destruição da sua vida[20] – é aqui ilustrativo, pois neste caso foram sentimentos de amizade e preocupação que impulsionaram uma fala espontânea desvinculada de uma clara relação pesquisador-pesquisado (e que provavelmente não ocorreria neste contexto). Isto também é evidente na única situação em que pude presenciar um ritual de enfeitiçamento, relacionado à campanha eleitoral municipal de 2000: quem me convidou

20. As notas que fiz sobre esta fala serão transcritas e analisadas no Capítulo IV, assim como a discussão que se segue em torno dos diferentes discursos sobre feitiçaria em Terras Altas será aprofundada.

como companhia, mesmo sabendo de meu interesse no tema, só o fez por ter convicção de que seu comportamento não seria exposto aos demais – o que representaria uma desmoralização pública relevante. Além disso, segundo a pessoa que contrata a especialista para realização do ritual, este se justifica como contraposição a agressões do gênero constantemente provocadas pelo partido político oposto.

O que foi dito acima nos leva a um aspecto também abordado por Favret-Saada, e que coloca em cheque o pressuposto de que o pesquisador sempre pode se inserir no contexto de pesquisa de maneira desinteressada, sendo compreendido e aceito seu interesse específico no conhecimento do objeto de estudo. Ao abordar a bruxaria no Bocage, a autora observa que os discursos sobre o tema são diferenciados de acordo com o interlocutor e a posição que o informante se coloca frente a ele. Assim, se ele está lidando com uma pessoa "de fora" – que, conseqüentemente, supõe-se não acreditar em bruxaria, e que não está inserida em nenhum contexto em que esta foi mobilizada – nega sua própria crença, e constrói uma fala em que esta é sinal de atraso, e em que os especialistas em reverter embruxamentos (os "désenvoûteurs") são retratados normalmente como charlatães a que recorrem camponeses ignorantes. Já quando o discurso é dirigido a alguém que se supõe envolvido em um processo (alguém "pris"), ele se moldará de acordo com a posição do interlocutor de vítima ou especialista na reversão do processo.

Pode-se perceber, portanto, que não há como estabelecer um conhecimento único e objetivo sobre um tema como agressão mágica, e que os discursos diferenciados não correspondem a um discurso "falso" para os "de fora" e um outro "verdadeiro" para os "de dentro", devendo o objetivo do pesquisador ser a ruptura da barreira que representa o primeiro para atingir o conhecimento através do segundo. Na verdade, ambos os tipos de discurso são legítimos, e apontam para a existência de concepções distintas sobre um tema em contextos diversos – que, além disso, se fundem e diferenciam de acordo com a situação e os agentes nela envolvidos. Assim, em Terras Altas esta distinção das posições de acordo com o contexto pode ser claramente percebida, e já a apontei acima. Com efeito, quando alguém se dirige a uma pessoa "de fora" e com quem não mantém laços de confiança e proximidade, fala da feitiçaria como algo do passado e seu relato nos aponta o estereótipo do feiticeiro e das condições em que a feitiçaria, embora condenada, seria, pelo menos em certa medida, legítima. A situação modifica-se sensivelmente quando o relato passa a ser feito para alguém que, pelo menos, se conhece melhor e em quem se tem um mínimo de confiança (afinal, as acusações públicas de feitiçaria são um risco sério para quem as faz, na medida em que seriam responsáveis pela explicitação de conflitos que devem permanecer latentes – algo fortemente condenado no local), e em que se fala de casos concretos em que o informante se vê de alguma forma envolvido (ou apenas como acusador ou também como vítima). O estereótipo é então deixado de lado e são as relações cotidianas que orientam o discurso. A feitiçaria passa a ser algo que cresce no presente, contaminando cada vez mais a cidade. No entanto, não creio ser possível afirmar que o acesso a este segundo tipo de discurso representa um conhecimento "mais aprofundado" da feitiçaria em Terras Altas, ou que o primeiro tipo seja algo "para inglês ver". São, isto sim, modelos de compreensão da realidade diferenciados, que são mobilizados em contextos diversos – e é a compreensão de ambos que possibilita uma visão do sentido da feitiçaria para os moradores locais. Assim, minha mudança de compreensão com relação ao tema não se relaciona a um aprofundamento na observação; foi antes uma mudança nas relações com a população local que me deu acesso a outros tipos de fala. O que é significativo, na medida em que apontei anteriormente como o discurso em torno do tema remete muito mais a uma relação com o outro que a uma reflexão das relações de causa e efeito no mundo natural.

Acrescente-se, ainda, que sempre que o estereótipo representado pelo primeiro tipo de discurso pode ser aplicado em situações particulares de acusação, ele é simultaneamente reforçado e fortalece o processo acusatório. Em outras palavras, não há necessidade de que aquele que foi acusado por alguém se encaixe no modelo do negro feiticeiro, mas, sempre que ele se encaixa, esse aspecto é explicitado. Esta possibilidade de interpenetração entre o modelo da feitiçaria punitiva e o da negativa, por sua vez, faz com que seja atenuado o vínculo do negro com uma concepção de magia socialmente mais justificável, na medida em que as acusações específicas estão normalmente relacionadas a agressões estimuladas por sentimentos condenáveis como inveja, inimizade ou desejo de poder. O que, até certo ponto, reforça o estigma regional de Terras Altas como "terra de pretos feiticeiros", estigma este que é rebatido em vários outros momentos pelos moradores locais.

Voltando ao estudo de Favret-Saada, a autora aponta para um sentido que ultrapassa o que foi dito acima. A simples afirmação de que qualquer discurso é contextualmente produzido não coloca em cheque a possibilidade de que, ao longo da pesquisa, o pesquisador sempre consiga estabelecer um diálogo com o "outro" que seja orientado basicamente pelo interesse de conhecimento do primeiro. Este modelo clássico de trabalho de campo, contudo, não se adequa à realidade enfrentada pela autora, pois a bruxaria no Bocage consiste essencialmente em encantamentos verbais que têm graves conseqüências no cotidiano – que se inserem em uma esfera de poder –, o que torna impossível estabelecer um diálogo sobre o tema com o objetivo apenas de informação e conhecimento das concepções locais. Em suas palavras:

> [...] en sorcellerie, l'acte, c'est le verbe.
>
> Proposition apparemment élémentaire, mais grosse de conséquences et qui fait apparaître en premier lieu ceci: jusqu'ici, l'exercice du métier d'ethnographe se supportait d'une convention – jamais énoncée, tant elle semblait aller de soi – quant à l'usage de la parole. Pour que l'ethnographie soit possible, il fallait, au moins, que l'enquêteur et l'indigène s'accordent à reconnaître à la parole une fonction d'information.
>
> [...]
>
> Or la sorcellerie, c'est de la parole, mais une parole qui est pouvoir et non savoir ou information.
>
> Parler, en sorcellerie, ce n'est jamais pour informer. [...] Il est littéralement incroyable d'informer un ethnographe, c'est-a-dire quelqu'un qui assure ne vouloir faire aucun usage de ces information, qui demande naïvement à savoir pour savoir. Car c'est une parole (et seulement une parole) qui noue et dénoue le sort, et quiconque se met en position de la dire est redoutable. Le savoir sour les sort attire l'argent, accroît la puissance, déclenche la terreur: réalités autrement fascinantes aux yeux de l'interlocuteur que l'innocente accumulation du savoir scientifique, la rédaction d'un ouvrage bien documenté ou l'obtention d'un grade universitaire.
>
> [...]
>
> Autant dire qu'il n'y a pas de position neutre de la parole: en sorcellerie, la parole, c'est la guerre. Quiconque en parle est un belligérant et l'ethnographe comme tout le monde. Il n'y a pas de place pour un observateur non engagé (1999: 26/27).
>
> On voit qu'il ne s'agit pas exactement d'une situation classique d'échange d'information, dans laquelle l'ethnographe pourrait espérer se faire communiquer un savoir innocent sur les croyences et les pratiques de sorcellerie. Car qui parvient à les connaître acquiert un pouvoir et subit les effets de ce pouvoir: plus on sait, plus on est menaçant et plus on est menacé magiquement. Tant que j'ai accupé la place ordinaire de l'ethnographe, celle qui prétend désirer savoir pour savoir, mês interlocuteurs s'intérresaient moins à me communiquer leur savoir qu'à mesurer le mien, à deviner l'usage nécessairement magique que j'entendais faire, à développer leur *"force"* au détriment de la mienne.
>
> Il m'a donc fallu tirer les conséquences d'une situation si totalement agonistique et reconnaître l'absurdité qu'il y aurait à continuer de revendiquer une neutralité qui n'était admissible, ni même crédible, pour personne. Quand la parole, c'est la guerre totale, il faut bien se résoudre à pratiquer une autre ethnographie (1999: 29/30).

A reflexão desenvolvida nestes trechos aponta para um aspecto do trabalho de campo com temas polêmicos dentro das comunidades estudadas que, muitas vezes, não é abordado com a devida profundidade: a maneira como o pesquisador se insere no contexto de pesquisa, quais as opções abertas de diálogo, como ele seleciona uma delas em detrimento de outras e, principalmente, quais as conseqüências dessa seleção. Assim, por exemplo, a investigação da crença em feitiçaria em Terras Altas apresenta, na medida em que há uma relação clara entre magia e poder, certas dificuldades de abordagem. Além das que indiquei acima, que exigem que a proximidade com o informante ultrapasse uma relação definida como essencialmente de pesquisa, surgem outras, como a quase impossibilidade de registrar depoimentos gravados ou fazer anotações durante as conversas – pois nestes casos, ao explicitar o objetivo do diálogo, este era imediatamente interrompido ou simplificado –, o impedimento do pesquisador quanto a omitir um juízo de valor frente às histórias contadas – visto que o acesso ao tema ocorria principalmente em conversas cotidianas com pessoas muito próximas, em que o posicionamento adotado pelo antropólogo (por mim) era solicitado e interpretado pelo interlocutor como reflexo de sua (minha) localização nas relações de lealdade com as partes envolvidas – ou a necessidade de escolher um lado do conflito com o qual ter contato, pois seria inaceitável uma circulação livre entre acusador e acusado. Mas, se nestas situações ainda me foi permitido ocupar um espaço de relativa neutralidade, em que meu conhecimento sobre os casos e minha freqüência em terreiros (mesmo causando um certo estranhamento) aparentemente não representava uma ameaça, o mesmo não ocorreu no momento das disputas políticas municipais.[21] Neste momento, apesar de inicialmente eu ter decidido adotar uma posição neutra – o que me fez, inclusive, procurar cada um dos candidatos e ingenuamente explicar meu interesse –, logo ficou clara para mim a impossibilidade de não explicitar uma escolha por um dos dois principais lados. Esta opção, por sua vez, teve conseqüências significativas para minhas relações com os moradores de Terras Altas, pois as hostilidades do período eleitoral permanecem após seu fim. Além disso, e esta creio que foi uma vantagem, passei a ter minha posição como "de fora"

---

21. As disputas eleitorais para cargos municipais são um dos momentos privilegiados de mobilização das acusações de feitiçaria, bem como de percepção do outro como essencialmente ameaçador – principalmente pela importância que tem o acesso ao poder na garantia da possibilidade de permanência no local, como ficará mais claro nos próximos capítulos. Além disso, demonstra que o argumento de condenação destas práticas é muito flexível, e utilizado apenas nas situações em que o sujeito se sente prejudicado por elas.

bastante matizada – o que me facultou o acesso a uma série de discursos e situações de tensão antes inconcebíveis, mas ao mesmo tempo inviabilizou qualquer contato com o grupo oposto.

Assim, tanto no contexto estudado por Favret-Saada quanto no aqui considerado, a reflexão em torno das escolhas realizadas em campo, das lealdades estabelecidas e de sua influência no resultado da pesquisa se tornam essenciais. Como também de como o material obtido será trabalhado e registrado em um texto etnográfico – principalmente por ser este texto acessível à comunidade pesquisada. Em outras palavras, temas polêmicos como a crença na possibilidade de agressões mágicas e sua presença em um grupo social colocam não somente questões estratégicas com relação à pesquisa, mas também questões éticas no que se refere à forma de lidar com o material de campo. Na medida em que o modelo clássico de diálogo informativo pesquisador-pesquisado se mostra inoperante, a análise do discurso do "outro" se torna também um problema ético. Principalmente quando, como no caso por mim estudado, a crença na feitiçaria e sua prática é algo visto como condenável, como responsável por denegrir a imagem local,[22] e fonte dos diversos preconceitos que sofre Terras Altas em suas relações com os povoados vizinhos.

Outro aspecto fundamental a se considerar ao abordar a crença na magia no local é a maneira como esta não se restringe a um grupo social ou étnico específico, sendo praticamente uma unanimidade entre os moradores.[23] No entanto, a forma como ela é interpretada – principalmente no que se refere à magia maléfica – apresenta variações individuais sensíveis. As possibilidades de agressões mágicas e as maneiras rituais de efetivá-las são inúmeras, e nem todos as avaliam igualmente como capazes de alcançar o resultado proposto. Também não há concordância quanto à explicação legítima de um mal específico, e por isso a distinção entre acusador e vítima é tão importante – pois muitas vezes aquele que é colocado no papel de vítima não se reconhece como tal,

22. Esta situação difere sensivelmente daquela por mim enfrentada em minha dissertação de mestrado, pois a Festa de Nossa Senhora do Rosário é um assunto público extremamente valorizado, e um dos orgulhos de Chapada do Norte, enquanto a crença e a prática de feitiçaria são vistas como responsáveis pelo estigma que Terras Altas carrega regionalmente.

23. Yvonne Maggie (1992), ao analisar os instrumentos reguladores da prática de magia no Brasil, demonstra que esta crença, embora em escala um pouco menor, é uma característica nacional presente ao longo de toda nossa história. A crença na feitiçaria, na possibilidade de agressão mágica a uma vítima, orienta tanto a elaboração do Código Penal na República quanto a repressão policial aos especialistas em magia e às religiões afro-brasileiras.

e considera que seus problemas se originam de causas não mágicas. Além disso, por não haver esfera pública de acusação nem explicitação das desconfianças na maior parte das vezes, estas diferentes interpretações de um mesmo problema não são normalmente confrontadas, possibilitando que permaneçam sem maiores choques.

Este contexto faz com que seja impossível estabelecer um argumento fechado em torno das explicações de infortúnios através da feitiçaria ou dos demais tipos de agressões mágicas. Em primeiro lugar, porque esta não é a única forma legítima de interpretar os problemas; ao contrário, a recorrência a um modelo que valoriza as causalidades "naturais" é sempre possível e muito utilizada. Em segundo lugar, mesmo que a interpretação de causalidade mágica seja mobilizada, ela pode ser construída de maneiras muito distintas. Acrescente-se que, embora haja uma tendência a atribuir a males recorrentes ou doenças imunes aos tratamentos médicos comuns causas "místicas", parece-me que todas as vezes que estas explicações são responsáveis pela atribuição de um excessivo poder ao inimigo, ou então se relacionam a situações muito graves e sem solução, elas não são utilizadas – talvez por aí não serem adequadas ao reconhecerem uma desigualdade de poder desfavorável ao acusador, ou por serem desnecessárias na medida em que o mal é irreversível. Por exemplo, poucos dias antes da morte de um senhor, ouvi de uma parente de sua mulher a afirmação de que a noiva do filho dele estaria fazendo algo para prejudicá-lo (pois ele andava muito distraído e lento, encaixandose no tipo de feitiço feito para "sonsar" a vítima), mas logo após sua morte repentina gerada por um problema cerebral (aparentemente responsável pela lentidão deste senhor, mas cuja existência não impedia a interpretação mágica) nunca mais a atribuição do mal à feitiçaria foi mobilizada. Também com relação à mesma família, o desaparecimento de uma roupa da irmã do noivo é por ela atribuído a roubo pela noiva (com a mobilização de alguém que freqüenta sua casa), mas, no momento em que o consultório do noivo é aberto de forma misteriosa e desaparecem alguns documentos, sua mãe não acusa a noiva (creio que porque isto representaria atribuir à rival um poder maior do que ela desejaria, ou por ser uma situação que não se encaixa nos padrões – apesar de, para mim, ser a explicação mais coerente de acordo com as crenças desta senhora). Um outro caso em que a atribuição de causas místicas a um mal me pareceu de certa forma evidente, mas nunca foi por mim presenciada, foi aquela em que uma moça solteira realizou uma festa religiosa grávida sem que ninguém soubesse, e o filho, com poucos meses, apresentou um câncer cerebral, não conseguindo ultrapassar o segundo ano de vida. Esses casos exemplificam, portanto, como é difícil elaborar um modelo claro de situações em que as interpretações de infortúnios através de feitiçaria ou outras causas místicas são mobilizadas.[24] Principalmente quando se leva em conta que estas interpretações só são explicitadas em momentos privados marcados por relações de confiança entre os envolvidos no diálogo.

O quadro traçado acima indica como as opções feitas ao longo do trabalho de campo interferem de maneira decisiva no tipo de conhecimento que será construído, na forma como será estabelecido o diálogo entre pesquisador e os vários membros da comunidade pesquisada. Aspectos que poderiam ser interpretados como pouco relevantes – assim como minha opção por morar em casas familiares e não em alugar um local próprio, as relações de proximidade e distância que estabeleci com pessoas e grupos dentro da comunidade, a oportunidade de ter dado aula por dois períodos na escola estadual da sede do município – ou mesmo outros que foram aleatórios à minha vontade – tais como ser eu mulher, solteira e branca, ou minha amizade com um rapaz da cidade que posteriormente foi dar aula na comunidade rural onde mora o principal pai-de-santo local e me abriu as portas do lugar – interferiram decisivamente no tipo de comportamentos que pude observar e de diálogos que fui capaz de estabelecer. Embora este fato possa ser visto como uma constante nos trabalhos antropológicos, através do contraste com minha experiência no Mestrado, creio ser possível afirmar que, em situações em que se lida com temas importantes da esfera pública, sobre os quais as pessoas têm prazer de falar – como foi o caso de minha pesquisa sobre a Festa de Nossa Senhora do Rosário de Chapada do Norte –, os detalhes das relações pessoais e da forma de inserção no grupo são menos relevantes. Já a abordagem de temas delicados, caracterizados pela invisibilidade anteriormente considerada, e além disso representando um dos mais importantes aspectos de estigmatização regional do lugar, exigem uma aproximação e opções cuidadosas (e sempre complexas), e sofrem uma influência significativa da maneira como são feitas. Tentarei, assim, construir um texto em que a contextualização do trabalho de campo esteja presente como um componente significativo na construção do conhecimento antropológico.

---

24. Essa situação parece muito distinta daquela descrita por Evans-Pritchard (1978), em que o autor afirma que a acusação de bruxaria é a forma por excelência de explicação de coincidências espaço-temporais funestas entre os Azande. Talvez porque, neste caso, haja apenas um modelo de explicação de infortúnios legítimo, inexistindo a possibilidade de interpretações concorrentes.

III. Texto: ética e confiança

O contexto de pesquisa coloca, ainda, neste caso específico, questões cruciais em torno da maneira como será redigido o texto etnográfico e como lidar com as informações e discursos reunidos ao longo do período de campo. Em primeiro lugar, deve-se ter em mente que falar publicamente de Terras Altas como terra de feiticeiros é algo que é visto pelos moradores locais como uma forma de expressão da forte discriminação que sofrem regionalmente, e da humilhação que ela representa – como ficará claro ao longo do texto, e é literalmente dito por vários informantes. Por outro lado, o tema da crença em feitiçaria e da presença desta crença no cenário regional e nacional exerce uma grande atração entre pessoas não diretamente vinculadas à disciplina – pude observar tal atração inclusive entre pessoas relacionadas à mídia. Sendo assim, a identificação clara do local de pesquisa a que me referia, aliada à possibilidade de acesso de moradores regionais ou profissionais da imprensa a meu texto, poderia resultar em um reforço complicado da estigmatização, bem como em uma sensação de traição por parte da comunidade pesquisada – pois ela se abriu para mim e teve comigo uma relação predominantemente amistosa. Como eu poderia, portanto, expor ao público suas questões mais íntimas, às quais tive acesso, grande parte das vezes, devido à confiança em mim depositada? Principalmente quando tal exposição pode ser usada para reforçar a imagem regional de Terras Altas como "lugar de negros feiticeiros", ou mais ampla de "local de gente supersticiosa e ignorante que 'ainda' acredita em feitiçaria"? E, ainda, se meu relato não compartilha da visão romântica da região normalmente oferecida como contraposição a uma abordagem que ressalta unicamente as carências que marcariam o Vale do Jequitinhonha,[25] não representaria ele o fortalecimento desta imagem de carência – carência de escolaridade, informação e até mesmo bom senso, que supostamente fundamentaria a crença na magia?

Foram estas reflexões que me levaram à opção pelo uso de nomes fictícios na denominação do município, de seus núcleos rurais e de seus moradores. Mesmo sabendo que este uso não impossibilita a identificação destes, principalmente por moradores regionais – que me conheceram, conheceram meus sujeitos de estudo e acompanharam o período em que morei no lugar (mais de dois anos ao longo de vários) –, acredito que esta opção possa pelo menos dificultar que meu texto seja utilizado de uma maneira que considero problemática

25. Ambas as visões serão melhor discutidas no próximo capítulo.

tanto para a comunidade quanto para mim, na medida em que me sinto eticamente responsável por suas conseqüências. Também com relação às histórias específicas de enfeitiçamento, em momentos em que uma descrição fiel do que me foi relatado poderia deixar os envolvidos em situação difícil frente à comunidade, modifiquei detalhes que não comprometem a lógica do discurso mas impedem que este possa ser usado contra aquele que o elaborou ou aqueles que estão nele envolvidos. Reconheço, contudo, que se as estratégias adotadas tentam minimizar os problemas, não são garantia de que não ocorram, e esta é uma questão relevante ao se considerar a produção antropológica em um contexto em que cada vez mais as comunidades estudadas e seu entorno (tanto mais restrito – grupos e moradores da região – quanto mais amplo – comunidade nacional) têm acesso aos textos etnográficos.

Talvez, aqui, seja interessante abrir breve parêntese para indicar algumas distinções entre o fazer antropológico na atualidade – principalmente nos países de Terceiro Mundo, onde o campo de pesquisa normalmente se situa no interior da própria comunidade nacional do antropólogo – e o contexto clássico de formação da disciplina. Neste, os antropólogos se distanciavam de seus sujeitos de estudo em termos geográficos, linguísticos, culturais e políticos. Embora em alguns casos a prática antropológica estivesse vinculada ao desempenho de atividades nos governos coloniais europeus, normalmente as etnografias eram voltadas especificamente para a comunidade antropológica, e as conseqüências diretas destes textos para os grupos pesquisados e suas relações políticas e sociais com demais grupos regionais eram reduzidas. A ampliação dos sujeitos de estudo legítimos da disciplina – que passam a não mais se limitar ao "radicalmente outro", mas a abranger alteridades mais próximas, mesmo nos países de Primeiro Mundo –; a formação de antropólogos de países e comunidades que eram anteriormente vistas apenas como locais de estudo, e a direção de seu interesse para suas comunidades de origem ou outras situadas no interior do território nacional; e o reconhecimento do papel privilegiado do discurso antropológico na solução de demandas por direitos políticos de grupos específicos levaram a que a construção do texto etnográfico não fosse mais protegida por barreiras lingüísticas e geográficas. Deste contexto decorrem duas conseqüências diretas: primeiro, a necessidade de que o texto etnográfico seja construído levando em conta também as repercussões que pode adquirir em ambientes não disciplinares; segundo, a de enfrentar as situações em que os sujeitos de estudo, interessados nos discursos construídos sobre eles mesmos, constituam críticos específicos da produção antropológica.

A necessidade de assumir as repercussões sociais e políticas do próprio discurso se coloca de maneira privilegiada em algumas áreas da antropologia. Cito, como exemplo, os estudos de povos indígenas no Brasil, em que a fala do antropólogo tem clara influência nas possibilidades ou não de sucesso destes povos na luta judicial por direitos garantidos pelo Estado. Como discute João Pacheco de Oliveira (1999), a garantia legal de reconhecimento à diversidade cultural, linguística e de formas de organização aos povos indígenas na Constituição de 1988, aliada ao convênio estabelecido entre a ABA e a Procuradoria Geral da República para a produção de perícia e laudos antropológicos no mesmo ano e à normatização do processo de identificação de terras indígenas que institui papel importante ao especialista responsável pelos estudos judicialmente exigidos, faz com que a atividade antropológica na área, seja através da produção de laudos judiciais ou de textos antropológicos, adquira uma nova feição, afetando "as expectativas e compulsões da sociedade (e dos índios em particular) sobre o antropólogo" (:166). Neste contexto, não há como ignorar ou negar os impactos sócio-políticos do fazer antropológico para os grupos estudados, e a reflexão sobre tais impactos adquire lugar de destaque neste âmbito da disciplina.

A situação é bem menos evidente nos casos em que não há uma relação direta entre o trabalho antropológico e a arbitragem de disputas por direitos judicialmente reconhecidos. A menor evidência, contudo, não implica em que a reflexão seja menos relevante nestes casos, pois a autoridade atribuída à disciplina como fala cientificamente autorizada – e lembre-se aqui o mito da ciência discutido no início do capítulo – faz com que sua produção possa ser utilizada como suporte para ações e discursos tanto interessantes como problemáticos para o grupo estudado ou facções no interior dele. Voltando especificamente a este trabalho, como foi dito acima, os diversos usos a que pode estar sujeito o texto – podendo provocar o reforço regional de uma relação entre negritude e feitiçaria como uma forma de estigmatização de Terras Altas, ou de uma imagem do lugar como terra de pessoas "ignorantes e supersticiosas", ou ainda explicitar tensões locais que deveriam permanecer latentes – torna, como foi dito acima, no mínimo imprudente o uso das informações obtidas em campo de uma forma ingênua, sem considerar todos esses problemas. Espero tê-lo evitado, e que a estratégia de adotar nomes fictícios e realizar pequenas modificações de detalhes que possam identificar em situações delicadas os nelas envolvidos tenha alguma eficácia nesse sentido.

A pesquisa no interior da comunidade nacional do próprio antropólogo, principalmente entre grupos que utilizam uma língua comum, coloca, ainda, problemas distintos daqueles enfrentados por autores clássicos da disciplina – europeus e norte-americanos – quanto à forma de lidar com os discursos de seus sujeitos de estudo. Enquanto, para eles, um dos aspectos cruciais tanto da pesquisa quanto da elaboração do texto etnográfico remete à tradução da fala nativa – já que seus estudos ocorrem entre grupos linguísticamente distintos –, com todas as complexidades características desta tradução, entre os antropólogos que estudam comunidades de mesma língua o problema se desloca para dois aspectos: em primeiro lugar, como conjugar as definições nativas de uma determinada palavra com seu uso como conceito dentro da disciplina; em segundo lugar, como transcrever as falas dos informantes conseguindo, simultaneamente, manter sua especificidade sem exotizá-la.

Esse contraste pode ser explorado a partir da discussão de Geertz (1998) em torno das estratégias de conjugação de conceitos de "experiência próxima" e "experiência distante" como aspecto fundamental do fazer antropológico. Ao tomar de H. Kohut estes conceitos para pensar o processo de conhecimento na disciplina, o autor assim os define:

> Um conceito de "experiência próxima" é, mais ou menos, aquele que alguém – um paciente, um sujeito, em nosso caso um informante – usaria naturalmente e sem esforço para definir aquilo que seus semelhantes vêem, sentem, pensam, imaginam, etc., e que ele próprio entenderia facilmente, se outros o utilizassem da mesma maneira. Um conceito de "experiência distante" é aquele que especialistas de qualquer tipo – um analista, um pesquisador, um etnógrafo, ou até um padre ou um ideologista – utilizam para levar a cabo seus objetivos científicos, filosóficos ou práticos (:87).

Geertz afirma, então, que cabe ao antropólogo transitar entre os dois tipos de conceitos, não se limitando a nenhum deles, mas tentando estabelecer uma "conexão esclarecedora" entre ambos, de tal forma que os conceitos de "experiência distante" destinados a captar os principais aspectos da vida social sejam instrumentos importantes para compreender o sentido que os conceitos de "experiência próxima" adquirem para os agentes. Na busca por esta compreensão, uma estratégia é comumente utilizada por autores clássicos, e os exemplos dados por Geertz em seguida são uma expressão desta estratégia. Na medida em que as comunidades estudadas por estes autores são lingüisticamente diferentes daquelas para as quais os textos são escritos, é possível manter os termos nativos como expressão dos conceitos de "experiência próxima", sendo a tradução não a busca de uma palavra similar na língua do antropólogo, mas sim uma explicitação do sentido que o termo adquire para o grupo pesquisado. Em alguns casos, essa tradução resulta mesmo na expressão de um aspecto social mais amplo, e o termo nativo passa a ser usado como um conceito de "experiência distante" – como é o caso de *mana* em Mauss. Mas, mesmo em situações em que não ocorre essa ampliação do uso – como no *kula* abordado por Malinowski, nos sistemas políticos *gumsa-gumlao* discutidos por Leach, ou nos vários termos de expressão do sentido de pessoa em Marrocos, Bali e Java que Geertz discute no capítulo citado –, a possibilidade de se referir a um termo em outra língua marca de maneira indiscutível a particularidade do conceito.

Quando, contudo, há uma coincidência entre a língua nativa e aquela em que é redigido o texto, além deste recurso não ser possível, em várias situações observa-se uma coincidência entre o termo usado pelo informante como conceito de "experiência próxima" e o conceito de "experiência distante" adotado pela disciplina. Ou, ainda, o conceito pode ser simultaneamente de "experiência próxima" tanto para os informantes quanto para o pesquisador, no entanto possuindo sentidos diversos e às vezes discrepantes. Como exemplo, cito o conceito de tradição, que é ao mesmo tempo teoricamente discutido e usado na linguagem coloquial dos mais diversos grupos nacionais. Esta coincidência pode levar a algumas dificuldades: em primeiro lugar, uma aparente compreensão do que está sendo dito pelo informante pela coincidência de termos, mas sem que haja uma coincidência de sentidos; depois, uma confusão entre a reflexão teórica em torno do conceito e a reflexão nativa; por fim, uma não explicitação de quando o conceito está sendo usado como de "experiência próxima" ou "experiência distante". Com efeito, se o uso de mesma língua evita situações difíceis como a necessidade de recorrer a intérpretes, ou permite a percepção de sutilezas do discurso do outro dificilmente perceptíveis para alguém com um domínio precário do código de comunicação adotado, é necessário estar atento às incompreensões que podem resultar de uma suposição de similaridade dos códigos maior que a efetivamente existente.

No caso específico deste texto, a dificuldade citada surge com o conceito de feitiçaria. Este apresenta, simultaneamente, abordagens distintas na Antropologia e na História, e é um conceito de "experiência próxima" tanto para a comunidade estudada quanto para a pesquisadora. Em cada um dos casos, contudo, apresenta características diferentes. Como conceito de "experiência distante", a feitiçaria se define a partir de sua contraposição à bruxaria. Na Antropologia, a partir da obra de Evans-Pritchard anteriormente discutida, estabelece-se a distinção entre bruxaria e feitiçaria como formas de ameaças místicas a partir de seu processo de atuação – sendo a primeira resultante de um desejo maléfico daquele que possui em seu corpo a "substância bruxaria", ou seja, uma agressão que não exige qualquer ato ritual e pode inclusive ser inconsciente; e consistindo a segunda em uma agressão intencional e ritualmente realizada, envolvendo técnicas específicas. Já na História a diferenciação entre os dois termos tem suas bases dadas no período inquisitorial europeu: é considerada feitiçaria a magia de povos pagãos, sendo esta transformada em bruxaria a partir da perseguição da Igreja Católica perpetrada durante a Inquisição, quando se estabelece uma demonização das práticas mágicas pagãs. Em outras palavras, a bruxaria seria resultante da teorização sobre a feitiçaria realizada pelos intelectuais da Inquisição, que a estabelecem como uma seita (não mais, portanto, práticas isoladas) de adoração ao demônio (cf. Russel, 1997). Quando consideramos a maneira como a noção de feitiçaria é utilizada em Terras Altas, há uma presença de vários fatores das discussões conceituais, de maneira menos sistematizada como característico de conceitos de "experiência próxima": ela é sempre uma magia maléfica (embora a possibilidade de usá-la para se contrapor a uma agressão prévia, ou, como vimos, para punir atos socialmente inadequados, possa matizar o mal que lhe é intrínseco), exige um procedimento ritual para sua realização e a ação de especialistas para que seja possível reverter suas conseqüências, apresenta uma proximidade com o estereótipo do negro ameaçador, e está ligada no imaginário à parte diabólica do mundo (pois como será melhor visto no terceiro capítulo, o mundo é dividido entre "Bem" e "Mal", "coisas de Deus" e "coisas do diabo"). Além disso, como será explicitado ao longo do texto, ela se distingue de uma série de outras ameaças mágicas também reconhecidas. Já o uso de "feitiçaria" no português em geral é de difícil exposição, podendo inclusive perder o caráter de negatividade que marca todas as definições anteriores. Estas dificuldades fazem com que seja necessário esclarecer a que os habitantes de Terras Altas estão se remetendo quando falam em feitiço. A utilização de expressões como "magia negativa" ou "ameaça mística" – expressões não mobilizadas no discurso nativo – tenta minimizar as ambigüidades deste emprego múltiplo do conceito e apontar para o caráter da feitiçaria de tentativa de intervenção na dinâmica da realidade através de ritos específicos, bem como para a condenação social de seu uso e o temor que ela gera.

Já no que se refere aos critérios para transcrição das falas dos informantes, uma abordagem do contexto brasileiro demonstra nossa especificidade e as questões que ela coloca. A fim de desenvolver esta reflexão, parto de discussões realizadas em torno do ensino do português no país, e da argumentação de Marcos Bagno (2002) sobre o mito da unicidade de nossa língua e como, a partir deste mito, qualquer diferença em relação a um padrão tido como ideal – definido de maneira confusa como o padrão escrito da língua culta (qual? a partir de que fontes? tendo que grupo como referência?)[26] – é interpretado como "erro". A diversidade e variabilidade linguística do português brasileiro, originária das enormes disparidades regionais e sociais, faz com que a grande maioria dos brasileiros seja falante de uma variedade de português não-padrão. Tal fato, aliado à definição das variedades como representando uma "linguagem de segunda categoria", fazem com que haja um forte preconceito linguístico no país, e que o domínio de uma variedade próxima do padrão represente um importante instrumento de poder em um processo de distinção e dominação social. Poder este que é potencializado pela maneira como este padrão é referência tanto para o ensino regular da língua (o que aproxima seu domínio também de um maior grau de escolaridade) quanto para programas de divulgação na mídia que versam sobre a "utilização correta do português".

Neste contexto, o trabalho de transcrição de discursos produzidos oralmente coloca dificuldades significativas, tendo em vista a diferença característica entre produção oral e escrita (lembre-se que os parâmetros de avaliação da adequação da linguagem se baseiam em um padrão escrito, sendo as formas orais menos valorizadas). Por um lado, uma transcrição literal da fala oral pode levar a se considerar esta fala como muito mais exótica do que efetivamente é, pois hábitos de linguagem de vários grupos – como a supressão dos esses e erres no final de palavras no plural ou verbos no infinitivo – são características comuns da oralidade que não indicam um domínio inadequado do modelo padrão. Por outro lado, a adequação total dos discursos transcritos ao português culto leva a sua descaracterização, ao não reconhecimento da especificidade da oralidade. Acrescente-se, ainda, que recursos utilizados na oralidade para chamar a atenção do ouvinte ou preencher o tempo necessário à continuidade do raciocínio – tais como repetições, expressões como "né", "sim", "então", entre outras –, enquanto contribuem para a seqüência da fala, fazem a leitura às vezes penosa. É, portanto, necessário adotar um processo de transcrição em que se consiga conservar a especificidade do oral sem exotizar o discurso ou torná-lo de leitura truncada, a fim de que seja possível: a) manter a multivocalidade (não transformando a fala do outro em apenas uma ilustração da fala do próprio autor, mas explicitando sua particularidade); b) deixar evidente o diálogo entre oral e escrito do qual resulta o texto, que aponta para a interação do contexto de pesquisa e do contexto teórico.

---

26. Segundo Bagno, este padrão se compõe de uma mistura de normas provenientes do português falado em Portugal com normas gramaticais consolidades (e de certa forma cristalizadas).

Se estas questões são intrínsecas ao processo de transcrição, elas se complexificam muito quando os relatos a serem transcritos foram construídos utilizando uma variante da língua que se distancia muito da variante padrão. Em primeiro lugar, porque então esta variante pode ser interpretada como um reforço ao estigma que o grupo eventualmente possua de "atrasado", "ignorante" – e aqui vários dos pontos anteriormente discutidos em torno dessas concepções ressurgem de uma nova maneira. Em segundo lugar, devido aos problemas ortográficos relativos à transcrição de falares específicos, pois Bagno também ressalta a identificação normalmente feita entre erro de português e erro ortográfico. Assim, grafias usadas a fim de explicitar a diferença podem ser vistas como evidência de "erro". Por outro lado, a adoção de uma única variante para transcrever falares construídos em várias delas leva a que, indiretamente, se reconheça ser a variante utilizada a única forma legítima de linguagem a ser adotada em textos escritos, e reforça o preconceito linguístico nacional. Nesse sentido, apesar dos riscos de exotização da linguagem do outro resultante de uma transcrição mais literal, creio ser importante explicitar as diferenças dos discursos dos sujeitos estudados com relação ao discurso do antropólogo, inclusive como uma contribuição para o reconhecimento da diversidade efetiva da língua nacional e de sua legitimidade.

Foram essas reflexões que orientaram a maneira como as trancrições foram feitas: tentando manter uma certa literalidade quando esta representava um falar específico, e não diferenças comuns entre linguagem oral e escrita; e mantendo a estrutura do discurso oral com a supressão de expressões de repetição ou ênfase, nos casos em que estas não afetavam a estrutura ou seqüência do raciocínio e eram responsáveis por truncar a leitura.[27] É assim, por exemplo, que a eliminação de erres nos finais dos infinitivos ou a pronúncia particular de uma palavra só foram explicitadas quando significativas, visando evitar a exotização já discutida. Ao mesmo tempo, não houve nenhuma tentativa de "correção" das especificidades das falas de meus informantes, visando o reconhecimento da existência de linguagens e pensamentos diferenciados no interior da comunidade nacional e a necessidade de garantir a explicitação dessas diferenças, atribuindo-lhes legitimidade. O incômodo provocado por tal explicitação e uma sensação de uma espécie de "corte" na seqüência do texto que certos depoimentos podem trazer têm um importante papel na percepção

---

27. Para esta publicação, por solicitação do editor, a supressão de repetições e expressões titubeantes nas falas foi mais significativa que na tese, a fim de que a leitura não se tornasse muito árdua.

de que não há uma continuidade entre meu discurso e o dos sujeitos estudados, e de que, na verdade, meu texto é construído a partir de outros textos de estilo, estrutura e linguagem diferentes. Acrescente-se, ainda, que busco situar contextual e socialmente os trechos transcritos e seus autores – pois, como argumentei ao longo do capítulo, creio que os sujeitos que os produzem e as condições em que o fazem são fundamentais para uma interpretação mais aprofundada de seu sentido.

* * *

As reflexões acima orientam a construção do texto que se segue, tanto no que se refere a sua estrutura quanto à abordagem de seu conteúdo. A percepção de um vínculo importante entre religiosidade e crenças mágicas presentes em Terras Altas e o processo histórico de formação da cidade levou à divisão do trabalho em duas partes. Na primeira, "Contexto", discuto alguns aspectos significativos da história regional e local (Capítulo I), para no Capítulo II analisar de que maneira estes aspectos são interpretados pelos habitantes de Terras Altas na atualidade, e em que medida refletem os efeitos do processo histórico na constituição do contexto atual. Já na segunda parte, "Terra de Feiticeiros", passo a abordar, no Capítulo III, especificamente a questão da religiosidade e da magia, tentando indicar como o catolicismo se organiza localmente e como as crenças mágicas nele se inserem. No Capítulo IV, dedico-me à análise dos discursos sobre a feitiçaria e como eles refletem uma perspectiva do outro como essencialmente ameaçador, perspectiva esta gerada por um contexto histórico e social marcado pelo duplo vínculo. Já nas Considerações Finais tento levantar algumas questões que permanecem em aberto e que apontam para as conseqüências do diálogo estabelecido em campo na pesquisadora. Destaco os momentos em que a explicação mágica de eventos significativos pelos informantes parece mais convincente que qualquer outra, colocando em suspenso minhas próprias concepções. Além de apontar o impacto emocional que o universo pesquisado possui não somente para os sujeitos de estudo, mas também para mim.

PARTE I

CONTEXTO

CAPÍTULO I

História local: o passado constituindo o presente

Este trabalho, ao propor como tema a reflexão em torno das concepções e práticas mágicas e religiosas de uma cidade no Vale do Jequitinhonha, coloca questões não apenas em torno da história particular de Terras Altas – que são fundamentais na compreensão de suas principais características, da visão de mundo de seus moradores e forma de se estruturarem na atualidade suas relações, e do papel nelas desempenhado pelas crenças mágicas e religiosas –, mas também da maneira como seu pertencimento ao Vale é responsável por uma identidade regional específica e pela imagem que se constrói da região no âmbito estadual e nacional. Imagem esta que, como veremos, terá influências na definição dos temas que são considerados legítimos abordar pelas diversas disciplinas e no desenvolvimento de estudos sobre a região. Faz-se necessário, assim, antes de considerar a história específica do local aqui estudado, refletir sobre a construção da idéia de um Vale do Jequitinhonha unificado no âmbito estadual e nacional, e quais as conseqüências deste fato na concepção que possuem os mineiros e brasileiros da região como um todo.

Ao se falar de Minas Gerais como uma força no interior da nação, e se destacar seu grande poder político e pretensão de representar a nacionalidade, o Vale do Jequitinhonha tem papel inexpressivo. As imagens dele veiculadas pela mídia e que povoam o imaginário mineiro e brasileiro são de uma região definida pela carência: carência de desenvolvimento, de educação, de condições de saúde, até mesmo de história. O "Vale da Miséria", como é conhecido no país, representa em Minas o que representa o Nordeste no Brasil – ou seja, o exemplo do atraso, da pobreza, da ignorância, do domínio político dos coronéis etc. É a região da fome, das "viúvas de marido vivo", inspira compaixão e desejo de fazer caridade. Está evidentemente deslocado no tempo, representa um passado contra o qual se deve lutar, na esperança de que um dia consiga alcançar melhores condições de desenvolvimento, de saúde e de "esclarecimento" – em outras palavras, que se adeque ao modelo capitalista modernizante. As palavras de Margarida Moura expressam bem esta imagem:

> Conhecida nas repartições estaduais como área de *pobreza absoluta* e de *estagnação secular* e até, em conversas mais francas, como região de mestiços ignorantes, dotados de indolência intrínseca para o trabalho agrícola, a região é mencionada como uma ferida de subdesenvolvimento em Minas Gerais, discrepando do conjunto do estado em que a prosperidade da população é confirmadora do trabalho em silêncio (Moura, 1988:1).

Mas, se essa definição do Vale é hoje amplamente aceita, sua história é, ao contrário do que se pode pensar, bastante recente. Segundo Ricardo Ribeiro (1993), ela passa a ser constituída apenas a partir da década de 1960 – não somente na caracterização regional através de uma negatividade quanto aos aspectos considerados relevantes, mas também na própria percepção da região como representação de um todo unificado. Com efeito, a área hoje denominada "Vale do Jequitinhonha", que tem como base de definição a bacia do rio, é marcada por processos de colonização e desenvolvimento econômico diferenciados, assim como tem suas várias regiões vinculadas a centros econômicos distintos, a maior parte deles fora dos limites do Vale. Além disso, ao contrário da imagem de "estagnação" que lhe é inerente – principalmente no período que vai desde a crise da mineração e queda da produção algodoeira, primeira metade do séc. XIX, até o início da expansão da produção em moldes capitalistas de eucalipto, gado e café, a partir da década de 1960 – a região sempre possuiu contato com áreas limítrofes e foi responsável por significativa produção e comércio de alimentos e artigos artesanais. No início do séc. XIX, Saint-Hilaire (1975) fez uma declaração sobre o termo de Minas Novas, já marcado pela decadência da extração aurífera, que demonstra quão distante ela estava da caracterização de "Vale da Miséria":

> Cheguei finalmente a Vila do Fanado, depois de viajar um espaço de 13 léguas pelo território de quatro paróquias. Deveria ter sido outrora muito abundante em ouro esse afastado rincão, para que aí se fundasse tão grande número de povoações em uma extensão de território tão pequena. Entretanto, desde que a agricultura substituiu nessa região as explorações minerais, tudo teve naturalmente que tomar novo aspecto. O cultivo da terra estabelece uma igualdade de fortuna que não poderia, absolutamente, ser o resultado aventuroso dos mineradores. Não há no termo de Minas Novas tantas pessoas ricas como em muitas

> outras partes da província; mas também existe aí menos miséria. Não se vêem, em absoluto, como em torno de Vila Rica, povoações quase abandonadas, e fazendas caindo em ruínas. Os colonos vestem-se aí com tecidos muito grosseiros; mas não trazem a roupa em farrapos, e como os panos de algodão são aqui muito baratos, e grande número de habitantes fabricam-nos em sua própria casa, os próprios negros andam mais bem vestidos do que em outros lugares (:291).

Também Pohl (1976), embora afirme que, no início do séc. XIX, no Termo de Minas Novas, "o gado e os produtos agrícolas alimentam atualmente os habitantes que, desde que diminuiu notavelmente a produção de ouro, que aqui ocorria tão abundantemente nos rios, estão inteiramente empobrecidos" (:331), pouco depois faz a seguinte declaração sobre a Vila do Fanado (sede do Termo): "Está entre as melhores cidades brasileiras de tamanho médio"(:332).

Estes trechos apontam um fato significativo da história regional: somente no início do séc. XX, com a abertura de estradas que deslocam as rotas comerciais do Rio Jequitinhonha, e o desenvolvimento da produção de gêneros alimentícios no sul da Bahia e outras regiões vizinhas, o Vale passa a enfrentar um período de retração de seu comércio e de dependência externa. Dependência esta que irá se agravar com a integração regional ao mercado mais amplo – responsável simultaneamente pela redução da competitividade dos produtos locais e pelo aumento da necessidade de renda monetária por parte da população, como ficará mais claro ao longo do capítulo. Antes, contudo, de abordar aspectos da história do Vale, principalmente da região povoada pela mineração aurífera (na qual se encontra a cidade aqui estudada), é interessante esboçar o processo de constituição do "Vale do Jequitinhonha".

De acordo com Ribeiro (1993), os discursos locais sobre a região hoje designada "Vale do Jequitinhonha" são marcados, no início do séc. XX, pelo tema da valorização do "orgulho sertanejo" – baseado na idéia de uma vida saudável, simples, vinculada a valores essenciais como dignidade, honra, trabalho e honestidade. Já com relação aos discursos externos, não há uma identificação da área pelas autoridades públicas estaduais e nacionais como se destacando nem por atributos claramente positivos nem excessivamente negativos. Até a década de 1950, a região é concebida como parte do Norte/Nordeste mineiro (uma definição muito mais fluida e que não impulsionava qualquer tipo de proposta de ação governamental ou projeto modernizante específico). É somente após este período que o Vale passa a ser visto pelo Estado como unificado e distinto das regiões limítrofes, e ao mesmo tempo definido através da falta – definição esta que norteará todos os projetos do Estado para a região, e que servirá de instrumento dos políticos regionais para conseguir verbas e benefícios externos. Nas palavras de Ribeiro:

> Aos poucos, os discursos dos políticos sobre o Jequitinhonha foram abandonando o orgulho sertanejo, para assumirem o ponto de vista modernizador, que examina a região a partir de fora, e recomenda a ação do Estado para redimi-la do atraso, da ignorância, da pobreza, etc. Desta forma, o Estado, que desde meados da década de 1960 vem atuando de forma mais sistematizada na região, tem sido o principal impulsionador do "progresso" que luta para redimir o Vale de sua pobreza, que no entanto parece ser-lhe tão inerente como a seca e, assim, resistir a todas as investidas. O que não é de todo ruim, pois a pobreza do Jequitinhonha continua a render-lhe novos estudos, planos e verbas, que certamente irão beneficiar capitais da região ou vindos de fora e políticos locais, que poderão sempre usar a pobreza como forma de reafirmação regional, como seus antepassados usavam o vigor sertanejo (1993:87/88).

Como fica claro no trecho anterior, a criação do "Vale do Jequitinhonha" se dá na esfera política, e tem como articuladores os próprios políticos regionais. Nesse sentido, é importante ressaltar que, desde o período do Império, a região possui parlamentares no nível provincial/estadual e nacional, predominantemente governistas. No entanto, no período anterior a 1950 a região não aparece em seus discursos como apresentando características particulares que merecessem um tratamento específico por parte do Estado. É somente a partir da década de 1960, ainda segundo Ribeiro (1993), que os representantes políticos regionais vêem na definição de uma identidade própria e carente a possibilidade de ter acesso a maiores recursos externos. Fundamental neste processo será o período do governo de Juscelino Kubtschek (que, lembre-se, era de Diamantina, início do Vale), quando o então presidente, em resposta à exclusão da região da área da SUDENE, cria o Grupo de Trabalho do Vale do Jequitinhonha (que, contudo, não alcança maiores êxitos). Essa iniciativa impulsiona, em 1964, a proposta do então deputado Murilo Badaró de criação da CODEVALE (Comissão de Desenvolvimento do Vale do Jequitinhonha), que, aliada a uma nova divisão geográfica de Minas, será responsável pela produção de uma identidade regional anteriormente inexistente. Ribeiro sintetiza a importância deste processo no seguinte trecho:

> Assim, fica mais evidente porque o Vale não possui um pólo regional próprio, mas suas diversas áreas gravitam em torno de pólos situados fora do Jequitinhonha [...] – na verdade, a definição territorial do Vale, baseado em um critério geográfico: a bacia do rio, representou uma ação política de aglutinação em uma nova região, de áreas distintas, com processos históricos e características sócio-econômicas diferentes. A tentativa de criar novas hegemonias políticas, a partir da busca de uma modernização econômica das áreas que compõem hoje a região

do Jequitinhonha, permitindo sua emancipação dos pólos vizinhos, contam certamente entre os motivos que levaram as elites locais a apoiar a criação da CODEVALE e a nova identidade regional (:91/92).

Identidade esta reforçada nas décadas posteriores, adquirindo uma força significativa fora dos meios oficiais – para o que muito contribuiu a atuação da mídia. E que sofre um processo de crescimento gradativo da negatividade de seu conteúdo. Assim, para exemplificar, em 1960 um geógrafo que fez estudos no local no final dos anos 1950 afirma:

> o Vale do Médio Jequitinhonha conserva um sistema econômico e social quase estagnado, à base, predominantemente, de pecuária, onde se espalhou uma população rarefeita ocupada em atividades cujo nível de produtividade física e monetária proporciona-lhe, em geral, baixo padrão de vida e conforto (Guimarães apud. Ribeiro, 1993:81).

Nesta, podemos observar que o baixo padrão de vida dos moradores locais e falta de uma maior dinamicidade econômica da região (que, curiosamente, é delimitada apenas à área do Médio Jequitinhonha), apesar de reconhecida, não adquire contornos alarmantes. Como vai acontecer a partir de então, quando passa a ser considerada a região mais carente de Minas (década de 1960), definida como "área problema" e "bolsão de pobreza" (década de 1970), até que se consolida sua imagem como "Vale da Miséria", ostentando índices de pobreza que estariam dentre os mais elevados do país (a partir da década de 1980), o que elimina definitivamente a possibilidade de mobilização da idéia do "orgulho sertanejo". A partir da nova imagem se coloca a necessidade do Estado (e até mesmo de entidades não governamentais) de agir no sentido de mitigar as conseqüências da situação de carência absoluta e garantir a possibilidade de desenvolvimento capitalista da economia regional – a única alternativa que eliminaria definitivamente os problemas a ela atribuídos. Citando Moura (1988):

> a insistência com que a questão social do Vale do Jequitinhonha é centralizada na elevação dos níveis de renda evidencia como uma aliança entre rótulos e números quer imputar atributos negativos a uma sociedade, tais como ausência de atividade econômica significativa, fraco dinamismo dos atores envolvidos, tradicionalismo, de modo que a expansão de atividades fundadas no lucro capitalista se tornem o remédio *par excellence* para o desenvolvimento, trazendo, enfim, vida para onde supostamente existem apenas um povo moribundo e uma terra agonizante (:5).

Esta imagem do Vale, por sua vez, vai ter conseqüências também na definição dos temas de pesquisas regionalmente desenvolvidas, bem como na maneira como eles são abordados. Do ponto de vista antropológico, duas são as alternativas mais comuns: ou a análise é centrada nas questões camponesas –

processo produtivo, distribuição de terras, problemas para os camponeses da implantação do modelo modernizante, estratégias de reprodução da forma de vida camponesa –, ou nas manifestações artísticas e culturais – como festas católicas de santo, artesanato, músicas. Principalmente neste segundo caso, há uma tendência a tentar "recuperar" a imagem do Vale através de uma valorização romântica de suas "riquezas culturais", apesar das precárias condições de vida da população. A maneira como Flávia Galizoni (2000) inicia seu texto[28] é bastante ilustrativa dessa postura:

> O Vale do Jequitinhonha se localiza na porção nordeste de Minas Gerais. Nos últimos anos tem sido objeto de estudos, intervenções e reflexões. Suas características têm despertado interesse tanto nos meios acadêmicos quanto nas agências de desenvolvimento, todos intrigados com essa região conhecida como uma área de pobreza, e ao mesmo tempo possuindo manifestações culturais tão ricas e um povo tão alegre (:9).

Os pesquisadores regionais adotam, portanto, duas alternativas mais comuns ao estudar o Vale: na primeira, a caracterização regional anteriormente descrita, baseada em uma definição pela falta – mesmo que para questioná-la através da análise do modo de vida camponês; na segunda, a visão romântica acima delineada e que, em certa medida, retoma o discurso do "orgulho sertanejo". Ambas são, contudo, problemáticas, antes de mais nada por reforçarem a questão já discutida no capítulo anterior da tendência a expressar a diferença como distância temporal, mas também por dificultarem o diálogo com os sujeitos pesquisados, na medida em que não apenas os temas já estão previamente definidos, mas ainda parece não haver opção além daquelas em que se ressalta uma radical negatividade ou uma romântica positividade da forma de vida e compreensão de mundo dos moradores locais. Limitações que se mostram um empecilho na análise que será desenvolvida neste texto, em que se pretende trabalhar as concepções dos habitantes de Terras Altas em torno da religiosidade e feitiçaria através do questionamento do discurso que relaciona as crenças locais a "superstição e ignorância", por um lado, mas por outro reconhecendo-as como vinculadas a uma visão de mundo e das relações sociais que nada tem de idílica.

Gostaria ainda de, a partir destas duas posturas, tentar perceber como as diversas disciplinas sociais se situam com relação aos estudos do Vale do Jequitinhonha, e em que medida elas reforçam concepções de familiaridade e alteridade vigentes na sociedade mais ampla. Estudos com ênfases sociológicas ou

---

28. O tema de estudo da autora é a distribuição da terra em quatro comunidades camponesas da região.

econômicas, que em geral têm por base as regiões "desenvolvidas" em moldes capitalistas, possuem comumente por objetivo a análise dos processos de depressão e estagnação econômica identificados no Vale, sendo muitas vezes realizados por agências públicas com o intuito de elaborar projetos de modernização específicos para a área. Já a região é *locus* legítimo de estudos antropológicos em Minas, na medida em que representa o "exótico" no estado, sendo a expressão de sua "alteridade interna". Pois, como argumenta Nadel-Klein (in James et alli., 1997), as áreas e temas de estudo da antropologia têm uma influência direta da forma como o espaço é subdividido e classificado em um contexto mais amplo, e as opções tendem a se dirigir para as regiões e os aspectos que melhor se encaixam no modelo que reforça a noção de alteridade da sociedade abrangente – vinculando esta noção a um deslocamento temporal. Assim, no caso aqui considerado, se há uma valorização regional a partir da música, artesanato, festas e "crendices" populares, estas são ressaltadas com um caráter ou de "curiosidades" ou de "resquícios do passado", normalmente acompanhadas de um discurso agonístico que as percebe sempre em risco de extinção – o que exige, inclusive, uma ação efetiva no sentido de evitar que estas marcas do passado desapareçam.

Tais questões, por sua vez, colocam problemas cruciais para o desenrolar deste trabalho, principalmente quando se considera a relação entre a imagem do Vale aqui discutida e meu tema de estudo – com todas as tendências abordadas no capítulo anterior ao se enfocar a religiosidade e a magia de se resvalar no discurso da "superstição" e "ignorância" das "reais" relações entre causa e efeito no mundo natural. O desafio é, portanto, duplo: primeiro, durante o trabalho de campo, de ser capaz de estabelecer um diálogo efetivo com os sujeitos de estudo, que não seja predefinido pelos discursos consolidados sobre as características regionais; depois, de construir um texto que não os represente de forma caricatural, e sim que consiga reconhecê-los como contemporâneos e retrate a diferença como o que ela efetivamente é – ou seja, como diferença. É esta a proposta da reflexão a ser realizada nos próximos capítulos.

Antes, contudo, de passar a ela, faz-se necessário considerar em linhas gerais a história da região do Vale do Jequitinhonha povoada através da mineração aurífera, no princípio do séc. XVIII, pois ela é fundamental para que se compreenda a estruturação das relações sociais em Terras Altas, a concepção que os moradores dela possuem e a forma como a ela se vinculam as crenças religiosas e, principalmente, a crença em feitiçaria. Estruturação e concepções estas que são semelhantes – embora talvez mais explícitas em Terras Altas – àquelas características do Alto Jequitinhonha como um todo.

O Povoamento do Alto/Médio Jequitinhonha[29]

I. A descoberta do ouro no nordeste mineiro e o movimento colonizador

Pode-se identificar, basicamente, dois movimentos responsáveis pelo povoamento das áreas do Vale do Jequitinhonha mineiro, movimentos estes que ocorrem em momentos históricos distintos, apresentam características diferentes e constituem formas de ocupação do espaço também diversas (cf. Souza, 2000).[30] O primeiro deles acontece no final do séc. XVII e início do XVIII, e consiste no deslocamento rápido e desordenado de população devido ao descobrimento de ouro e diamantes – pois embora haja referência à penetração de colonizadores portugueses na região desde o séc. XVI, esta não resulta em povoamento sistemático (cf. Eschwege, 1979; Ribeiro, 1993; Souza, 2000). A origem deste movimento se vincula à expansão bandeirante paulista – ou seja, ocorre no sentido sul-norte. Resulta em aglomerados urbanos (embora com uma urbanização incipiente), irregularmente distribuídos (na medida em que sua localização se deve à concentração natural dos recursos minerais), de crescimento

29. No decorrer do texto, muitas vezes vão aparecer as denominações Alto, Médio e Baixo Jequitinhonha, e cabe aqui esclarecer o que geralmente indicam. Quando se considera toda a bacia do rio, incluindo tanto sua parte mineira quanto baiana, é comum que a última seja definida como Baixo Jequitinhonha, enquanto a área mineira vinculada à colonização mineradora como Alto Jequitinhonha, e a sujeita ao povoamento por expansão da pecuária como Médio Jequitinhonha. Considerando-se apenas o Vale do Jequitinhonha mineiro, o Alto Jequitinhonha passa a ser a região próxima a Diamantina, Serro, Itamarandiba, Capelinha, o Médio Jequitinhonha a abranger municípios como Minas Novas, Araçuaí, Medina, Itaobim, Itinga, entre outros, e o Baixo Jequitinhonha a incluir Salto da Divisa, Jequitinhonha, Pedra Azul, Almenara, etc. (cf. Souza, 2000). A região aqui estudada se encontra na divisa entre o Alto e o Médio Jequitinhonha mineiros.

30. Ribeiro (1993) desdobra-os em três movimentos, acrescentando aos dois citados o povoamento de áreas do Médio Jequitinhonha através da ação do Estado, que, com o objetivo de controlar o contrabando de ouro e diamantes do Distrito Diamantino e dominar índios, principalmente Botocudos, passa a instalar postos militares ao longo do Médio Jequitinhonha a partir do início do séc. XIX. No entanto, tendo em vista que este procedimento se vincula à exploração mineradora, e que são esta e a pecuária que vão marcar o perfil das áreas povoadas, bem como consolidar e expandir o povoamento, decidimos ressaltar apenas esses dois. Cabe lembrar, ainda, que várias das cidades regionais se originaram de entrepostos comerciais.

rápido e estagnação posterior, e com forte presença da escravidão africana. Já o segundo movimento é proveniente da expansão pecuária baiana, se dá lentamente – de acordo com o movimento do gado pelo sertão mineiro – e instaura uma sociedade essencialmente rural, tendo por base as grandes fazendas de criação de gado. Embora também se inicie no final do séc. XVII, só terá um ritmo mais acentuado a partir do séc. XIX. Caracteriza-se por resultar em uma população dispersa, cuja mão-de-obra é essencialmente familiar – não possuindo, portanto, um perfil escravocrata acentuado.

A região de nosso estudo situa-se na área povoada pelo primeiro de tais movimentos, e apresenta todas as características específicas das regiões com origem na mineração aurífera do séc. XVIII. Consideraremos, assim, em maiores detalhes o processo de povoamento resultante do descobrimento de ouro no nordeste mineiro no final da década de 1720. Mas antes é importante lembrar que este processo é simultâneo à descoberta de diamantes no Distrito Diamantino, e que a rigidez da administração neste distrito terá posteriormente influência no desenvolvimento da exploração aurífera nas Minas Novas.

O povoamento rápido e sistemático do nordeste do atual estado de Minas Gerais se dá a partir da descoberta de ouro no Serro Frio no final do séc. XVII. Como ocorre em toda a região mineradora, esta área recebe contingente significativo de população, que se distribui em vários povoados. De um destes povoados, Rio Manso, em 1727 sai a bandeira de Sebastião Leme do Prado em busca de novos descobertos, atingindo um afluente do rio Fanado que apresenta surpreendente quantidade de ouro, o que faz com que receba o nome de Bom Sucesso. Na confluência dos dois rios os bandeirantes se estabelecem. Leme do Prado, então, distribui as novas lavras, distribuição esta que dá origem a vários povoados: Itaipava, Paiol, Água Suja, e o principal, São Pedro do Fanado – os dois primeiros extintos no ano seguinte por sua população se deslocar para as margens de um pequeno rio regional onde nova lavra é encontrada, formando o povoado de Santa Cruz da Chapada.

Ao contrário de seu compromisso inicial, Leme do Prado, por motivos pouco claros, dá manifesto de seus descobertos ao governo da Bahia, e não de Minas.[31] Tal fato faz com que, até 1757, as Minas Novas fossem incorporadas à

31. Vários autores relacionam o fato ao encontro do bandeirante com seus parentes Domingos e Francisco Dias do Prado, que, segundo alguns, o teriam forçado a fazê-lo – com medo de que ele lhes roubasse o direito sobre áreas não oficializadas (cf. Pizarro, 1948; Matos, 1979), ou por deverem favores ao Vice-Rei (cf. Souza, 2000) – ou ainda, segundo outros, teriam feito um acordo com o primo que beneficiaria a todos eles, na medida em que o fisco era menos estruturado na Bahia (cf. Franco, 1953; Vasconcelos, 1974).

Província da Bahia em assuntos econômicos, militares e eclesiásticos (embora até 1742 subordinadas ao ouvidor do Serro Frio). Apesar desta província ser menos estruturada quanto ao controle da mineração que a Província de Minas, como comumente ocorria na região mineradora a presença do Estado e da Igreja se faz sentir logo que os novos descobertos se tornam conhecidos. Assim, várias freguesias são instauradas (e, em certos casos, posteriormente extintas) nos locais acima citados, e em 1730 São Pedro do Fanado é elevado a vila, passando a se chamar Vila de Nossa Senhora do Bom Sucesso das Minas Novas do Araçuaí, tornando-se simultaneamente sede do Termo das Minas Novas – que, neste período, abrange todo o norte e nordeste do atual estado de Minas Gerais. Além disso, não apenas o Distrito Diamantino se tornou a região mais rica da colônia, mas também o Termo de Minas Novas, mesmo com uma produção aurífera menor, encontrava-se diretamente relacionado com Vila Rica e com os movimentos políticos relevantes de então – como demonstra a presença de relações de moradores de Minas Novas com inconfidentes. Somente para exemplificar, a cidade de Coronel Murta se originou da fuga de um advogado de Minas Novas formado em Direito e Matemática pela Universidade de Coimbra, fuga esta provocada por suas relações com Cláudio Manoel da Costa, de quem foi colega na Faculdade, e por possuir uma irmã cunhada de Pe. Rolim, também incofidente (cf. Souza, 2000).

Acrescente-se que a incorporação do Termo de Minas Novas à Província de Minas, influenciada pela descoberta de diamantes nas margens do Jequitinhonha, fez com que a administração rigorosa do Distrito Diamantino também se estendesse a nordeste. Alguns autores chegam a atribuir a este fato a decadência rápida da exploração de ouro na região; enquanto outros a atribuem ao tipo de reservas locais, caracterizadas por uma fina camada superficial do metal. Os dados sobre a produção no período ilustram a rápida decadência da atividade mineradora: Sylvio de Vasconcellos (1974) afirma que de meados de 1730 ao mesmo período de 1731 fundiram-se em Araçuaí "216 arrobas de ouro com guias e outras tantas com fianças" (:57), quantia que, caso se acrescente a elevada quantidade do metal que deve ter sido retirada ilegalmente, dá idéia da alta produtividade das minas locais ("não fica sem razão calcular-se o vulto de mil arrobas", Vasconcellos, 1974: 57); no entanto, em 1740 a vila já se achava em decadência, e possuía população inferior à de 10 anos antes (cf. Souza, 2000).[32]

32. Este autor fornece dados ligeiramente distintos dos de Sylvio de Vasconcellos. Segundo ele, até julho de 1729 entram na Casa da Moeda da Bahia 220 arrobas de ouro provenientes de Minas Novas; este valor decresce para pelo menos 215 arrobas de 1730 a 1736, e em 1740

Contudo, apesar do pequeno período de auge da mineração em Minas Novas, a extração aurífera marca não somente o imaginário local, mas também a composição e organização social da população. Em outras palavras, a referência histórica regional mais relevante é a presença do ouro e a riqueza que contrasta com o discurso de pobreza absoluta anteriormente analisado. Além disso, o deslocamento rápido e assistemático de um significativo contingente de pessoas para a região faz com que, em prazo curto, surjam vários povoados que se perpetuam ao longo do tempo – muitos deles sede de município na atualidade. E, ainda, grande parte desta população é então composta de escravos negros. Este fato marcou tanto o perfil racial dos moradores regionais na atualidade como seu sistema de crenças, costumes e concepção de mundo, trabalho e relações sociais, como ficará mais claro nos próximos capítulos. Principalmente em Terras Altas, caracterizada por percentual alto de população negra, regionalmente discriminada por este fato, e que tem como os dois pontos-chave na memória local sobre o passado mais remoto a exploração aurífera e a escravidão.

A partir do final do séc. XVIII, a principal atividade econômica do Termo de Minas Novas passa a ser a produção de algodão – algodão este que, segundo Saint-Hilaire (1975), depois do de Pernambuco era o mais valorizado do Brasil, e que era destinado tanto ao consumo interno da colônia quanto à exportação. Esta nova atividade, por sua vez, será responsável por uma expansão do povoamento para áreas anteriormente não abrangidas pela mineração, pois o algodão passa a ser produzido também em menor escala em regiões do Médio Jequitinhonha. É importante ressaltar, ainda, que o cultivo deste vegetal não se dá (ao contrário do que ocorre com os produtos coloniais de maior destaque na exportação) tendo por base grandes fazendas monocultoras, mas unidades territoriais de médio e pequeno porte, dedicadas também à produção para subsistência e com uso de mão-de-obra familiar, ou contando com número reduzido de escravos. Ela estimula, além disso, o trânsito de comerciantes na área, bem como o desenvolvimento do artesanato em algodão – feito não somente para o consumo local, mas também para consumo externo – que permanece como uma das tradições regionais de artesanato mais valorizadas.

---

já se constata a decadência da vila. Pizarro e Araújo (1948) fornece dados mais detalhados que concordam com os anteriormente citados: durante o período de existência da Casa de Intendência de Araçuaí, de janeiro de 1730 a 02 de agosto de 1735, teriam sido aí fundidas "215 arrobas, 56 marcos e 4 oitavas de ouro, acompanhadas de guias, e outra porção igualmente grande do mesmo metal levado sob fiança" (:137).

O período do algodão em Minas Novas não é, contudo, muito extenso: já nos anos de 1820 a produção entra em decadência devido à maior competitividade do algodão norte-americano no mercado internacional (cf. Ribeiro, 1993). Desde então, predominam a agricultura de subsistência com mão-de-obra familiar, bem como a criação extensiva e de pequeno porte no Alto Jequitinhonha.

II. A presença da escravidão e do catolicismo na colonização mineira

Como ficou claro no item anterior, apesar do pertencimento à Bahia e do posterior cultivo de algodão, a região do Alto Jequitinhonha englobada pelo Termo de Minas Novas teve por marco de sua constituição social o povoamento nos moldes em que ocorreu nas várias regiões auríferas. Com efeito, mesmo com a mudança da principal atividade produtiva para a plantação algodoeira, não há uma alteração significativa da estrutura social – com exceção do deslocamento da população para a zona rural, o que também ocorre nos outros locais em que há decadência da extração aurífera. Não são instituídas grandes propriedades fundiárias; conseqüentemente não há senhores com excessivo número de escravos; a agricultura de subsistência, que já existia no período minerador – inclusive com a alternância de períodos de cultivo no período de chuva e de mineração no de seca (dinâmica que permanece orientando os ciclos de migração na atualidade) –, se consolida; a religiosidade é marcada por uma menor influência direta da Igreja e pela presença marcante de irmandades leigas; observa-se a formação de uma esfera de homens livres "de cor" não senhores. Este contexto, assim, justifica a abordagem em maiores detalhes da escravidão e da maneira como o catolicismo se consolida nas regiões mineradoras em geral, pois esse processo será também relevante na área das Minas Novas.

A colonização mineira[33] apresenta especificidades quando comparada ao processo de povoamento das demais regiões do país, principalmente aqueles que ocorrem nas demais regiões voltadas para a produção de bens de exportação. Assim, enquanto nestes casos há a constituição de uma sociedade essencialmente rural, baseada em grandes núcleos fundiários relativamente auto-suficientes,

33. O processo descrito não se limita a Minas Gerais, mas também remete às demais regiões do país colonizadas no ciclo do ouro.

em um sistema escravocrata com mobilidade social extremamente reduzida, e que reunia sob o domínio de um único senhor excessivo número de escravos, na área de mineração o perfil da sociedade que se constitui é distinto. Nesta, a ocorrência de um povoamento acelerado e assistemático gera uma sociedade essencialmente urbana, com núcleos populacionais irregularmente distribuídos e exigência de serviços básicos (que no ambiente rural eram supridos no interior da própria fazenda) – o que cria um mercado de trabalho no comércio e em atividades especializadas como carpintaria, funilaria etc. –; conseqüente abertura de uma maior possibilidade de mobilidade social (que, contudo, não ameaça o sistema escravista); consolidação das irmandades religiosas leigas como o instrumento por excelência da catequização; uma vida social mais rica e marcada pelo contato sistemático no ambiente urbano, com destaque para as festas religiosas; maior efervescência política, com grande número de revoltas e contestações à autoridade metropolitana.

Também a escravidão adquirirá, neste ambiente, contornos particulares. Por um lado, as agruras do serviço nas lavras fazem com que a idade média do escravo seja aqui de apenas sete anos, e que o número de revoltas de negros e quilombos na região seja grande. Por outro, o tipo de serviço e a impossibilidade de controlar sua produtividade fazem com que o senhor precise contar com a cooperação de seus escravos para obter bons resultados. Ao que se pode acrescentar ainda dois fatores: primeiro, as baixas condições de vida iniciais na região como um todo, que fazem autores como Sylvio de Vasconcellos (1968) afirmarem não haver maior distinção entre a forma de vida de escravos e senhores neste período (afirmação esta que, como veremos no capítulo seguinte, contrasta com a memória da escravidão dos moradores de Terras Altas); depois, a possibilidade de que um escravo conseguisse a alforria pela denúncia de contrabando de seu senhor, o que levaria a que este precisasse adotar uma postura mais amigável com relação ao escravo. Além disso, outros mecanismos como uma descoberta de grande quantidade de ouro ou de uma pedra muito valiosa, ou principalmente a economia de recursos próprios através do contrabando, possibilitava a alguns escravos não somente a compra da própria alforria, mas também a de outros escravos.

Estas características específicas da escravidão mineira fazem com que esta – e a presença do negro em geral – possa ser vista a partir de duas vertentes distintas: na primeira, característica da memória de grupos negros, a escravidão é interpretada como um sistema altamente repressor, em que o negro é tratado como animal, e do qual só pode se livrar a partir do uso de sua inteligência (como ficará mais claro no próximo capítulo); na segunda, que tem por base a construção do "mito da mineiridade" pelas elites estaduais e pensadores sociais da nação, haveria em Minas uma verdadeira "democracia social" desde o período escravocrata. Cito, aqui, um exemplo desta segunda postura, defendida por um dos estudiosos clássicos do tema negro no Brasil:

> O negro de Angola e da Costa da Mina, chegado às lavras não como escravo de campo, mas como negro de ofício, venceu rapidamente todas as etapas que o separavam da liberdade. Era natural. Somente no campo o negro esteve subjugado inteiramente à vontade do senhor – e a sua única tentativa de libertação foi o quilombo, a fuga para o mato. Desde o começo, escravos e escravas, uns como taverneiros, outras como cozinheiras e doceiras, se distanciaram do senhor, ganhando a oportunidade de revelar as suas qualidades. Minerador, negros de ofício, era a bem dizer autônomo – ao menos nos primeiros anos das lavras – o trabalho do escravo. Não teve paralelo em parte alguma do país, em período comparável, o número de escravos que encontraram modos e maneiras de comprar a sua alforria. A lenda de Chico-Rei, o rei negro de Vila Rica, ilustra, pelo menos, o sem número de ocasiões, que tinham os escravos, de amealhar boa soma de dinheiro com que escapar às agruras da sua sorte. Pela primeira vez no Brasil o negro foi explorado, em grande número, como negro de aluguel e, em proporção menor, como negro de ganho, cada vez mais autônomo, mais independente do senhor, mais responsável, pessoalmente, pelo seu trabalho e pelo seu comportamento.
>
> A liberdade estava bem à mão – e o número de negros e mulatos livres cresceu, com regularidade e firmeza, desde que a mineração do ouro e dos diamantes, submetida ao controle oficial, se transformou de sonho em pesadelo para os mineiros.
>
> Tão geral foi esta ascensão social do negro nas Minas Gerais que a passagem de escravo a cidadão se operou suavemente, sem choques nem episódios marcantes, depois de encerrado o ciclo da mineração. O povo habituara-se a valorizar o negro e a aceitá-lo na sociedade. Atualmente, numa população de 7,7 milhões de habitantes, o negro e os seus descendentes, os mulatos, contribuem com 3,2 milhões (1950), mais de dois quintos do total. Em que diferem estes negros e mulatos – exceto sobre o ângulo inexpressivo da cor – do resto dos mineiros? São todos cidadãos, no mesmo pé democrático de igualdade, cônscios dos seus deveres e dos seus direitos, no gozo de uma tolerância racial que, como apanágio do nosso povo, nos singulariza no mundo (Carneiro, 1956:21/22).[34]

---

34. É interessante observar, aqui, que o quadro traçado por Laura de Mello e Souza (1986) contradiz em todos os sentidos esta imagem. Não somente a autora afirma a superioridade numérica significativa de negros e mestiços nas Minas do século XIX, como demonstra que, apesar de grande percentual de homens livres no início deste século, sua integração na sociedade mineira é problemática, e é esta a camada que vai compor, basicamente, o grupo de

Esta ambigüidade da escravidão nas Minas, marcada simultaneamente por um clima de grande tensão e de maior mobilidade social, se reflete no processo de instalação do catolicismo na região. Também neste caso o negro é ao mesmo tempo "igual" – pois que sujeito à catequese – mas diferente, já que precisa ser mantido segregado em suas irmandades próprias. Circunstância que nesta região apresenta conseqüências significativas, na medida em que a implantação do catolicismo está diretamente vinculada às irmandades leigas.

A fusão, neste período, entre Igreja e Estado – com a figura do monarca ocupando também o cargo de Grão-Mestre da Ordem de Cristo – faz com que o controle das questões religiosas no país se concentre nas mãos da Coroa. Controle este que se explicita através de dois instrumentos fundamentais: primeiro, o direito de apresentação e provisão de bispos pela Coroa – *ius praesentandi* – que faz com que a hierarquia eclesiástica se travista em agente político; depois, a cobrança dos dízimos eclesiásticos e a conseqüente responsabilidade da administração pública em arcar com as despesas necessárias ao sustento dos padres e demais gastos relativos à introdução e consolidação do catolicismo nas novas terras. Na medida em que o dízimo era arrecadado como outro imposto qualquer, e a Coroa tinha uma política mercantilista, o Estado tentava se redimir da responsabilidade do custeio de questões religiosas, buscando transmiti-lo para a população (cf. Boschi, 1986).

Na região das Minas, com a proibição da presença de ordens religiosas – devido ao temor de que estas, por um lado, se envolvessem no contrabando e, por outro, de que o vínculo primeiro dos regulares com suas ordens gerasse um poder temporal paralelo –, a alternativa encontrada pelo Estado para se esquivar dos grandes gastos que exigia a implantação da religião católica foi o incentivo à criação de irmandades leigas – responsáveis pelo pagamento de seus capelães, construção de seus templos e assistência aos irmãos filiados. Elas adquirem um enorme poder na região: instituem uma religiosidade própria, independente das autoridades eclesiásticas; concentram uma quantidade significativa de riquezas, agindo em alguns casos até mesmo como instituições financeiras; estruturam o sistema de estratificação social, sendo cada irmandade composta por um grupo racial/social específico; organizam a vida social das comunidades, através de ritos e festas religiosas; estimulam e custeiam o desenvolvimento

---

"desclassificados sociais" regional. Em outras palavras, os autores vinculados à construção de uma imagem de Minas desconsideram aspectos relevantes da história mineira que não se enquadram no modelo previamente definido de defesa da liberdade, cidadania para os diversos grupos sociais e relações amistosas e integração uniforme entre os diversos grupos raciais que formam a população.

artístico. Para tanto, contribui o ambiente propício à propagação da fé que eram as Minas no setecentos. Segundo Julita Scarano (1975):

> Nas Minas Gerais do século XVIII, com uma flutuante e caótica população, era sensível a presença da fé. Os homens da terra do ouro – ainda quando praticassem as maiores iniquidades – não deixavam de crer profundamente no céu e no inferno, no Cristo e na Virgem, e, se estavam sempre prontos a acender uma vela ao Diabo, também a Deus não deixavam de prestar sua homenagem e culto. A vida confusa, instável, insegura era propícia à extrema religiosidade de que é pródiga a história da Capitania (:43).

Cabe ressaltar, ainda, que as irmandades leigas, embora controladas pelo Estado,[35] adquirem uma autonomia tanto econômica quanto de gestão

---

35. Há, neste ponto, uma divergência entre autores. Enquanto Fritz Teixeira de Salles (1963) atribui o surgimento das irmandades à ação inicial do Estado, adquirindo estas posteriormente autonomia, Caio Boschi (1986) afirma ser sua constituição o resultado de uma ação autônoma dos moradores locais, sendo o controle pelo Estado posteriormente imposto devido ao medo de que pudessem representar algum tipo de ameaça.

Assim, o primeiro afirma: "Dois fatores contribuíram para o caráter de classe dessas corporações: o primeiro é que, sendo o Estado ligado à Igreja, isto determinou o interesse daquela em estimular a eclosão das corporações; o segundo é que a estratificação social do Brasil colônia se efetuou calcada na diferenciação interétnica da população, o que está intimamente vinculado ao colonialismo e ao regime escravocrata. Neste sentido, foi completamente diferente a função social das irmandades em Minas e no litoral. É que ali havia para propagar a religião e exercer as suas funções sócio-econômicas, as grandes congregações religiosas, como os jesuítas e carmelitas. Em Minas, não as existindo, a Coroa tratou de estimular as irmandades, a fim de – com elas e através delas – transferir ao próprio povo, isto é, aos mineradores, comerciantes e escravos, os encargos tão dispendiosos de construir os grandes templos, os cemitérios, etc. Todos os complexos e caros cerimoniais do culto religioso eram, desta forma, transferidos à população. Em virtude disso, tanto à coroa como ao clero interessava muito o desenvolvimento das ordens terceiras e confrarias.

A população, por sua vez, encontrava nestas corporações uma estrutura eficiente e legal, uma forma orgânica para expandir suas necessidades ou reivindicações coletivas. E então vemos as irmandades não só lutando umas contra as outras, como também trabalhando para prestar aos seus filiados pronta e vária assistência. Com o aumento do poderio econômico dessas corporações, a coroa começa a restringir os seus direitos, ou, pelo menos, as suas possibilidades de enriquecimento" (1963:27).

Já a postura contrária de Boschi se explicita no seguinte trecho: "o que importa assinalar é a severa e permanente fiscalização que a Coroa exerceu sobre as irmandades coloniais, notadamente as de Minas Gerais. Assinalar a apreensão e o temor das autoridades para com essas associações, que tendo nascido de forma tão espontânea, sólida, na maior parte dos casos, por isso orgânica, de baixo para cima, de livre vontade dos habitantes e não algo imposto pela Metrópole, poderia apresentar um constante perigo para o Estado. Assim era mister dominá-las. Controlá-las. Portugal soube como fazê-lo" (1986:28/29).

de suas atividades, chegando mesmo a ser sua própria instituição uma atitude dos moradores regionais, e não das autoridades administrativas. Assim, praticamente em todos os povoados surgidos na época da mineração pode-se identificar a criação de duas irmandades iniciais: a do Santíssimo Sacramento – que reunia a elite local e era vedada a membros de grupos subalternos – e a de Nossa Senhora do Rosário – expressamente destinada aos negros escravos. Posteriormente, à medida que a sociedade se diversificava, com diferenciações internas entre a elite – separação entre comerciantes, funcionários da administração pública, mineradores enriquecidos – e o grupo subalterno – formação de uma camada de mulatos e negros livres, além dos negros escravos –, novas irmandades eram formadas, cada uma vinculada a um grupo social/racial específico.

Em um ambiente que, como já vimos, era racialmente segmentado mas apresentava maior mobilidade social que nas áreas monocultoras litorâneas, pode-se perceber a importância das irmandades na garantia de um modelo de segregação racial que, principalmente, protegesse os grupos de elite de um possível contato mais íntimo com os grupos subalternos racialmente marcados. A presença em compromissos de irmandades de brancos de cláusulas que definiam a necessidade de que os membros fossem "puros de sangue" e prevendo expulsão em casos de "contaminação" – como se se casassem com mulheres que não apresentassem a "pureza de sangue" exigida – são expressivas da maneira como as corporações de brancos garantiam sua exclusividade no controle efetivo e simbólico de si, fazendo com que estas se transformassem em instrumentos de consolidação e manutenção de *status* e poder social e econômico. Cito, aqui, um exemplo, extraído do Compromisso da Irmandade do Senhor dos Passos da Freguesia de São José do Rio das Mortes:

> Os Irmãos que se receberem hão de ser sem nenhum escrupullo limpos de geração, ou sejam nobres, oufficiaes e assim de não terem huns e outros rassa de judeo; o de Mouro, ou de Mulato, ou de novo convertidos de alguma infecta nacção, sejam tão bem livres de infamia ou por sentença, ou pella opinião commua, e o mesmo se entenderá das mulheres (apud. Salles, 1963:38).

Já nas irmandades de negros, muitas vezes, não apenas não havia qualquer restrição à participação de brancos ou mestiços, mas também a recomendação de que os principais cargos administrativos fossem ocupados por brancos, ou mesmo de que fossem estes os responsáveis pela "orientação" dos demais irmãos, como fica claro no primeiro capítulo do Compromisso da Irmandade de Nossa Senhora do Rosário dos Homens Pretos de Santa Cruz da Chapada:

> Como esta Irmandade he composta pela maior parte de homens pretos tanto servos, como livres, e ordinaria mente rudes e com pouca inteligencia para a expedição das dependencias damesma, he conveniente adita Irmandade, que o Procurador geral, Escrivão e Tezoureiro sejão homens brancos detoda a capacidade e conceito, para poderem dirigir os Irmaons Mezarios a tudo que for Santo, ejusto, ao bem do Serviço de Deos, edamesma Irmandade; ealem de ditos Offeciais haverão mais dous Procuradores pretos, para executarem tudo aquillo que pelo Procurador geral, ou Meza lhefor determinado, etanto estes Offeciais como os mais Irmaons Mezarios não pagarão annual algum naquelles annos em que servirem.

Curiosamente, contudo, também as irmandades de negros apresentam uma dupla face: por um lado, o controle sobre elas e sua estrutura nunca permitiu que contestassem de maneira decisiva o sistema escravocrata – papel que seria desempenhado pelas rebeliões de negros e quilombos. Mas, por outro, eram espaços para a reunião autorizada de negros escravos, para sua participação na vida social local – inclusive através da realização de seus próprios ritos e festas –, de assistência aos irmãos, de libertação de escravos filiados, de manutenção de tradições próprias (mesmo que travestidas em partes do ritual católico); em suma, de possibilidade de mitigação das agruras do sistema escravista e de garantia de uma esfera de "humanidade" para os cativos. Portanto, não é por acaso que muitas delas permanecem até os dias atuais, algumas sendo responsáveis pelas principais festas de certas cidades do Alto Jequitinhonha – como em Minas Novas e Chapada do Norte (cf. Porto,1998).

Esse modelo de implantação do catolicismo dá origem a uma série de características da religiosidade mineira, que serão fundamentais para compreender as concepções mágico-religiosas dos moradores de Terras Altas. Em primeiro lugar, a autonomia das irmandades e sua vinculação a grupos sócio-raciais específicos faz com que o catolicismo regional adquira matizes particulares, com a influência de tradições populares e negras em sua constituição, e com uma forte presença de aspectos mágicos. Além disso, a forma como elas realizam a segregação social contribui para a criação posterior de uma imagem de não discriminação em Minas, ilustrada no seguinte trecho de Sylvio de Vasconcellos:

> Nas Minas se condensa a tipologia nacional de todos os quadrantes, sem prevalências ou hipertrofias [...]. O branco e o negro: o homem-novo – o mulato. Nenhuma parcela predomina, porém. Antes se somam, se equilibram e se harmonizam, e é desta harmonização que surge, que brota e floresce a civilização mineira (1968:49/50).

Entretanto, apesar de autores como Sylvio de Vasconcellos afirmarem a contribuição harmônica e igualitária de brancos e negros na constituição ideal de Minas que elaboram, é difícil ver em seus próprios textos onde se encontra a igualdade. Pois a contribuição negra é sempre menor e desvalorizada: além de se limitar a aspectos como pratos típicos e palavras esparsas no vocabulário, quando se trata do sagrado ela é responsável por trazer a "superstição", a magia, enquanto a "verdadeira religião" – o catolicismo que é visto como a marca do estado – é resultado da presença lusitana. Desta forma, por um lado não se reconhece a presença de uma religiosidade afro-brasileira significativa em Minas, enquanto por outro se ignora a importância das crenças populares européias no imaginário mágico regional. Novamente citando Sylvio de Vasconcellos:

> A mistura de sangue lusitano e negro leva a somar fé e superstições: para as necessidades da alma o padre; para as do corpo, o curandeiro (1968:73).

A ambigüidade se mostra, no entanto, outra vez presente. Pois na medida em que as influências negras na religiosidade regional são distintas, variam localmente, e ou permanecem subsumidas no catolicismo ou são vistas como essencialmente mágicas, torna-se possível definir Minas como um estado católico, e faz-se com que a contribuição negra seja ignorada ou considerada como limitada ao próprio catolicismo – como é o caso dos vários estudos sobre congado, o assunto mais freqüente neste tema. Assim como foi anteriormente discutido quando consideramos o Vale do Jequitinhonha, também aqui as concepções da sociedade mais ampla sobre a presença do negro em Minas dirigem a visão dos pesquisadores para alguns temas e os torna cegos para outros. E também como no caso anterior esta imagem se mostra inadequada para tentarmos "enxergar" o contexto de pesquisa, pois aqui a influência negra sobre a compreensão de mundo dos moradores de Terras Altas e sua prática não é claramente delimitada nem em termos religiosos nem mágicos, o que complexifica seu reconhecimento e interpretação. Além disso, se temos em mente que esta cidade foi colonizada pelo mesmo processo que deu origem ao núcleo do estado, podemos, a partir do estudo de suas especificidades, questionar tanto se esta imagem de Minas não seria também inadequada para a reflexão sobre outras realidades regionais quanto em que medida sua não problematização poderia levar a que estas realidades não fossem sequer identificadas. Reflexões fundamentais na busca por um diálogo efetivo entre pesquisador e sujeitos pesquisados.

III. Características locais após a decadência da mineração e da produção algodoeira

Voltando à história específica do Termo de Minas Novas, a crise da produção algodoeira marca uma nova fase de sua economia, que é interpretada por vários historiadores como um período de estagnação econômica regional. Na região mineradora, consolida-se a agricultura de subsistência praticada por pequenos produtores em comunidades camponesas, que, devido ao tipo de cultivo em moldes predatórios e o ciclo irregular de chuvas na região, se conjuga a atividades de migração temporária ou à migração permanente de parte da família. Assim, o Vale do Mucuri e outras regiões limítrofes são povoadas a partir dessa migração permanente, e Pohl (1976) já identifica no século XIX a atividade de garimpo de pedras preciosas por moradores regionais, que implicava em uma ausência de vários meses da cidade de origem. Esta migração, ao longo dos séculos, vai se dirigir a locais distintos, sendo as referências mais recentes Teófilo Otoni (até a década de 1960) e, na atualidade, interior paulista, mineiro e, em menor escala, mato-grossense – em todos os casos para trabalho em atividade agrícola. Como afirma João Valdir Souza (2000):

> nessa região de mineração a fazenda nunca se estabeleceu com a riqueza e a força que possuiu no baixo Jequitinhonha e no vale do Mucuri. Ocupada pelos descendentes dos mineradores ainda nos tempos do *cativeiro*, partilhada e esgotada muito rapidamente em função de uma ocupação predatória, essa região passou a se caracterizar, a partir do séc. XIX, como um espaço de pressão sobre os recursos naturais [...] Nessa região do alto-médio Jequitinhonha, em decorrência das características do seu quadro natural, eram relativamente pequenas as áreas agricultáveis. Um sistema de exploração que consiste em abrir novas clareiras a partir do esgotamento da terra exige uma ilimitada fronteira como condição para subsistir (:43).

A predominância da agricultura de subsistência,[36] contudo, não representa uma ruptura com relação ao período minerador. Pois, por um lado, esta forma de agricultura já estava presente na época do auge da mineração, enquanto por outro o garimpo de ouro e pedras continua sendo desenvolvido em menor escala. Além disso, como argumenta Ribeiro (1993), os pequenos produtores não se limitavam, desde o período minerador, a produzir para consumo próprio, mas

36. Deve-se observar que, em menor escala, ocorre o desenvolvimento de uma pecuária extensiva em certas regiões anteriormente ocupadas pela mineração.

também comercializavam produtos agrícolas e artesanais com regiões próximas, e o comércio com o sul da Bahia foi responsável pelo surgimento e florescimento de vários povoados ao longo do Rio Jequitinhonha. Este comércio começa a declinar a partir do final do século XIX, com a abertura de novas vias de transporte que passam ao largo do Vale, e com o aumento da produção alimentícia para consumo interno no sul da Bahia. Contudo, a produção local continua a ser regionalmente comercializada e consumida, até que a abertura de estradas no Vale e desenvolvimento e urbanização de outras regiões, a partir principalmente da década de 1950, facilitam o acesso a produtos industrializados e agrícolas provenientes de fora, e que concorrem com os produtos regionais em condições muito mais competitivas. Fato que tem como conseqüência não apenas o declínio da produção camponesa – sendo um exemplo a queda na produção de rapadura e açúcar artesanal não apenas para a comercialização, mas também para a alimentação nas próprias unidades produtoras, que passam a preferir o uso do açúcar industrializado –, mas também o aumento dos padrões de consumo e da necessidade de renda monetária dos produtores rurais. O que transforma o trabalho fora das unidades camponesas, e principalmente a migração temporária anteriormente citada, em alternativas cada vez mais atraentes, e mesmo, em alguns casos, fundamentais para a sobrevivência da comunidade camponesa. Ao mesmo tempo, o incremento da migração aumenta as expectativas de consumo da população regional, o que gera ainda maior pressão migratória.

Pode-se observar, em suma, que as décadas de 1950 a 1970 representam um importante marco na história do Vale do Jequitinhonha, devido a um processo de integração deste na economia nacional que se explicita em vários aspectos: incremento da produção agropecuária em moldes capitalistas, que resulta em um processo de expulsão e expropriação dos trabalhadores rurais de suas terras; melhoria da rede viária regional, a fim de dar suporte a tal incremento; aumento significativo da migração, que visa enfrentar tanto esta situação de expropriação quanto o crescimento da pressão sobre a terra nas áreas camponesas; desvalorização dos produtos locais na economia regional e aumento da necessidade de renda monetária para os pequenos produtores; construção de uma imagem regional baseada na carência, que justifica todo o processo de expansão do capitalismo e expropriação do campesinato. A partir destas décadas, se constrói o quadro atual da região, bem como sua imagem nacionalmente reconhecida nos dias de hoje. Os problemas gerados pela modernização, pressão crescente sobre recursos naturais e migração – principalmente para os grandes centros nacionais, que modificam significativamente os padrões de comportamento e consumo – se agravam ao longo do tempo. Ao que se soma o acesso cada vez mais difícil a fontes de água, devido ao uso predatório dos recursos naturais tanto por pequenos quanto por grandes proprietários. Não apenas a modernização provoca um empobrecimento de parte significativa da população, mas também aumenta o sentimento regional de pobreza e impotência. Assiste-se, assim, a um movimento de adaptação à modernização e suas conseqüências, cujo resultado não é possível prever.

Alguns aspectos da história de Terras Altas[37]

I. A importância local da mineração aurífera

A atual cidade de Terras Altas originou-se de um povoado fundado no período do descobrimento aurífero nas Minas Novas, tendo sido, segundo relatos, um dos locais de grande produção do Termo – produção esta que, segundo Saint-Hilaire (1975), prolonga-se até o princípio do século XIX. Sendo assim, o processo anteriormente descrito de povoamento das áreas mineradoras do Jequitinhonha (e de Minas Gerais como um todo) reflete a constituição de Terras Altas: povoamento rápido e assistemático, seguido de estagnação da população após a decadência mineradora; importância do núcleo urbano; grande contingente de população negra e mestiça devido ao deslocamento de número significativo de escravos para o trabalho na mineração; presença da Igreja através de irmandades leigas e formação de um catolicismo autônomo, popular e com forte influência negra; predominância da agricultura de subsistência e comunidades camponesas após o declínio da extração aurífera.

A história inicial de Terras Altas não é apenas um resquício do passado que pode ser dissociado do presente – como vimos ser comum quando se

37. A opção de utilizar um nome fictício para a cidade estudada dificulta a escrita de sua história específica, pois por um lado o fornecimento de dados muito detalhados levaria diretamente à identificação do local, enquanto por outro as informações que serão aqui fornecidas são fundamentais para a interpretação que se realizará nos próximos capítulos. Assim, decidi trabalhar com todas as informações que considero básicas, mas, no caso de citações, fazendo referência apenas às obras de que foram retiradas.

considera o Vale do Jequitinhonha. Ao contrário, suas marcas são visíveis no aspecto físico do povoado e no comportamento e imaginário de seus habitantes. A parte central da cidade ainda possui inúmeras casas e templos construídos neste período, e mesmo as construções modernas apresentam uma arquitetura semelhante à da época colonial – principalmente no que se refere à divisão e ocupação do espaço interno das residências. O catolicismo local, além de conter aspectos mágicos relevantes, demonstra autonomia da autoridade eclesiástica: embora a presença do padre seja sempre desejável, a população realiza cultos e outros ritos católicos, caso necessário, de forma autônoma, e apesar do respeito ao pároco, os conflitos e críticas com relação a seu comportamento – principalmente a sua tentativa de "interferência na tradição" – são constantes. As principais festas locais são festas em homenagem a santos católicos instituídas no período colonial, e que ainda guardam em sua estrutura e em seus eventos específicos os sinais deste período. Além disso, as festas de maior destaque são a de Nossa Senhora do Rosário – vinculada à Irmandade de Nossa Senhora do Rosário dos Homens Pretos – e a do Divino – no passado realizada pela Irmandade do Santíssimo Sacramento –, sendo que o caráter mais popular da primeira e mais elitista da segunda refletem a influência do sistema de segregação descrito no item II da primeira parte. A memória das riquezas do período minerador possibilita aos habitantes locais construir uma visão positiva de Terras Altas, apesar do estigma de pobreza que paira sobre ela.

Destaca-se, ainda, a maneira como a escravidão deixou marcas profundas na cidade. Não apenas na composição de sua população, que, como veremos, conta com menos de 15% de brancos, estando os restantes 85% distribuídos entre negros e pardos. Também a forma de lidar com questões como negritude, trabalho e poder podem ser remetidas às práticas e concepções de mundo predominantes nesse período. Cabem aqui algumas indicações. Em primeiro lugar, o preconceito racial e a valorização de um ideal estético branco são perceptíveis em todas as parcelas sócio-raciais da população, e se refletem em afirmações como a de um professor local de que era alvo de preconceito de seus conterrâneos por conversar do mesmo jeito "tanto com a branquinha quanto com a pretinha mais feinha". Há uma enorme gradação reconhecida de tons de pele, e mesmo dentro de uma única família, aqueles que são mais claros são vistos como mais bonitos e mais valorizados que os mais escuros. Não apenas o tom de pele, mas outras características negras são desvalorizadas: o cabelo crespo – "cabelo ruim" –, os traços largos – "chaboqueiros" –, comportamentos vistos como de origem negra – hábitos de higiene e vínculo com feitiçaria ou religiosidade afro-brasileira (sendo todas estas características, de certa forma, associadas). Como ficará mais claro no capítulo seguinte, há uma tentativa constante de se aproximar de um padrão estético e de comportamento "branco".

Além disso, a relação com o trabalho assalariado tem por base a idéia deste como escravidão. Para a grande maioria dos moradores locais, o trabalho é uma forma de ganhar dinheiro perfeitamente dispensável caso este possa ser conseguido de outra maneira. Os jovens não têm grandes sonhos profissionais, o trabalho não é visto como fonte de realização pessoal e não há interesse na aquisição de conhecimento nem aperfeiçoamento de suas funções. Além disso, a busca insistente por crescimento profissional – principalmente se ela resultar em ganho financeiro – é vista como inadequada, na medida em que rompe com o *status quo* e atrai sobre aquele que a realiza a atenção e a inveja alheias. Até mesmo o enriquecimento rápido através de atividades comerciais é suspeito, e muitas vezes explicado como resultado de um "pacto com o demo". Só há uma maneira legítima de mudar de padrão de vida: o favorecimento pela elite. Percebe-se, assim, a predominância de uma concepção de trabalho em que este, como na escravidão, não traz benefícios para aquele que o realiza, mas apenas para um terceiro que é por definição isento de trabalho e detém o poder sobre o trabalhador – no caso do escravo, até sobre seu corpo e sua vida. Além disso, como os critérios de competência e bom desempenho não são a base das relações empregatícias, a escolha de alguém para qualquer emprego assalariado é um favor. Situação que é fortalecida pela pequena oferta local de empregos e pelo desejo de evitar a necessidade da migração como estratégia de sobrevivência. Mesmo no caso de moças que desempenham serviço doméstico ganhando cerca de um terço do salário mínimo por uma jornada de sete dias na semana em horário integral, interpreta-se a contratação como a concessão de uma vantagem por parte do empregador, e a luta pelos direitos trabalhistas, caso ocorresse, seria tratada como ingratidão pela comunidade.

A relação de poder senhor-escravo se reflete também em como se dá o contato entre elite e grupos subalternos nas demais esferas da vida social, com o autoritarismo e abuso de poder sendo uma constante. Isto ocorre nas relações professor-aluno, pais-filhos, marido-mulher, chefe-subordinado. A esfera política é aqui exemplar. Nela, os grupos pautam suas ligações essencialmente pelo interesse e pelo favor. Baseiam-se em um esquema de troca de benefícios, mas, como a elite possui maior capital econômico e simbólico em geral, ela depende muito menos dos demais componentes da sociedade do que é capaz de favorecê-los ou prejudicá-los. O momento em que a situação se inverte significativamente são as eleições municipais, pois a necessidade de contar com votos faz com que os candidatos precisem tratar os eleitores – independentemente de sua condição social ou racial – como pessoas especiais: cumprimentam-nos, visitam-nos em suas casas, pagam-lhes bebida, organizam festas com comida e transporte gratuitos, prometem auxílio em qualquer momento difícil, dançam com eles nos inúmeros bailes realizados durante a campanha eleitoral. Mas, a partir do instante em que são eleitos, a postura muda: os cumprimentos, visitas e gentilezas são suspensos, e retomados somente ao se aproximar o pleito seguinte. A partir de então, cabe aos eleitos administrar de forma a distribuir os serviços e empregos públicos – mesmo de varredores de rua – entre seus correligionários, favorecendo-os sem qualquer consideração de mérito ou adequação ao cargo, e prejudicando explicitamente os opositores – não apenas através de perseguição política direta, mas também de atitudes como negar o acesso a direitos básicos como instalação de luz elétrica em comunidades rurais ou transporte em ambulância em caso de doença grave. Apenas como ilustração, um ex-vereador da oposição afirma que rompeu com o prefeito de sua época por ter este negado socorro rápido a um senhor que sofreu um acidente nos olhos e era da oposição, o que resultou em sua cegueira. Em outras palavras, não há uma concepção de administração pública e de direitos do cidadão: a vida e a possibilidade de acesso a recursos do morador comum se encontra vinculada aos desejos dos poderosos, e não a qualquer outro tipo de critério objetivo. E o que é mais curioso: essa situação, embora idealmente criticada, é não apenas aceita mas também apoiada pelos moradores locais, que esperam que aqueles que adotaram uma postura distinta da sua própria e foram "derrotados" sofram as conseqüências de sua incapacidade de se aliar ao grupo vitorioso. Sintetizando, o sistema de dominação local garante ao grupo dominante – "donos do poder" – um controle arbitrário reconhecido de várias esferas da vida dos dominados, e ao qual só é possível reagir de maneira sub-reptícia, através de instrumentos como a feitiçaria ou a fofoca (difamação não pública). E, embora as leis recentes de responsabilidade fiscal e necessidade de concurso público para contratação de funcionários tenda a dificultar esta forma de dominação, creio que o sistema de favorecimentos continuará prevalecendo ainda por um bom tempo (há, inclusive, o desenvolvimento de várias estratégias locais para burlar o impedimento legal).

II. Informações sobre o povoado de Terras Altas no séc. XIX e início do séc. XX

Como fica explícito no item anterior, a mineração marca não apenas a maneira como o Alto/Médio Jequitinhonha é definitivamente povoado, mas também o perfil físico e sócio-cultural de sua população. Mesmo porque, após a decadência da exploração aurífera e do cultivo do algodão, a região não mais representará um papel de destaque na economia estadual, o que leva a uma estabilização da população e da economia, bem como à consolidação de uma forma particular de concepção de mundo e de relações sociais. No caso específico de Terras Altas, nem sequer a produção algodoeira tem um papel significativo para a comunidade, pois esta não possui terras adequadas para este cultivo – na verdade, toda a área em torno do povoado apresenta características pouco propícias à produção agrícola em maior escala, o que leva, inclusive, a que o modo de vida camponês não seja ameaçado pela expropriação, como ocorre em outras áreas do Vale. Em síntese, no final do séc. XVIII e início do XIX estrutura-se no local uma sociedade que conservará várias de suas características nos duzentos anos seguintes. Conservação, cabe ressaltar, que não resulta de um isolamento do povoado, pois seus moradores sempre estiveram envolvidos em atividades que exigiam um contato intenso com outras regiões – primeiro, por ser o local importante pouso para comerciantes de algodão; depois, devido ao comércio através de tropas, bem como à migração sazonal para outras atividades econômicas.

A caracterização de Terras Altas no séc. XIX não é, entretanto, uma tarefa simples, na medida em que os relatos e a documentação sobre o período são relativamente escassos, e na memória há uma lacuna que vai desde a decadência da exploração aurífera até o século XX. Lacuna esta que faz com que um período histórico fundamental na constituição do perfil do povoado e de sua população na atualidade seja normalmente desconsiderado, o que justifica a opção de nos estendermos mais sobre ele. O esboço que se segue vai se basear, portanto, nas seguintes fontes: textos de viajantes que cruzaram a região no início do séc. XIX; livros de notas do cartório local do período de 1832 a 1874; resquícios de livros da paróquia ao longo do século onde eram feitos os registros de batizados, casamentos e sepultamentos; compromissos de duas irmandades presentes no povoado, datados de 1822; documentos esparsos que foram fornecidos por moradores locais; textos publicados na Revista do Arquivo Público Mineiro e em vários anuários estaduais no final do séc. XIX e início do XX.

Para iniciar, os dados sobre batismos nos dois períodos em que há registros[38] – de setembro de 1850 a agosto de 1858, quando são analisados registros de 741 batismos, e de março de 1870 a agosto de 1875, com 248 registros analisados – fornecem várias informações importantes referentes à composição populacional, presença da escravidão, índice de casamento de escravos, processos de miscigenação racial e nascimento de filhos naturais. Além disso, nestes dois intervalos de tempo encontra-se um padrão de informações semelhante, sendo as duas únicas diferenças significativas entre ambos a diminuição do índice de nascimento de crianças definidas como crioulas, bem como o aumento de crianças sem referência racial no segundo deles.

Com relação à composição racial da população, observa-se que esta mantém um modelo semelhante àquele que pode ser observado na atualidade, apenas com uma diminuição do percentual de crioulos[39] (diminuição esta que já é uma tendência constatada na época) e aumento do percentual de brancos. No período de 1850 a 1858, assim se distribuíam racialmente as crianças batizadas: 5,8% brancas; 46,0% pardas; 12,7% mistas, 34,9% crioulas e em 0,7% dos casos não há referência racial. Já no período de 1870 a 1875, excluindo-se os 31,9% sem referência, encontra-se o seguinte quadro: 7,7% brancas; 54,4% pardas; 17,8% mistas e 20,1% crioulas. Quanto à condição social dos pais da criança, observa-se um percentual muito baixo de filhos de pais e mães escravos (0,8% e 1,2%, respectivamente), e mais alto de filhos de mães escravas (9,4% e 10,1%), não havendo referência à condição dos pais no restante dos casos (o que provavelmente se deve a serem eles livres). Já o percentual de filhos naturais gira em torno de um quarto das crianças batizadas: 25,6% e 23,0%. Mas é o cruzamento destas variáveis que fornece as informações mais relevantes: 1) não há nenhum branco com pai ou mãe escravo, e apenas dois brancos no primeiro período são filhos naturais – o que indica um padrão diferenciado de relacionamentos para mulheres brancas e pardas ou crioulas; 2) não há nenhuma

38. Os livros da paróquia da cidade estão bastante danificados, sendo os períodos aqui citados os únicos em que há informações disponíveis – o mesmo ocorrendo para informações sobre casamentos e sepultamentos. Na verdade, apenas um dos livros de registro de batismos (que abrange o período de 1850 a 1858) está em perfeitas condições.

39. Como os dados, aqui, se baseiam em documentos do séc. XIX, uso as categorias constantes de tais documentos, que são: brancos, crioulos, pardos, mistos e cabras. Ao que tudo indica, os crioulos correspondem aos negros filhos de pais também definidos como negros, os mistos a filhos de relações explicitamente interraciais, os cabras a pessoas de origem indígena, constituindo os pardos uma categoria bastante indefinida (assim como na atualidade).

criança com pai escravo e mãe livre, mas o percentual proporcionalmente mais alto de mistos entre os filhos naturais (45,7% e 56,7%, enquanto no total os percentuais são de apenas 25,6% e 23,0%), e principalmente entre os filhos naturais de mães escravas, com destaque para o segundo período (enquanto 50,0% dos mistos têm mãe escrava, apenas 8,8% dos crioulos e 4,3% dos pardos o têm) evidencia a tendência a relações inter-raciais com escravas; e provavelmente também inter-sociais; 3) a predominância de crianças pardas, mistas e crioulas, aliada ao baixo índice de pais escravos, leva a concluir que a escravidão, já na metade do século XIX, não é mais significativa em Terras Altas; 4) o índice significamente superior de filhos naturais com mães escravas em relação àquele em que pai e mãe são escravos leva à inferência de que o casamento oficial entre escravos era pouco praticado.

Este quadro fica ainda mais rico quando confrontado com aquele concernente aos casamentos nos períodos de julho de 1840 a junho de 1841 (44 registros), junho de 1851 a novembro de 1853 (45 registros), abril de 1874 a junho de 1875 (175 registros) e agosto de 1889 a maio de 1891 (34 registros). Embora neste caso os tipos de informações sejam mais restritos, com referência à definição racial dos cônjuges apenas nos dois primeiros períodos, alguns dados são relevantes. Em primeiro lugar, nos períodos em que há referência racial observa-se a inexistência de qualquer casamento assumidamente inter-racial, havendo reconhecimento apenas de casamentos entre brancos, entre pardos e entre crioulos, e não sendo a categoria misto sequer citada. Em ambos os períodos, retirando-se os registros em que não há menção a esta variável, a predominância é de casamentos entre pardos (76,7% e 77,3% respectivamente), depois entre crioulos (20,0% e 13,6%) e por fim entre brancos (3,3% e 9,1%). Esses dados, contrastados com os anteriormente citados, nos levam a constatar que, apesar da real miscigenação racial que ocorre no século XIX em Terras Altas, seus habitantes têm dificuldade de reconhecer a possibilidade de relacionamentos inter-raciais oficiais. O que talvez, inclusive, explique o percentual maior de casamentos entre pardos do que de nascimento de pardos em meados do século: esta é a categoria mais flexível, sendo possível enquadrar os cônjuges nela sem ameaça à concepção de segregação racial nos casamentos. Tais problemas em lidar com as diferenças raciais (apesar do discurso oficial de democracia racial) são centrais ainda na atualidade, e serão abordados em maiores detalhes no capítulo seguinte.

Se, por um lado, é possível observar a presença da discriminação racial a partir dos registros de casamento, por outro os dados evidenciam a inexistência de qualquer tipo de preconceito referente ao estado civil dos pais dos cônjuges. Assim, casamentos entre filhos naturais e legítimos ocorrem aparentemente sem problemas, e embora o índice de casamentos entre filhos naturais seja maior no primeiro período (10,0%), ele é nulo no segundo, e no terceiro e quarto, respectivamente, 4,0% e 2,9%. Estas informações nos levam, ainda, a supor que não há concentração de filhos naturais em uma única classe social, ou então que o casamento inter-social não é também problemático (creio, contudo, que a primeira suposição é mais provável). Outra suposição possível é a de que, apesar dos relatos atuais dos mais velhos sobre o passado – em que condenam a presumida maior liberdade sexual da juventude, que estaria sendo responsável pela destruição dos padrões de moral e bons costumes anteriormente vigentes –, estes padrões não eram assim tão rigorosos quanto se diz, e são muito mais ideais do que efetivos.

Alguns dados obtidos durante o trabalho de campo reforçam esta suposição: apesar de ter ouvido relatos sobre como as mulheres que engravidavam solteiras eram alijadas da sociedade no passado, perdendo suas amigas e sendo impedidas até mesmo de dirigir a palavra a moças ou mulheres casadas, pude observar que uma das famílias influentes no local é a família de um senhor que é filho natural de uma mulher negra (curiosamente, esta família não se considera negra). Este senhor, já com noventa anos, sempre teve um papel de destaque na Igreja, tem um filho que é um dos comerciantes mais ricos no local e que elegeu sua mulher como vereadora, outro que é professor de matemática e foi candidato a prefeito pelo PT, outro ainda que é Secretário de Educação e foi diretor da escola estadual local por oito anos. Por outro lado, tem uma filha que é mãe solteira de dois jovens, sendo o pai casado, mas freqüentando os filhos a casa do pai e tendo contato com a esposa legítima dele. Ironicamente, seu filho também namorava uma mãe solteira, e esta senhora mobilizava o fato para denegrir a imagem da moça.

Voltando aos documentos da paróquia relativos ao séc. XIX, os dados referentes a sepultamentos disponíveis vão de novembro de 1870 a junho de 1875, havendo apenas 121 registros não danificados. Nestes, somente em 40,5% dos casos há referência à causa de morte, sendo que, dentre estes, as causas de morte mais comuns são: em 32,7% febre, em 30,6% enfermidades crônicas, em 8,2% morte súbita, e em 6,1% parto (aqui, é interessante ressaltar que o número de crianças batizadas órfãs de mãe é irrelevante). A presença da febre parece ser marcante no final do século, pois em descrição do distrito baseada em questionário da década de 1890 – descrição esta que também destaca a inexistência de médico, prático, farmacêutico ou farmácia no local –, encontramos o seguinte trecho:

> grassa annualmente de julho a agosto uma febre com caracter typhico, que, não raro, vitima os seus pacientes em 3, 5 ou 7 dias. Só os profissionaes poderão emittir seguro juizo sobre as causas determinantes de tal epidemia. Por falta de medico ou de pratico a população nunca é vaccinada (*Revista do Archivo Publico Mineiro*, 1899).

Quanto à idade dos falecimentos, em 25,2% dos casos são recém-nascidos e em 5,9% crianças até dois anos de idade. Já com relação a adultos, esta taxa é de 16,8% em relação ao total de sepultamentos na faixa de 46 a 60 anos, de 8,4% na de 61 a 75 anos, e de 5,0% na de acima de 75 anos. A febre vitima pessoas de todas as idades e dos dois sexos. Já a violência não é uma causa de morte muito comum: há apenas 3 casos de assassinato (2,5% dos sepultamentos), todos de homens, dois deles com vítimas entre 19 e 25 anos.

Sintetizando as informações acima, podemos dizer, portanto, que Terras Altas é, no século XIX, um povoado composto de população essencialmente negra, livre em sua grande maioria – a escravidão não é significativa no local já antes de meados do século –, miscigenada, mas que apesar dos contatos inter-raciais relativamente freqüentes, tem grandes dificuldades de lidar publicamente com tais contatos. Além disso, é um local em que as relações sexuais ilícitas gerando filhos são responsáveis por cerca de 25% dos nascimentos, não sendo estes filhos aparentemente discriminados nos contatos com filhos legítimos – apesar de, se tomarmos por base a memória atual, o quadro ser reconstruído de maneira diversa, na medida em que se afirma a maior rigidez moral do passado. Percebe-se, ainda, que a violência não é uma característica local, e que altas taxas de mortalidade infantil e por epidemias marcam o povoado e vizinhança. Este perfil se assemelha muito a aspectos do que temos hoje, em que, só para ilustrar, as relações ideais e reais são muito distintas; os contatos inter-raciais e a avaliação racial de alguém são problemáticos; a violência explícita é pequena, embora a violência simbólica seja extremamente forte.

O baixo índice de população escrava na freguesia não implica, contudo, que os escravos fossem localmente desvalorizados. Ao contrário, os registros nos Livros de Notas do cartório local demonstram o alto valor dos escravos, e estes, juntamente com as propriedades (até metade do século com predomínio dos estabelecimentos rurais, posteriormente das propriedades urbanas), são os bens preferenciais na garantia de dívidas. A partir de 1860 os preços de escravos, inclusive crianças, atinge valores correspondentes a várias propriedades rurais, e superiores aos definidos por Lilia Schwarcz (Schwarcz, Reis (org.), 1996) como sendo os preços médios de cativos no país. Assim, enquanto os preços médios nacionais são estipulados pela autora, em 1860, como sendo de 1.261.000 réis para o homem adulto, 1.004.000 réis para a mulher adulta, 300.000 réis para crianças e 430.000 réis para velhos, no período encontramos em Terras Altas escravos adultos (tanto homens quanto mulheres) vendidos entre 1.000.000 e 1.500.000 réis, e não há criança vendida por menos de 460.000 réis (atingindo um escravinho o preço de 1.400.000 réis). Na mesma época, sítios são vendidos no povoado por 400.000, 500.000 réis.

Curiosamente, nos vários documentos de transação de escravos, não há nenhuma referência a negociação com pessoas de fora do povoado, e à medida que o século avança os escravos citados na documentação são cada vez mais nascidos no próprio local. Assim, quando se considera a definição de origem racial dos escravos, observamos que, se no período que vai de 1832 a 1836 há número significativo de escravos "de nação" (31,4% dos escravos citados), com predomínio de indivíduos de origem banto, esta proporção reduz sensivelmente nos períodos seguintes, quando também a referência à origem passa a ser menos relevante (quando ocorre, continua a reforçar o predomínio dos bantos). Também a proporção de escravos crioulos decresce com o decorrer do século, aumentando a de escravos pardos e mistos. Já a presença de escravidão índia se mostra praticamente irrelevante: dos 265 escravos citados nos Livros de Notas de 1832 a 1874, apenas 5 (1,9%) são cabras, havendo um único misto cabra. Na verdade, não somente quando se leva em conta os dados relativos à escravidão a presença indígena é pouco significante. Nos vários tipos de documentos sobre o período é raro encontrar qualquer menção a pessoas ou grupos de origem indígena, e na memória o índio não contribui de forma reconhecida na composição da população e cultura local.[40]

Ainda sobre a escravidão, observa-se a inexistência de propriedades rurais com número elevado de escravos. Se na década de 1830 é possível encontrar hipotecas de propriedades rurais que possuem 12 ou 10 cativos de origens diferenciadas, a partir do final desta década não há mais alusão a nenhuma propriedade rural com mais de quatro cativos, e nos poucos casos em que este

40. Os relatos que ouvi sobre a presença e importância da contribuição indígena foram todos influenciados pelo discurso de um médico que trabalhou na cidade, responsável pela criação de um grupo de teatro denominado "Curutuba", supostamente em homenagem a uma tribo que habitou o local. Não sei, contudo, qual a origem da afirmação deste médico, claramente um inventor de tradições.

número é um pouco mais elevado, observa-se a tendência de que seja pela presença de uma mulher adulta com crianças ou jovens (provavelmente seus filhos). Em meados do século há, novamente, uma mudança de padrão: os escravos continuam a ser um dos bens mais valorizados na garantia de hipotecas, mas não mais aparecem como vinculados a propriedades rurais, e nos casos em que estas são hipotecadas, o são juntamente a um ou nenhum cativo. Também se intensifica a ocorrência de cartas de liberdade, mas em sua maioria estão ligadas ao falecimento do senhor, havendo ainda casos de liberdade comprada.

É também relevante no período a observação de que propriedades rurais são hipotecadas e um sítio vendido na região do Cuba – nome de um córrego que hoje representa uma das maiores comunidades rurais negras da região. Ao mesmo tempo, em uma escritura de dívida, obrigação e hipoteca datada de 1841 oferece como divisa de um sítio as "terras dos herdeiros ou moradores dos Poções", comunidade também negra e que não apenas é fronteiriça à comunidade do Cuba, mas também apresenta relações de parentesco e intenso contato social com ela. Essas informações esparsas nos fazem supor um declínio de atividades de particulares na área, e a gradativa ocupação das terras por negros – que tanto podem ser herdeiros da comunidade dos Poções quanto provenientes de outros locais, ou mesmo negros abandonados por seus senhores. O núcleo de comunidades do qual fazem parte os Poções e o Cuba, provavelmente o que mais apresenta características de origem negra na atualidade, poderia, ainda, justificar a afirmação feita por alguns moradores locais e principalmente pelos meios de comunicação mais amplos de ser a cidade remanescente de quilombo.

A constituição de comunidades negras já neste período aponta para um outro aspecto que diferencia Terras Altas quando comparada a outras regiões do Jequitinhonha. Segundo Moura (apud. Ribeiro, 1993), haveria uma tendência no Vale a que pequenos produtores fossem brancos ou pardos, enquanto agregados negros, fato que se vincularia à permanência de escravos nas áreas de fazenda após a abolição. A presença de agregados, contudo, não é significativa em Terras Altas – como ficará explícito no próximo item. Além disso, há inúmeras comunidades rurais autônomas compostas exclusivamente de negros. Dois são os fatores que podem ter contribuído para este quadro específico: a menor expressividade da escravidão no local já na primeira metade do séc. XIX, e a inadequação das terras para produção em maior escala, com o conseqüente desinteresse econômico por parte de grupos de elite – o que pode ter levado a um abandono delas, que ficaram disponíveis para ocupação pela população negra. Cabe, ainda, considerar a hipótese de que esta situação peculiar tenha atraído tanto moradores regionais livres e sem acesso à terra quanto negros cativos provenientes das áreas vizinhas. Independentemente dos fatores que contribuíram para o contorno atual de Terras Altas, contudo, é importante destacar que a presença maciça de negros, muitos deles organizados em núcleos próprios e autônomos, contribui de maneira decisiva na influência que as crenças e comportamentos de origem negra têm na formação da visão de mundo local. No início do séc. XX, o local já é regionalmente visto como particularmente negro:

> O arraial de [Terras Altas] é o canto da terra brasileira, onde a raça preta se mantém em estado de guerra. Ali ficou essa gente desde os tempos dos grandes trabalhos da extracção de ouro.
>
> É numerosa, trabalhadeira, moralisada e orgulhosa; mas vive em perfeita communhão com os mestiços e com os brancos, casando-se regularmente os pretos com as pretas. Os homens pretos são altos e robustos; as pretas, além dessas formas, apresentam em geral notável regularidade de feições, havendo mesmo algumas de relativa beleza (*Annuario de Minas Gerais*, 1918).

Às características anteriormente citadas, podemos ainda acrescentar várias outras relevantes, tomando por base outros tipos de documentação e relatos da época. As descrições de viajantes que cruzaram a região no início do século são importantes fontes de informação sobre as formas de vida e organização econômica e social no período. Tanto Pohl (1976) quanto Saint-Hilaire (1975) ou Spix e Martius (1981), todos eles tendo percorrido o Termo de Minas Novas na segunda década do século XIX, são unânimes em constatar a decadência da mineração aurífera no termo, atividade esta que é substituída ou pelo cultivo do algodão ou pela produção agropecuária de subsistência. O quase abandono da extração do ouro, por sua vez, é responsável por um empobrecimento da população – empobrecimento este, contudo, que está bem distante da imagem de Vale da Miséria discutida no início do capítulo. Outro aspecto igualmente ressaltado por eles é a composição racial da população, essencialmente mulata (não sendo aqui traçada nenhuma distinção entre Terras Altas e as demais localidades regionais). Cito, apenas para exemplificar, trecho de Pohl (1976):

> Conquanto, em relação às regiões setentrionais percorridas, seja aqui mais numerosa a raça branca, ainda são os mulatos que constituem a população dominante (:332).

Spix e Martius e também Pohl ressaltam, ainda, a presença do garimpo de pedras preciosas coradas no termo, garimpo este realizado, segundo os primeiros, “por pobres mulatos e negros”, e que levava à migração temporária dos garimpeiros, como fica claro no seguinte trecho de Pohl (1976) sobre Terras Altas:

> Muito lucro têm também os habitantes com a cata de pedras preciosas no sertão e nas matas virgens do Rio das Americanas, quais sejam crisólitos, águas-marinhas e especialmente topázios de cor branca, esverdeada ou azulada, chamados pedras americanas.
>
> [...]
>
> Depois de alojado numa casa do arraial graças à obsequiosidade do Comandante, meu primeiro cuidado foi colher informações, entre os habitantes, sobre a extração de pedras preciosas coradas. Os que disso se ocupavam ainda não tinham regressado do seu trabalho e, depois de uma ausência de vários meses, eram esperados a qualquer hora.

Este trecho aponta o primeiro tipo de migração temporária a que tive acesso. O ciclo pluvial regional, com a concentração de chuvas no período que vai de novembro a fevereiro, favorece a migração sazonal como complemento ao modo de vida camponês. Desde a decadência da mineração aurífera que o povoado passa a ser local expulsor de mão-de-obra, tanto temporária – em momentos posteriores para Teófilo Otoni, em seguida São Paulo, sul de Minas e Centro-Oeste (e, nos últimos anos, praias do sul do país em época de veraneio, neste caso fora do período tradicional de migração, pois os meses de dezembro a fevereiro são os de maior intensidade de trabalho agrícola) – quanto permanente – para a região do Vale do Mucuri no século passado, e na atualidade para grandes cidades, principalmente São Paulo. O migrante, contudo, não rompe os laços com a terra natal: há uma grande tendência a que casamentos sejam feitos com conterrâneos, muitas vezes o dinheiro ganho é investido em Terras Altas (principalmente na construção de imóveis), os contatos sociais no local de destino são orientados pela rede de moradores de mesma origem, as notícias e fofocas circulam de um ambiente a outro.

O ciclo irregular e insuficiente de chuvas, com a conseqüente ocorrência de secas em vários anos, aliado à estrutura do solo e a processos de cultivo e aproveitamento dos recursos naturais de caráter depredatório, estimula não apenas a migração sazonal, mas também uma forma específica de distribuição populacional, já identificada por Pohl:

> Em todo o Termo, os povoados estão situados nas margens dos rios e riachos e só raramente nesta região montanhosa um solo cultivável permite maior afastamento dos cursos de água (1976:332).

Esta distribuição da população não se restringe aos núcleos urbanos. Também nas áreas rurais os moradores constroem suas casas e desenvolvem suas atividades domésticas em torno dos córregos e rios, nas áreas denominadas "grotas" (cf. Moura, 1988) – mesmo que possuam terras de cultivo e locais de extração de recursos naturais em regiões mais distantes. Muitas vezes, as comunidades são identificadas pelos nomes dos córregos em torno dos quais se formam. A questão da disponibilidade de água é tão relevante que, nos últimos tempos, com a secagem de vários córregos, a vida na zona rural está se tornando inviável para certas famílias, ocorrendo mudança significativa de moradores para a sede do município. O processo de redução das fontes de água disponíveis e esgotamento dos recursos naturais está levando, ainda, a uma intensificação da migração, que passa a ser a grande base de sustentação das famílias locais – o que é expresso pelo aumento dos deslocamentos para trabalhos permanentes nas grandes cidades e pela migração sazonal para as praias do sul do país anteriormente citada.

Voltando aos relatos dos viajantes, é interessante que, ao abordarem especificamente o povoado de Terras Altas, eles observam que a decadência da mineração não é aí total, como ocorre no restante do Termo. Assim, enquanto em outros povoados as minas estão em abandono definitivo, neste, embora a redução da extração aurífera seja evidente, ainda há resquícios desta atividade. Spix e Martius (1981) afirmam:

> Algumas regiões do termo pareciam justificar outrora a fama de riqueza de ouro, e até foram abertas importantes minas no arraial de [Terras Altas]; parece, entretanto, ter diminuído muito ali a quantidade do precioso mineral, e hoje, quando muito, estão uns 150 homens a lavar ouro, sobretudo em [Terras Altas] e Araçuaí.

Também Saint-Hilaire (1975), ao descrever o local, aponta neste sentido, bem como reforça pontos já citados e indica várias outras características importantes do arraial e seu entorno:

> [Terras Altas] não fornece atualmente tanto ouro como antigamente, e vários de seus habitantes se retiraram para outras partes. Entretanto, existe ainda na região algumas lavagens bastante produtivas [...].
>
> A população atual de [Terras Altas] eleva-se acima de seiscentos indivíduos, que, quase todos, são mulatos, e vários deles, entregando-se à agricultura, só vêm à povoação aos domingos. É principalmente arroz e feijão que se colhe nesse local. Não se cultiva aí o algodoeiro; mas, com o algodão que compram, os habitantes fabricam cobertores que exportam ou vendem nas próprias redondezas.
>
> [Terras Altas] goza de uma grande vantagem: a de estar situada à margem da estrada que serve às zonas em que se colhe algodão em maior abundância. Esse povoado é vivificado pela passagem de caravanas que destinam ao Rio de Janeiro, e oferece-lhes um lugar de pouso muito cômodo. Um vasto albergue, construído na praça, recebe os viajantes.

No entanto, os resquícios de mineração não foram capazes de evitar a decadência e a estagnação econômica. Mesmo sendo local de passagem de caravanas de transporte de algodão, Terras Altas não consegue manter, no início do séc. XIX, o ritmo de crescimento e de atividade econômica do séc. XVIII, e passa de local atrativo para expulsor de mão-de-obra. Ao longo do tempo, o garimpo do ouro se torna uma ocupação secundária de vários produtores rurais, que a utilizam como complemento de renda capaz de garantir a subsistência do modo de vida camponês. A atividade em maior escala já não mais pode ser identificada no final dos 1800, e em 1894 encontramos, no *Apontamentos para o Diccionario Geographico do Brazil*, a seguinte afirmação:

> [Terras Altas] possue ricas minas de ouro [...] Seus habs., em número de 6.400, empregam-se em geral na pequena lavoura e no commercio. Acha-se em abandono a exploração das minas [...] Seu terreno é aurífero e podia produzir grande quantidade desse metal si suas lavras fossem exploradas. Suas matas de cultura são excellentes e abundam em madeira própria para a tinturaria [...], bem como hervas e plantas medicinaes (Pinto, 1984).

Também no questionário sobre o distrito anteriormente citado, da mesma época:

> Dignas de menção tem o districto como riquezas naturaes, ricas jazidas de ouro, outr'ora exploradas e trabalhadas por mineiros emprehendedores, hoje em abandono, porque os seus proprietarios não dispõem de recursos para sua exploração, ficando portanto enterrada uma riqueza extraordinária que compensaria fartamente a quem se arrojasse a extrahil-a (*Revista do Archivo Publico Mineiro*, 1899).

Mas se a mineração aurífera deixa de representar uma atividade econômica relevante, sua presença no imaginário local é significativa, e o pertencimento a um local que, apesar de aparentemente pobre, guarda uma riqueza escondida, é motivo de orgulho para os moradores de Terras Altas, como ficará mais claro no próximo capítulo, e é ilustrado pela seguinte legenda de foto da revista *O Cruzeiro*, em reportagem sobre o local de 1967: "Prefeitura de [Terras Altas], retrato de cidade pobre que tem ouro até no pó da rua".

No relato de Saint-Hilaire há, ainda, referência a mais um aspecto que marca a vida local até os dias de hoje: a forte presença da religiosidade católica e sua influência no cotidiano. O autor descreve o momento em que, estando em praça pública, ouve soar o Angelus, que faz com que todos parem, descubram-se, juntem as mãos e rezem. Em seguida, os presentes saúdam os conhecidos e só depois retornam a suas ocupações. Também afirma ter sido hospedado pelo pároco local, uma das pessoas de maior relevância na comunidade, e que ele descreve como alguém refinado e capaz de cultivar uma plantação que lhe recorda "certas paisagens da Suíça". Além disso, nos povoados vizinhos assiste a várias festas em homenagem a santos católicos, descritas por ele como de grande importância para a população, mobilizando-a como um todo. Pode-se observar não apenas a relevância de tais festas – comuns tanto nas cidades como em distritos e comunidades rurais –, mas também a conservação, em sua estrutura, das características comuns às daquelas assistidas por Saint-Hilaire nos anos 1810.

A menção às festas de santo, por sua vez, remete à presença de irmandades religiosas no povoado. Como foi descrito anteriormente, também no local são fundadas duas irmandades: a Irmandade do Santíssimo Sacramento e a de Nossa Senhora do Rosário dos Homens Pretos, ambas com compromisso datado de 1822 (embora já existentes no séc. XVIII). Talvez pelo período em que foram redigidos os compromissos – momento em que, como vimos, a região já se encontra em decadência –, não há no texto relativo à Irmandade do Santíssimo Sacramento nenhuma exigência de condição racial para o ingresso. No 5º Capítulo do Compromisso desta irmandade se reconhece, mesmo, as limitações provocadas pela decadência regional:

> Cazo porem esta Irmandade pela decadencia do Paiz tenha poucos Irmaons, esse não possão fazer Eleiçoins annuais, por estas redondarem em grave prejuizo, eruina dos Cazais, efamilhas dos mesmos Irmaons, com repetidas Mezadas, o que não pode ser do agrado de Deos; neste cazo sefarão Eleiçoins triennais, ficando os Offeciais, e Irmaons Mezarios servindo o dito tempo com aobrigação dehuma só Mezada...

Apesar disto, as condições e custo para se tornar membro da Irmandade do Santíssimo Sacramento são mais rigorosos, e ela é claramente voltada para a elite. Ser admitido como irmão do Santíssimo exige uma investigação da vida do pretendente, uma aprovação formal em mesa, e uma contribuição maior que a dos irmãos do Rosário. Para exemplificar, enquanto os Juízes Maiores da Irmandade do Rosário deveriam contribuir com a esmola de 12 oitavas de ouro, os Juízes Menores com 4 oitavas e os demais componentes da Mesa com 2 oitavas (sendo o Procurador Geral, Tesoureiro e Escrivão isentos de contribuição), na Irmandade do Santíssimo Sacramento os valores sobem para 32 oitavas para o Procurador, 16 para o Escrivão e 8 para os demais irmãos mesários (excetuando-se apenas o Tesoureiro e os Procuradores Mesários).

A distinção social entre as duas irmandades se explicita na atualidade pela comparação da maneira como são organizadas a Festa do Divino, responsabilidade dos irmãos do Santíssimo no passado, e a Festa de Nossa Senhora do Rosário, ainda sob a responsabilidade da irmandade dedicada a esta santa – sendo a primeira uma festa em que a ostentação é uma marca do cortejo, e a segunda essencialmente popular. Apesar, contudo, de ser a segunda muito mais relevante na atualidade e de somente a Irmandade de Nossa Senhora do Rosário ter sobrevivido ao tempo.

Assim como não há, no compromisso da Irmandade do Santíssimo, exigências explícitas com relação a perfil racial, social ou religioso de seus membros, também no Compromisso da Irmandade do Rosário não há exclusividade na participação de negros. Ao contrário, sugere-se neste documento que cargos da mesa diretora como Procurador, Tesoureiro e Escrivão sejam ocupados por homens brancos instruídos – o que é relativamente comum no caso de irmandades de negros –, bem como que, na festa em homenagem à santa, apesar de a irmandade ser predominantemente composta de pretos, um dos juízes maiores sendo negro, o outro seja branco ou pardo, a fim de que toda a irmandade possa igualmente participar das festividades.[41] É, provavelmente, esta abertura à comunidade como um todo, bem como o caráter popular e o vínculo com os negros, que faz com que a Irmandade de Nossa Senhora do Rosário permaneça como a única associação do gênero ainda existente, e organizadora da principal festa da cidade – festa que é responsável pela afirmação da identidade específica de Terras Altas.

A importância das irmandades citadas no século XIX pode ser percebida, entre outras coisas, pelo destaque de seus tesoureiros nos livros de notas do cartório local. Ambos aparecem como credores de parte significativa das hipotecas registradas no período, muitas vezes pessoalmente, mas outras como representantes das organizações a que se vinculam. Assim, no período que vai de 1837 a 1845 o principal credor de hipotecas local é simultaneamente o

41. "Cap. 2°. Dos Juizes, e Juizas Maiores. Como esta nossa Irmandade se compõe de pretos, pardos e brancos, que por sua devoção querem ser Irmaons dessa Irmandade, haverá na mesma annualmente hum Juiz, e huma Juiza maiores que dará cada hum de esmolla doze oitavas de ouro em moeda metalica, para a Festividade de Nossa Senhora, e mais despezas da mesma Irmandade; esse os ditos Juizes Maiores quizerem Sermão na dita Festividade sairá a despeza de ambos, como athe aqui sempre se tem praticado, e poderão ser eleitos Juizes maiores todos aquelles, que por sua devoção ou voto se oferecerem a servir a Nossa Senhora, inda que aliás não sejam Irmaons, com tanto que tenhão possibilidades sendo porem conveniente a mesma Irmandade, por evitar controversias, que se o Juiz maior for branco, ou pardo, seja a Juiza maior preta, ou alias o Juiz maior preto, e a Juiza maior branca ou parda, para que toda a Irmandade com amor, e devoção possão servir a Deos e louvar a Santissima Virgem do Rozario."

Tesoureiro da Irmandade do Rosário e Administrador da Capela de Nossa Senhora da Saúde, emprestando dinheiro a juros principalmente como pessoa física. Após sua morte – que ocorre entre 1846 e 1850, havendo na primeira data referência a estar ele doente e na segunda já a seus herdeiros –, passa a Irmandade do Santíssimo Sacramento a ser a principal credora local, e assume seu Tesoureiro também a administração da Capela de Nossa Senhora da Saúde. Em algum tempo, ele, que inicialmente só emprestava dinheiro como representante destas entidades, passa também a atuar individualmente como credor.

Cabe ressaltar, ainda, a existência de uma terceira associação religiosa leiga no povoado, fundada no séc. XVIII, e ainda muito presente na memória. O Recolhimento de Mulheres de Terras Altas, florescente no final do séc. XVIII, é descrito em 1780 como sendo composto de 33 donzelas e 2 mulheres casadas, que sobrevivem da produção de três fazendas – onde trabalham parte de seus 36 escravos –, de doações, pensões e esmolas que recebem, além dos juros de dinheiro que possuem na mão de particulares. As recolhidas se inspiram nos preceitos de Santa Tereza de Ávila, e para aí são mandadas moças de vários locais de origem para serem educadas, tendo também o recolhimento a função de "obviar algum dáno, e dezordem maiór" (Revista do Archivo Publico Mineiro, 1897). Já em 1817, contudo, o Recolhimento se encontra em visível declínio, como pode ser percebido na seguinte descrição de Saint-Hilaire (1975):

> Disse que nenhuma ordem monástica podia estabelecer-se na Província de Minas; existem, todavia, em várias partes dessa província, casas em que mulheres se reúnem para viver sob uma regra comum. Dá-se-lhes o nome de *freiras*, que é o das verdadeiras religiosas; mas não podem ser consideradas como tais visto que não são presas por nenhum voto. Um missionário fundou em [Terras Altas] uma reunião desse gênero. Se bem que absolutamente livres, as mulheres que a compõem tiveram necessidade de autorização do Rei para ficar reunidas. Tendo escassos bens, essas reclusas recebem esmolas. Usam o hábito das carmelitas; seguem a regra de Santa Tereza, e ouvi-las cantar, durante a missa, hinos em vulgar, o que não se pratica em nenhuma outra parte. É de crer, aliás, que a casa de enclausuradas de [Terras Altas] não subsista por muito tempo; pois essas mulheres são todas velhas, e ninguém se apresenta para substituí-las.

A decaída do Recolhimento de Mulheres em um prazo de menos de quarenta anos é expressão dos problemas enfrentados pela região após a crise da extração aurífera. Sua presença, contudo, aliada à das irmandades religiosas já mencionadas – que, provavelmente, por seu caráter mais aberto e integrado na sociedade mais ampla, tiveram uma sobrevivência muito maior –, marca a maneira como o catolicismo se implantou na área mineradora. Como vimos antes, a responsabilidade pela consolidação da religião católica foi transferida a particulares, o que resultou em uma religiosidade de cunho marcadamente autônomo e popular, com forte componente mágico. A referência de Saint-Hilaire de que as recolhidas entoavam hinos em vulgar é apenas uma ilustração deste processo. Processo que vai marcar de maneira definitiva a concepção de sagrado – e mesmo de mundo – dos moradores de Terras Altas. Com efeito, a linguagem católica passa a ser a forma legítima de falar sobre os acontecimentos do cotidiano, sempre sujeitos à vontade divina e interpretados conforme um modelo dicotômico de bem e mal, coisas "de Deus" e "do Diabo". Não é por acaso que os textos de aulas públicas ministradas em 1892 têm por tema a existência divina e sua importância, assim como a frase analisada em uma dessas aulas remete diretamente à noção de pecado:

> Desde os primeiros annos pode-se ensinar aos meninos algumas das verdades primeiras, tais como esta: não ha effeito sem causa; e bem assim provar-lhes a existencia de Deos, pela a do mundo, dizendo-lhes: todo o effeito tem sua causa, logo o movimento regular do sol, da lua, e de todos os astros, a vegetação e estructura das plantas, a organisação dos animais tão proporcional ao fim de cada um, o homem dotado com tão nobres faculdades, demonstra a existencia de uma causa sabia e poderosa, que é Deos Creador e Senhor de tudo.
>
> Aula Publica de [Terras Altas], 3 de Dezembro de 1892
>
> Anna Bartholomeu de Senna

> As delicias podem ter algum sabor, mas não podem ter utilidadade alguma.
>
> *As* - art. def. fem. pl. det. a pal delicias
> *Delicias* - Subst. appl. fem. pl.
> *Podem* - Verbo poder da 2a. conj. irreg. está na 3a. pessoa do pl. do pres. do ind.
> *Ter* - Verbo auxiliar da 2a. conj. irreg. está na 3a. pess. do pl. do pres. do ind.
> *Algum* - adjectivo articular masc. sing. bif.
> *Sabor* - Subst. appl. masc. sing.
> *Mas* - conj. adversativa
> *Não* - adverbio modo
> *Podem* - Verbo poder na 2a. conj. irreg. está na terceira pess. do pl. do pres. do ind.
> *Ter* - Verbo auxiliar da 2a. conj. irreg. está na 3a. pessoa pl. do pres. do ind.
> *Utilidade* - Subst. appl. fem. sing.
> *Alguma* - adjectivo articular fem. sing. bif.
>
> Aula Publica de [Santa Luzia das Terras Altas], 3 de Dezembro de 1892
>
> Anna Bartholomeu de Senna

a b c d e f g h i j k l m n o p q r s t u v x y z

Pela sua immensidade Deus está em toda a parte e tudo lhe é patente ainda os mais ocultos pensamentos. Evitemos pois o mal porque ainda que os homens o não vejam Deus o vé e condenna e delle nos tomará um dia estreitas contas.

Aula Publica de [Terras Altas], 5 de Novembro de 1892

A B C D E F G H I J K L M N O P Q R S T U V X Y Z

Joaquina Esteves Lima

A concepção de mundo, como fica explícito nestes textos, é uma concepção católica. Assim, curiosamente, um raciocínio que é utilizado, na atualidade, para sustentar uma argumentação cientificista agnóstica é, na primeira aula de Anna B. Senna, evidência inquestionável da realidade de um criador sábio e poderoso: Deus. Este, contudo, para a maioria dos habitantes distancia-se muito de um modelo de ação justo e racional. A forte crença na magia, muitas vezes tendo por supostos agentes os santos – como se expressa nas inúmeras orações localmente guardadas e valorizadas –, possibilita influenciar o curso dos acontecimentos de forma que até mesmo as relações de causa e efeito sejam subvertidas. Só como exemplo, cito o texto manuscrito de uma oração a Nossa Senhora de Monserrate, datada de 1909 e preservada até os dias de hoje:

> Divina Oração
>
> Esta oração é de Jerusalém chamado Oração de Nossa Senhora do Monserrate ao pe de Barcellona de com a mesma Senhora obrou um grande milagre: Bendicta e louvada seja a sagrada Paixão e morte de nosso senhor Jesus Christo rogai por nos Santa formozura dos Anjos Thesouros dos Apostollos deposito da arca da alliança Mostrai-nos em tão bello dia a vossa glorioza face. Esta oração foi achada no santo sepulcro de Jerusalém ao pe da Imagem do divino Jesus e aprovado por todos Inquizidores [...] Jesus disse todo homem ou mulher menino ou menina que quizerem ter consigo esta oração não morrera de ma morte nem repentinamente não serão offendidos por inimigos morrerá sem aflição não morrerá affogado no mar nem nos rios não será queimado no fogo não passara trabalhos no mar nem ferido na faca nem attentados pelos demonios dos Infernos e não morrerá sem confissão que proveito p.ª alma aprazer para ocoração não sera mordido por cães danado nem de outros animais peçohentos Toda mulher que estiver em perigo de vida por cauza do parto será logo alliviada com a virtude desta oração Tira [...] da [...] coral mas é nesseçario ter fé em tudo porque não havendo fé não pode haver milagre nem salvação. Eis o grande Milagre.

Outra:

Avinte 1 de Março 1715 indo um homem para aromaria de Nossa Senhora de Monteserrate ao pé de Barcellona no caminho lhe sahiu 3 ladrões lhe cortarão a cabeça no fim de 3 dias passou por alli um cavalheiro eacabeça lhe fallou e disse volta atraz cavalheiro vai tu a Barcellona dar parte a justiça e um Padre de Missa e alguma gente que se pode que se pode ajuntar para o dicto assumpto de q tudo se escreva [...] ficaram todos quando ao pé do morto chegaram a cabeça lhe fallou [...] da confissão depois de confessado e absolvido o cadaver tornou a cabeca fallar p.ª todos o audictorio e disse Procurem-me no corpo da parte do coração entre o collete que hão de achar uma oração de Jerusalém aqual ficará para ofuturo com o nome a oração de N. S. de Monteserrate e do menino Jesus visto terem ambos feito um grande milagre admirando toudos de ser resucitado ede não morrer sem confisção por isto si tirará de meu corpo venerará para nunca ir a sepultura assim pesso todas as creaturas que quizesem ter agloria e graca desta Oração tragão a peito sendo mulher ao pescoco sendo homem e Reza 1 salva Rainha ao deitar e quando for a Missa entre a hostia [...] mais tudo sera com muita fé e devocão. Acaza onde estiver esta oração será conservada em paz não será [...] nem feridos e estão livres de justiça e testemunhos falços e de mas tentações Com o São Miguel lhe pezara sua alma lhe avistará na hora da morte e São Pedro lhe abrirá as portas do cêo para viver na gloria eterna Amém

Na hera de 1715 um homem que navegava ao pe da Normadia e chamava-se Pedro Nazateth foi pilhado pelos piratas roubado alcancado ao mar uma grande trave de ferro ao pescoço porem como trazia consigo esta Oração de N. S. e do menino Jesus [...] passou dias a lutar com as pesadas ondas [...] muito cancado lembrou-se da Sagrada Oração de N. S. de Monserrate reza um salve Rainha salva-se no fim de 8 dias já podia trabalhar e foi levar a nossa Senhora uma grande promessa. Meus queridos filhos sabe as chagas que N.S.J.C. o recebeu em seu santissimo corpo forão: 455 por isso digo que quem dellas se lembrar reza algum P.N.A.M. eu lhe tirarei seus pecados de seu pai sua mãi seus Irmãos e gozara da Bemaventuranca de N.S.J.C. e seu amado filho de Deus vivo tende Mizericordia de mim que sou mil pecador e salvai minha alma madre de Deus senhora do cêo e da terra e de todos nossos corações Obemaventurada louvada de todos as santas os santos rogai por mim ao vosso amado filho Coroa dos Martires Virgem ajudai-me senhora naquella morada precioza Ovirgem bemaventurada procuradora dos christãos Virgem Maria nas vossa mãos entrego a minha alma vosso santissimo filho me amparo com sua santa gloria Amém. Jesus. Apessoa que trouxerem esta Oração esta livres de raios e curiscos e 5 dias antes verá a Virgem Maria N. S. com seus olhos naturaes. Esta oração tambem foi approvada pelo Padre Santo em roma e por todos os padres Inquizidores e serão concedidos 80 dias de Indulgencia eperdão de todos os pecados aquem trouxer consigo erezar quando se lembrar 1 Padre N. A. Maria Offerecida ao

Santissimo Coração de N.S.J.C. pelas muitas chagas que sofreu para nos remir e salvar Amém P.N.A.M. Coração de Jesus obrando tantos finezas arrancai desta minha alma pecados paixões levesas O coração de Jesus antes de toda brandura abrandai meu coração que esta com penhadura O coração de Jesus por meu amor foi tão ferido usai com migo de mizericordia com quem vos tenho ofendido. Oferecimento. Dignai-vos amante Senhor o meu afecto aceitar por que só em vos senhor eu Desejo empregar ajudai-me de Modo que mereceis e seja tal esse amor que vos agrudeis.

Copiada 5 de Março de 1909
Pertence Juscelino.

Afirmar que o catolicismo se consolida como a linguagem legítima para se falar sobre o mundo não implica, contudo, que a religiosidade local se restrinja às influências católicas – mesmo que reconhecidamente do catolicismo popular. Como ficará mais claro no decorrer deste texto, a importância atribuída à magia abre espaço para que ocorra uma síntese própria de tradições religiosas diferenciadas, com destaque para aquelas de origem negra.

III. A emancipação do município e seu perfil atual

A emancipação do município de Terras Altas ocorre em dezembro de 1962; sua instalação data de março de 1963. Emancipação que tanto apresenta conseqüências políticas significativas quanto interfere de maneira decisiva nas relações sociais e nas formas de organização de poder da comunidade como um todo: a partir do momento em que a administração local se concentra nas mãos de moradores do próprio município, ocorrem cisões internas e se estabelece um sistema dicotômico de lealdades políticas com influência direta no cotidiano. A compreensão desse processo, por sua vez, se torna mais fácil ao se ter em mente duas características fundamentais de Terras Altas: a pobreza do município e dificuldade de acesso a trabalho e recursos, e a baixa formação profissional de seus habitantes. Alguns dados estatísticos podem, aqui, fornecer uma visão mais clara destas características.

Segundo os resultados do Censo Demográfico 2000, os 15.220 moradores de Terras Altas concentram-se na zona rural (68,1%), sendo a maior parte deles composta de pequenos produtores rurais (99,4% dos proprietários de estabelecimentos – Censo Agropecuário 1995). A principal atividade econômica local é a agropecuária, com destaque para a agricultura de subsistência – predominando o cultivo de milho, feijão, abóbora, manaíba, cana-de-açúcar, batata-doce e verduras, estas últimas em locais onde há água disponível, tais como nas margens dos cursos perenes de água. Aliada a estes cultivos encontramos a criação de porcos e galinhas nos quintais e, no caso daqueles com condição financeira um pouco melhor, de algumas cabeças de bovinos e equinos. As propriedades, principalmente os domicílios, concentram-se em torno de córregos e rios da região. O acesso à água, historicamente problemático, tem se tornado cada vez mais uma dificuldade para os moradores: a secagem de inúmeros córregos e a escassez de chuvas têm provocado crescente deslocamento populacional para os centros urbanos, resultando em um aumento da taxa de moradores em zona urbana de 11,9% em 1991 para 31,9% em 2000.[42]

Além da atividade agrícola no município, é de fundamental importância para a sobrevivência das comunidades camponesas da região a migração sazonal e permanente de seus membros para o corte de cana e a colheita de café nos interiores paulista e mineiro, ou para as capitais destes estados como trabalhadores principalmente na construção civil e, no caso de mulheres, empregadas domésticas. Ao contrário do que ocorre em outras cidades do Vale em que a migração tem um papel de complemento da renda familiar, bem como de iniciação de jovens, em Terras Altas ela é cada vez mais uma necessidade na garantia da sobrevivência do grupo – na medida em que o meio ambiente crescentemente degradado e o conseqüente acesso restrito a fontes de água têm inviabilizado a sobrevivência, tendo por base apenas a atividade agrícola de subsistência. O já citado deslocamento de parte da população para a cidade aumenta ainda mais a necessidade de renda monetária proveniente do trabalho dos migrantes. Dados sobre o índice de desenvolvimento humano do município (IDH-M) nos períodos de 1970 a 1991 (Fonte: PNDU/IPEA/FJP) ilustram a importância adquirida pela migração: em 1970, Terras Altas tinha IDH de 0,191, encontrando-se na pior situação do estado, e entre os 2% dos municípios com IDH mais baixo no país. Na década de 1970, quando, segundo informantes locais, se consolida a migração para o corte de cana no interior paulista, o IDH-M cresce 105,8%, passando para 0,393; já na década seguinte o crescimento é significativamente menor, de 5,9%. Embora estes índices sejam ainda expressões

42. Mesmo que se considere que a criação de distritos no município na década de 1990 faça com que a população antes considerada possuidora de moradia rural passe a urbana, o crescimento ainda assim é significativo na sede, pois esta passa de 11,9% da população total do município em 1991 para 16,9% em 2000 (Censos Demográficos).

de baixo desenvolvimento humano (IDH menor que 0,50), Terras Altas sobe dos 2% dos municípios com IDH mais baixo do Brasil para os 29% em 1980 e 25% em 1991. Também com relação aos índices específicos, o crescimento na década de 1970 é surpreendente (com exceção daqueles relacionados à questão educacional): 43,4% no IDH-Longevidade (para 5,2% na década seguinte), 706,8% no IDH-Renda (para queda de 20,8% na década seguinte). Quanto ao índice de condições de vida (ICV), os dados são semelhantes: crescimento de 52,7% entre 1970 e 1980, e de 19,1% entre 1980 e 1991; com ICV-Renda aumentando 103,0% na primeira década e caindo 7,5% na segunda. Na atualidade, as duas maiores fontes de renda monetária para os moradores do município são as aposentadorias especiais para trabalhadores rurais da região (sendo elas as responsáveis pela grande maioria dos mais de 1300 aposentados registrados no Posto de Seguro Social do INSS de Diamantina) e a migração.

Os pequenos produtores, ao contrário do que podem sugerir os dados censitários, não são autônomos: organizam-se em comunidades de parentesco, não havendo uma correspondência direta entre titulação da terra e aquele que a trabalha. Muitas vezes, as terras familiares encontram-se registradas em nome de um ascendente já falecido, o que possibilita uma maior flexibilidade na distribuição de parcelas entre os herdeiros. Flexibilidade esta fundamental quando se leva em conta a importância adquirida pela migração, e como ela implica em uma circulação constante entre herdeiros temporariamente migrantes e que permanecem na terra. Segundo Flávia Galizoni (2000), laços de parentesco definem direitos sobre a terra que existem independentemente da mobilização efetiva de tais direitos por um período ou não. É, portanto, possível que membros da comunidade migrem, passem períodos de duração variável fora e, ao retornarem, retomem suas atividades agrícolas na comunidade. O que é fundamental tanto na garantia à aposentadoria especial citada acima quanto no acesso a condições de vida mais dignas na maturidade – pois a baixa qualificação da mão-de-obra normalmente inviabiliza o trabalho assalariado a partir de uma idade mais avançada, e, principalmente nos casos de migração sazonal, também a aposentadoria por tempo de serviço.

Dados referentes a escolaridade podem fornecer uma idéia mais clara da qualificação inadequada da mão-de-obra mencionada. Os níveis são muito baixos para a comunidade como um todo. Segundo o Censo Demográfico 1991, 49,6% da população acima de 10 anos é sem instrução ou com menos de 1 ano; 33,7% tem de 1 a 3 anos de instrução e 20,8% de 4 a 7 anos. As estatísticas são ainda mais impressionantes quando considerados apenas os chefes de família:

70,0% não têm instrução ou menos de 1 ano, e 21,5% de 1 a 3 anos. Em certas comunidades rurais, a totalidade dos adultos é analfabeta ou semi-analfabeta. Há uma tendência a que o quadro tenha sofrido modificações nos últimos quinze anos, não apenas pela ampliação da rede escolar, mas também pelo aumento da qualificação do corpo docente. Este, no entanto, continua com qualificação insuficiente, e muitas vezes os anos de estudo não correspondem a uma formação escolar consolidada.

Os índices extremamente baixos de escolaridade têm conseqüências significativas também na ampla difusão de crenças mágicas no local – embora não se possa estabelecer uma relação direta entre escolaridade precária e crença na magia. Com isto não quero afirmar que esta última resulta da ignorância, e que o conhecimento das "reais" relações entre causa e efeito dilui as "superstições mágicas". No entanto, se pensamos na escola laica como uma forma de afirmação de um modelo específico de compreensão do mundo como se fosse o modelo legítimo – aquele baseado no mito da ciência –, podemos inferir que a propagação deste modelo leva a que se desvalorize qualquer outra explicação de mundo alternativa. Na verdade, ela se relaciona até mesmo com o argumento constantemente utilizado de que a magia consiste em uma "superstição" sustentada pela falta de conhecimento da dinâmica do real. Não fazer parte do processo laico de educação, portanto, não apenas provoca uma dificuldade de inserção no mercado de trabalho nacional, mas também abre mais espaço para a manutenção e fortalecimento de crenças condenáveis segundo a concepção "científica" de mundo – embora seja necessário reconhecer que, no Brasil e não apenas em Terras Altas, o processo de escolarização crescente não resultou em uma extinção das crenças mágicas, aceitas inclusive por parcelas da população com alto nível de escolaridade.

No contexto delineado acima, torna-se mais clara a afirmação anteriormente feita de que o estabelecimento de lealdades com os grupos políticos dominantes, responsáveis pelo controle da Prefeitura, possui conseqüências diretas no cotidiano, pois que representa a possibilidade de acesso a cargos assalariados: a principal fonte de emprego local é pública, com destaque para a esfera municipal (os funcionários públicos estaduais chegam a 176, enquanto os municipais a 396). Na medida em que a avaliação das qualificações específicas dos candidatos para a ocupação de algum cargo é realizada apenas quando obrigatória – o que tem ocorrido com maior freqüência nos últimos anos devido a leis administrativas recentes –, os critérios de contratação de funcionários são, sempre que possível, predominantemente pessoais. Como é necessário para o cidadão comum, a fim de garantir seu sustento e a possibilidade de não precisar migrar para trabalho em funções desvalorizadas em outros locais (situação definida como ideal), privar dos favores do poder público, a escolha dos candidatos se baseia nas promessas de favorecimento firmadas na véspera das eleições. Não há, portanto, nenhum critério ideológico para a escolha de candidatos; ao contrário, ela é claramente pragmática.[43] E precisa ser explicitada, pois é a explicitação que garante a legitimidade das reivindicações posteriores de favorecimento. A derrota, por sua vez, é uma derrota dupla: implica na desmoralização do derrotado por não ter sido capaz de avaliar corretamente qual o grupo mais forte e se aliar a ele, e a permanência na ociosidade ou migração por todo o período administrativo seguinte.

Esta estrutura de poder consolidou, ao longo dos últimos 40 anos, uma cisão da cidade em dois grupos políticos rivais, denominados "tampa" e "balaio". Os discursos e práticas de ambos são semelhantes, e a elite dominante em cada um deles é vinculada por laços de parentesco a seus opositores. Apesar disso, o vínculo dos moradores comuns a um dos dois grupos resulta na definição de um grupo de proximidade e outro de distância nas relações sociais cotidianas, bem como em uma rede de fofocas, perseguições e inveja. Hostilidades mantidas latentes na maior parte do tempo são legitimamente explicitadas nos períodos eleitorais. O fato de não haver critérios objetivos de distinção entre "tampa" e "balaio", ainda, torna difícil para os derrotados explicar sua derrota, e, como veremos depois em maiores detalhes, a mobilização de acusações de feitiçaria é uma forma de lidar com o poder do opositor denegrindo-o, e não precisando reconhecer efetivamente este poder – como também ocorre em outros contextos de disputa.

Até o princípio da década de 1990, havia uma alternância entre os dois grupos no controle da administração municipal que resultava em uma demissão em massa no início de cada mandato – abrangendo desde cargos de confiança até serviços desqualificados e mal remunerados como gari e lixeiro –, com a contratação seguinte dos aliados da facção vencedora. Na última década, contudo, a "tampa" conseguiu se firmar no poder durante três mandatos consecutivos, contribuindo para tanto a condição econômica privilegiada de sua elite e, principalmente, o uso da máquina administrativa municipal. Esta situação provocou

43. As reivindicações dos moradores rurais tendem a ser mais coletivas, e as comunidades, sob a orientação de um de seus membros que possui papel de liderança, normalmente se aliam a um grupo político específico. Já na cidade, os votos tendem a ser definidos ou de acordo com uma tradição familiar, ou tendo em vista o cálculo de benefícios individuais ou familiares diretos.

um desequilíbrio temporário entre os grupos rivais, corrigida nas últimas eleições pela vitória esmagadora do "balaio" – para o que contribuiu a cisão da "tampa" e a migração de parte de seus correligionários para o lado oposto.

Há, ainda, um último aspecto do perfil político a considerar: o predomínio de uma elite definida localmente como branca em uma cidade de predominância de população negra. Segundo os dados do Censo Demográfico 1991, 19,8% dos moradores do município são pretos, 65,3% pardos e apenas 14,5% brancos – mantendo uma distribuição racial semelhante àquela identificada no século XIX. Estes índices são muito superiores aos percentuais estaduais e regionais, e representam uma especificidade de Terras Altas regionalmente reconhecida (e utilizada como fator de estigmatização por parte dos municípios vizinhos, e mesmo de povoados do próprio município em relação à sede e entorno). Para exemplificar: em Minas Gerais o percentual de pretos era, na mesma época, de 6,7%, e o de pardos 41,6%; na Mesorregião de Capelinha (em que Terras Altas se insere), de 6,0% e 67,2%; na Microrregião de Capelinha, de 7,7% e 58,8%; e nos municípios com sede mais próxima, de 9,8% e 60,5% em um e 12,3% e 52,3% em outro. No entanto, à grande expressividade da população negra não corresponde, como poder-se-ia supor, uma representatividade adequada na esfera política: apesar da presença de alguns vereadores negros, a predominância dos brancos[44] no poder público é visível, e até o momento não houve nenhum prefeito negro. E, na medida em que o poder político é cada vez mais expressão do poder econômico, pode-se inferir que também a elite econômica de Terras Altas é definida como branca.

Não há como não identificar, na estrutura de poder acima delineada, as influências anteriormente descritas vinculadas à concepção de mundo vigente no período escravocrata – expressas até mesmo na manutenção de uma coincidência entre estratificação racial, social, política e econômica. Além disso, o não reconhecimento do trabalho como fonte de gratificação pessoal, a inexistência de avaliação segundo critérios explícitos e impessoais para o desempenho de qualquer ofício, a sobreposição dos poderes político e econômico e a subordinação dos cidadãos comuns aos grupos poderosos contribuem para que se constitua uma concepção de mundo em que o contexto social é visto como um conjunto de recursos escassos desigualmente distribuídos, aos quais se tem acesso através da superação do outro na hierarquia de poder e nas relações com

44. É importante ressaltar que aqui a categoria branco está sendo utilizada de acordo com sua definição local.

os poderosos, para o que utilizam-se todos os recursos disponíveis. Tal modelo está tão consolidado que situações que apontam para a possibilidade de ruptura do sistema de favorecimento pessoal levam a reações tanto da parte dos que mantêm seu lugar de poder quanto daqueles que se beneficiam dos favores políticos apenas para garantir sua sobrevivência. Todos são – e se percebem – como competidores e conseqüentemente como constantes alvos de inveja, que é dirigida com freqüência ao outro. Denegrir a imagem alheia é uma forma de garantir seu espaço na hierarquia social. É necessário não apenas tomar todas as atitudes possíveis – independentemente de avaliações morais – para subir, mas também inviabilizar – com qualquer tipo de recurso – que o outro o faça.

A crença na feitiçaria se adequa perfeitamente a esta estrutura de poder e concepção de mundo. Como ficará mais claro na segunda parte do texto, a convicção na existência de uma magia negativa potencialmente disponível aos inimigos contribui na percepção dos princípios que organizam a relação com o "outro" e na ameaça que ele representa. Além disso, a agressão mágica é um recurso extremamente atraente na luta desenfreada pelo rebaixamento do outro, pois que mobiliza forças poderosas e ao mesmo tempo sub-reptícias contra as quais é difícil lutar. Além disso, em uma sociedade em que a expressão aberta de conflitos é rejeitada (com exceção, como afirmei, dos períodos de disputa eleitoral), um modelo de ataque em que a ingenuidade da vítima é a principal arma do agressor, e em que as tensões não precisam e nem devem ser explicitadas – pois não há esfera pública de acusação –, possibilita a manutenção de uma aparente tranqüilidade sobre um ambiente repleto de tensões. Por outro lado, o argumento da feitiçaria fornece subsídios para a explicação do sucesso de um rival através do ataque a ele – na medida em que o uso de recursos mágicos é idealmente condenável –, e não do reconhecimento da própria incapacidade de alcançar seus objetivos; bem como para lidar com situações de poder idealmente impossíveis sem colocar em cheque a estrutura ideal – com destaque para as relações de gênero e feitiçarias amorosas.

Não se pode deixar de reconhecer, ainda, que a predominância de população negra influi de maneira decisiva na definição de Terras Altas como lugar de feiticeiros – mesmo que as crenças mágicas não sejam exclusivamente de origem negra. Na verdade, é difícil saber até que ponto a crença em feitiçaria contribui para a constituição desta estrutura das relações sociais, e até que ponto é resultado dela. Antes, porém, de explorar em maiores detalhes estas questões, passo, no capítulo seguinte, a considerar como os moradores locais concebem seu passado, e como interpretam o processo histórico descrito neste capítulo.

CAPÍTULO II

Memória local: o presente constituindo o passado

No capítulo anterior, ao abordarmos a história de Terras Altas a partir da bibliografia e dos documentos disponíveis, ressaltamos as dificuldades enfrentadas por serem esses registros escassos, além de apresentarem estado de conservação precário e estarem dispersos, muitas vezes, em casas de pessoas comuns ou locais em que sua consulta depende da anuência dos responsáveis (nem sempre fácil de obter). Neste capítulo, a reflexão em torno da maneira como esta história é interpretada pelos moradores locais também se mostra complexa devido a alguns fatores específicos: em primeiro lugar, a inexistência de relatos legitimados como oficiais da origem local, ou de pessoas a quem é atribuída responsabilidade de assumir, em nome da comunidade, a função de elaborar e divulgar tais relatos; depois, a presença de inúmeras lacunas na memória local – destacando-se a raridade de referências à África, apesar do grande contingente de população negra, e o hiato existente na memória do período entre a decadência da mineração aurífera e o início do século XX –; e, ainda, a forte influência de Dr. Sebastião,[45] um médico nordestino que morou na cidade por cerca de oito anos, se dedicava mais ao teatro e às manifestações populares locais que a sua profissão, era um grande "inventor de tradições" e teve influência forte e confusa na maneira como Terras Altas é interpretada tanto por seus habitantes quanto pela mídia estadual e nacional. No entanto, neste último caso, é importante ressaltar que, se esta influência foi decisiva na forma como se

45. De acordo com o que foi dito na Introdução, a maior parte dos nomes de pessoas e locais aqui empregados é fictícia. Os nomes somente serão mantidos quando não houver nenhum comprometimento para as pessoas, e mesmo assim não indicarei quando o faço ou não.

constrói o passado na atualidade, a maneira como ela se deu também diz muito sobre como os moradores de Terras Altas concebem as possibilidades de reconstrução de sua percepção do passado.

O contraste entre a "história oficial" e a memória é fundamental para a percepção do sentido que adquirem na atualidade os acontecimentos descritos no capítulo anterior, sua relevância na configuração da visão de mundo dos moradores locais e no modo de lidarem com influências externas como a mídia, a atuação do médico anteriormente citado ou o conhecimento histórico adquirido na escola ou através da leitura. Como argumenta Alessandro Portelli (1981, 1991), se a história oral – e aqui é importante lembrar que tratamos de uma comunidade em que a transmissão oral de conhecimento é predominante – possui limites com relação à reconstrução do passado, são exatamente estes limites que representam sua riqueza, pois é através dos deslocamentos com relação à "história oficial" que podemos perceber a maneira como se atribui sentido ao passado no presente. Em outras palavras, os silêncios, esquecimentos e mudanças que ocorrem nos relatos são tão significativos quanto as lembranças. Além disso, na medida em que não há um único discurso legitimado sobre o passado local, é também importante identificar quem são os sujeitos que constroem os relatos específicos, e em que sua posição sócio-econômica, educacional e racial contribui para a visão da história que explicitam.

A diversidade dos discursos de acordo com o lugar de fala dos sujeitos leva, ainda, ao reconhecimento das diferenças internas de Terras Altas. Justifica também a forma como se estrutura este capítulo, com a caracterização de vários dos narradores (sempre que for importante para a compreensão de suas falas) e a citação de trechos de entrevistas ou textos. Assim, o leitor terá tanto um quadro dos temas comuns aos discursos em geral e como são abordados, quanto a possibilidade de contrastá-los com as interpretações por mim propostas, buscando dar ao texto uma abertura a novas leituras resultante de um aumento de sua polifonia.

Pode-se observar, inicialmente, uma diferença significativa na interpretação do passado quando se considera os habitantes da zona urbana e os das comunidades negras da zona rural por mim estudadas. Com efeito, enquanto os primeiros, mesmo que de maneira diferenciada, refletem sobre o processo de colonização local e a presença da escravidão, para os segundos há como que uma continuidade do passado em relação ao presente, e a referência última é ao "tempo dos avós", que se distinguia do atual basicamente pelas diferenças climáticas (a grande incidência de chuvas, que garantiam uma fartura hoje inexistente) e pela maior agrura da vida (sem acesso aos "luxos" do mundo atual, tais como aposentadoria, produtos alimentícios industrializados, auxílio governamental, migração em grande escala, carro, estradas, em alguns casos eletricidade). Se há, portanto, uma oscilação entre a valorização e a desvalorização do passado, as mudanças são relativamente recentes: os antepassados sempre estiveram na terra, são nascidos lá, e adotavam um estilo de vida semelhante ao atual. Alguns relatos ilustram bem esta postura:

L: O senhor ouve contar como começou a comunidade dos Alves?

J: A comunidade aqui dos Arve foi começada com toda feculidade. Os mais véi plantano cana e mueno, abrino cova cum enxadão e pono a muda. Prá muê cana, muê ni engenho de pau, tocado a boi. Num usava engenho de ferro enquanto (incompreensível) e assim veio. Inté hoje num existe engenho de ferro, só tocado a boi.

L: E por que eles vieram aqui prá beira do rio?

J: Não já porque era nascido aqui... um mucado deles era nascido daqui. Nascido do lugar.

L: E eles plantavam mais era cana?

J: Plantava cana, mandioca... Milho, arroz, feijão... de um tudo que for de plantação eles plantava. E naquele tempo dessa feculidade tudo que eles plantava dava, porque chovia no normal.

L: Ah, sim! Quer dizer que a chuva diminuiu?

J: É, a chuva diminuiu... Agora dispois que a chuva diminuiu é que hoje nada tá conseguindo. Prá pessoa ter uma cova de cana tem que plantá já na bera do rio ali encostado na água.

L: Por que o senhor acha que a chuva diminuiu, seu Jonas?

J: Oh! Isso aí eu num posso contá, porque foi que diminuiu não. Sei que cinqüenta ano atrais a pessoa ia chupá uma cana, quando cortava o nó da cana, caía no chão... Chovia de certo jeito que uma pessoa passava no meio das estrada, pisava naquele nó de cana, virava uma tocera. Pelos mato, pelos carriadô lá... a senhora passava a mão, ia descascando a cana quano dava naquele nó a sinhora uletava... o mei... caía lá no chão. Passava ô ieu ô oto, vinha atrais, pisava naquele nó de cana ele fundava no chão de tão moiado. Pudia esperar a tocera. E hoje, prá senhora adquirir uma cova de cana prá ter prá chupar, já tem que plantá na bera do ri... Purisso a senhora vê, aqui no corgo ninguém tem. Num tem nem prá chupá.

L: E tinha?

J: Tinha. Prá trás, nesses arto tudo tinha cana prá modo de muê três, quatro mês nesse tal engenho de pau. Todo mundo vinha.

L: E com essa cana que moía fazia o quê?

J: Fazia rapadura, fazia açúcar... fazia isso só de rapadura, de oitenta caiga. Açuca é duzenta arroba de açuca. E hoje nada disso, disistiu tudo. Quase que essa menina aí... tá cum quinze, dizesseis ano, ela quase nem conhece o açuca feito desse modo. Só conhece esse açuca de fora.

L: E o senhor acha que o tempo antigo era melhor ou era pior?

J: Muito mió. O tempo era muito mió. De um tudo que plantava dava.

Este senhor, Seu Jonas, negro, analfabeto (como praticamente todos os demais habitantes adultos do local), de setenta e sete anos e que ocupa uma posição de destaque tanto financeiro quanto de liderança dentro dos Alves, reflete uma visão do passado comum não somente em sua comunidade, mas também nas demais comunidades negras da zona rural nas quais tive acesso ao discurso dos moradores sobre sua origem. Curiosamente, tanto a "ausência de origem" é aqui clara, como também se explicita a construção de um passado paradisíaco, em que o trabalho na lavoura não era necessário: a abundância de água fazia com que pisar em um nó de cana fosse o suficiente para ele brotar. Situação que contrasta fortemente com a atual, quando muitas vezes todo o trabalho na lavoura é perdido por causa da seca. Nesta perspectiva, o passado é um tempo de fartura que se contrapõe a uma carência atual. No entanto, esta não é a única memória explicitada. Quando se fala das condições de vida, a possibilidade de renda monetária e de acesso a bens industrializados e serviços públicos pode ser a marca de um tempo atual de facilidades em contraste com um anterior, de labuta. Na verdade, um mesmo sujeito pode apresentar os dois discursos, dependendo do contexto em que são elaborados: quando a referência é ao trabalho na roça, o que marca a visão do presente é a desvalorização; quando é ao consumo, a valorização. Acrescente-se que as mudanças climáticas, de acordo com Seu Jonas, são recentes, tendo ele mesmo conhecido a situação anterior. A profundidade da memória na zona rural não ultrapassa muito o tempo de vida do depoente, tudo que a antecede é o "tempo dos avós".

Voltando à questão das origens, cito dois outros trechos de entrevista com uma senhora de setenta e seis anos, Maria Preta, conhecida na cidade por cantar rezas na Sexta-feira da Paixão, e que atualmente mora com a família em São Paulo. No primeiro deles, ela fala da comunidade, e no segundo da origem das rezas que canta, estando presente em ambos a idéia de constância das comunidades rurais ao longo do tempo:

L: A senhora conhece alguma história de como começou Água Limpa?

M: Conheço não... Proque sei de jeito que é isso. Proque com tudo isso é de jeito

> que é preciso que a pessoa ser... ter muita idéia. Sim, prá mode de saber como é que começou lá o manicípio lá. Já tinha muitos mais velho, já somo dos mais novo. Aquela descendência mais velha, eu num arcancei. Com toda minha idade, né...
>
> L: Então a senhora nunca ouviu eles contar como é que foi que os mais velhos chegaram lá?
>
> M: Não, nunca vi não. Mas eu acho que lá eles já era quase nascença, quase tirado da nascença de lá, né? Tem vê uma família muito comprida, uma nação muito comprida que eles fala. Primero... dos mais velho que eu conheci lá foi Celina Rebero, Manoel Rebero, foi dos mais velho que eu conheci. Antônio Lope. No mais agora, lá vai sempre dos mais novo... Eu tou ficando no lugar das mais véia lá.

Quando eu lhe pergunto sobre as rezas que canta e qual sua origem, ela afirma:

> M: É da idéia do princípio do mundo, né? Só pode ser. Só pode ser do princípio do mundo, que Deus já foi pondo nas idéia do pessoal lá roceiro. Eu só acho que é, porque nos livro num tem. Às vezes Zuleica ou Zilda já alcançou algum livro que tem. Alguém já pode ter copiado, né?

Nestes trechos, percebe-se que há uma tendência a considerar a ordem do mundo como algo dado – por Deus – e imutável, sendo que as transformações do mundo atual se devem a fatores externos aos grupos locais e incontroláveis. A continuidade é, nesta visão, muito mais significativa que as mudanças, e estas muitas vezes (como no caso da seca crescente) são interpretadas como "sinal dos tempos" ou "castigo de Deus" devido a uma percepção das pessoas nos dias de hoje como menos religiosas, menos "tementes a Deus", recusando-se a respeitar as normas de comportamento por Ele estabelecidas. Não que não se identifique modificações do passado com relação ao presente, tanto na dinâmica da vida quanto nas crenças e valores, mas o discurso tem normalmente ênfase conservadora. É, ainda, relevante perceber como a origem escrava dos antepassados é ignorada – fato significativo frente à concepção local da escravidão como a situação degradante por excelência, em que os cativos eram considerados como animais. Na verdade, a senhora acima citada aborda o cativeiro em suas entrevistas, mas este não se vincula nem à origem de sua comunidade nem mesmo, necessariamente, aos negros, expressando sim uma relação de trabalho exploratória. Estes aspectos serão melhor abordados posteriormente.

Se não é possível estabelecer uma linha divisória clara entre os discursos dos moradores rurais e urbanos – pois boa parte dos moradores da cidade foram nascidos e criados na zona rural e, além disso, aspectos do discurso acima descrito estão presentes nos relatos em geral –, identifica-se, entretanto, uma maior complexidade na memória dos moradores urbanos com relação à origem e história locais, na medida em que registram maior número de eventos e os relacionam de maneiras diversas e muitas vezes inusitadas – para o que também contribui a escolaridade mais alta e contato mais intenso com meios de comunicação de massa e agentes externos de influência. Embora não haja uma memória padronizada definida como legítima, e os relatos variem de acordo com a posição sócio-educacional e racial dos narradores, alguns temas são recorrentes, fornecendo o eixo a partir do qual os acontecimentos do passado são pensados. São eles que orientarão a reflexão a seguir, destacando-se: a exploração aurífera, a escravidão negra e a idéia de relativa autonomia dos negros (ao que se vincula a definição do local como remanescente de quilombo), a presença de população negra na atualidade e sua influência nos costumes locais, a magia e sua relação com a negritude, a religiosidade.[46]

Antes de passar à análise específica de cada um deles, é importante salientar que não há como estabelecer uma distinção clara entre estes temas, pois normalmente eles aparecem imbricados no discurso. Também não há uma separação nítida entre os relatos orais e os textos localmente produzidos sobre o passado. Principalmente no segundo caso, fontes oficiais de informação se conjugam a interpretações muito particulares destas fontes, com resultados bizarros, como é o caso do trecho inicial de uma pasta intitulada "História de [Terras Altas]", que se apropria de trechos de textos publicados pela Fundação João Pinheiro (a cópia desses textos é parte do conteúdo da pasta), mas faz uma interpretação bem livre dos trechos apropriados e os conjuga a teorias elaboradas por Dr. Sebastião. Apenas como ilustração:

> Origem de [Terras Altas]
>
> A localidade denominada [Terras Altas] surgiu em decorrência direta da exploração de ouro à margem esquerda do Rio Capivari. Segundo PIZARRO e ARAÚJO, dois povoados denominados P. e I. se formaram por volta de 17... quando se repartiu o Ribeirão do Bom Sucesso [...] deram origem a [Terras Altas].
>
> Com a escassês das lavras de Minas Novas, faltou comida para os brancos, conseqüentemente o negro que a aquela altura estava relegado a um plano inferior, para ele faltava tudo mais.
>
> De par com a falta de alimentos e o trabalho cativo, a imprudência dos capitões do mato, exigia dessa raça mais do que prometia a força humana. Não suportando a pesados encargos, face à decadência que acima citamos, os pretos fugiam desta situação e se organizavam em Bandeiras ou Quilômbos. Esses agrupamentos

46. Estes dois últimos temas serão melhor desenvolvidos na segunda parte deste trabalho.

> se estabeleceram nas localidades: Bandeira Grande, Bandeirinha e Macuco.
>
> As ordens reais determinaram conseqüente a rigorosa fiscalização, o que obrigou os pretos a continuar a marcha em busca da liberdade e foi assim que chegaram ao ARRAIAL DE [SANTA LUZIA DAS TERRAS ALTAS], que já era habitada por uma tribo de índios CURUTUBA.
>
> O Arraial de [Santa Luzia das Terras Altas] foi fundado pelo bandeirante paulista SEBASTIÃO LEME DO PRADO em 1728. Depois de algum tempo mudaram o nome deste Arraial para VILA DE [TERRAS ALTAS]. Aqui residia o Padre [MONSENHOR MESSIAS], este mudou o nome, passando a chamar VILA DE [SANTA LUZIA DAS TERRAS ALTAS], deixando assim SANTA LUZIA como padroeira do lugar e esta festa acontece até hoje no dia...

Este trecho é exemplar de como as fontes escritas são reelaboradas a fim de expressarem os vários temas localmente significativos com referência à origem do povoado. Com efeito, se o texto começa com uma cópia fiel das primeiras linhas de uma publicação da Fundação João Pinheiro, já no segundo parágrafo a fidelidade é deixada de lado. À origem vinculada à exploração aurífera alia-se aquela vinculada à resistência dos negros de Minas Novas, a ponto de bandeira e quilombo serem tomados como sinônimos. Também aparece a imagem da escravidão como degradação por excelência do negro, com este sendo submetido a condições de trabalho sub-humanas e uma situação de carência insuportável. Não são os negros, ainda, que fundam o povoado, e sim o bandeirante Sebastião Leme do Prado, no entanto afirma-se logo antes que eles chegam ao arraial em busca de liberdade e lá encontram como habitantes nativos os índios Curutubas (ao que tudo indica, uma criação do Dr. Sebastião, vindo a ser a denominação de seu grupo teatral). Por fim, a autoridade que dá nome ao arraial (nome este já instituído no século XVIII) é um pároco que lá morou mais de quarenta anos, do final do século XIX ao início do XX.

Uma miscelânea semelhante com relação ao papel de negros e brancos na origem de Terras Altas, que reflete a relevância atribuída à exploração aurífera, ao modelo escravocrata e à resistência dos negros, bem como a dificuldade de conjugar os três temas de maneira coerente, aparece na fala de uma senhora de sessenta anos, D. Bia, que já foi professora e diretora de escola e festeira de Nossa Senhora do Rosário:

> B: ... Então os portugueses que foram os verdadeiros colonizadores, inclusive [Terras Altas], que os primeiros habitantes foram os quilombos, os negros fugidos das minas de Minas Novas. Aí os portugueses vieram que fundou Minas Novas, veio chegando para [Terras Altas]. E aí com o crescimento da população fez um

pedido a D. Pedro, à rainha D. Maria I, para criar, deixar construir a Igreja do Rosário. Construiu. Aí ela deu a imagem. Depois da imagem D. Maria I deu aquele rosário de ouro e a coroa de ouro. E tem lá no livro o documento assinado por D. Pedro autorizando fazer a Igreja, fazer a Festa, com o Mastro a Cavalo, com todas as honras da Corte. Então as honras daquele Mastro é originário da Corte Portuguesa, portugueses que eram os verdadeiros colonizadores, junto com os negros. Aí a imagem, pega a imagem e leva lá no corregozinho do Paiol, lá coloca a imagem, os negro ia lá, trazia, fazia a lavagem da Igreja, que é na Quinta-Feira do Angu, que era feita só pelos negros. Não entrava os brancos não, só entrava os negros. E aí os negros é que fazia aquela festa. A Irmandade era toda preta, só gente pretinha, não entrava branco, só gente preta. E, só o Mastro que era só branco. O Mastro não tinha gente preta não...

Aqui, se os negros são os primeiros habitantes, eles são seguidos pelos portugueses, os "verdadeiros colonizadores", e contam com a proteção da Coroa, que presenteia a comunidade e permite a realização de sua grande festa. Esta, por sua vez, é uma festa de negros, mas um dos seus principais eventos, aquele que atrai gente da região e é tido como específico da cidade, era monopolizado pelos brancos e se realizava "com todas as honras da Corte". Novamente as relações de poder e precedência de negros e brancos é ambígua.

Como veremos a seguir, embora esta ambigüidade quanto ao papel de negros e brancos na colonização de Terras Altas, bem como de suas relações na atualidade, seja uma constante, nem todos os relatos apresentam o grau de embaralhamento e vinculação de eventos díspares dos dois já citados. Aparentemente, esta mistura aumenta quando os narradores tentam conciliar os discursos tradicionais com informações provenientes de outras fontes. Além disso, se os temas significativos estão estreitamente vinculados, há a possibilidade de distingui-los, o que contribui para a melhor compreensão da forma de abordagem local de cada um deles.

I. Terras Altas: a cidade pobre que tem ouro até no pó da rua

Um dos temas mais comuns quando se fala sobre a história de Terras Altas, presente desde as primeiras conversas que tive com seus moradores, é a extração aurífera, a importância que teve no passado e a existência de ouro na cidade ainda nos dias de hoje. A mineração é uma das atividades a que é atribuída a colonização local (havendo, neste caso, uma coincidência entre história e memória), como pode ser percebido no texto anteriormente citado, e, mesmo nos casos em que não é diretamente vinculada à formação do povoado, ela é geralmente relacionada a esta de maneira indireta – pois os negros que fogem de Minas Novas devido aos maus tratos são para lá trazidos tendo em vista o trabalho nas minas da cidade próxima, ou aqueles que fundam Terras Altas envolvem-se logo depois com o garimpo. Há, entretanto, uma gama de possibilidades de enfoque desta atividade, com atribuição de importância diferenciada na origem do lugar. A abordagem clássica aparece em trecho de entrevista com Seu Geraldo, um senhor negro de grande destaque na comunidade, que foi criado, juntamente com toda sua família, por um padre também negro que viveu cerca de vinte e cinco anos em Terras Altas. Ele foi policial oito anos em São Paulo, relojoeiro, motorista, vereador, secretário da Irmandade de Nossa Senhora do Rosário e assessor do prefeito. Embora com pequena instrução formal – completou apenas a quarta série primária –, Seu Geraldo sobressai na comunidade por sua ilustração e interesse na história da cidade. Segundo ele:

> G: [Terras Altas] já nasceu... proveniente do ouro aqui explorado. Já pelos portugueses, que vinham trazendo bastante escravos, por aqui eles viam que dava bastante ouro, então por aqui eles ficaram. Muitos deles. E começaram a explorar, e daqui saiu foi muito, muitas grandes riquezas para Portugal. As marcas estão aqui em volta de [Terras Altas], e são crateras e buracos feitos ainda pela escavação do ouro, a lavação do ouro, que era intensa aqui pelos escravos. Com essa lavação de ouro foi se crescendo, aí os portugueses foi se misturando a raça... e hoje então está uma cidade ainda que a maioria são negros, mas já tem uma grande mistura com todas as cores. E assim formou-se a população de [Terras Altas].

Se, neste trecho, não encontramos maior distância com relação à história oficial, ele já nos indica alguns aspectos importantes. Primeiro, quando a referência é ao período inicial do povoamento, em geral a reflexão em torno do ouro está ligada à escravidão; sendo assim, essa atividade não somente gerou grandes riquezas para a metrópole, mas também contribuiu de maneira decisiva para a formação do perfil atual da população de Terras Altas. A partir da mineração ocorre também a miscigenação racial, dando origem a uma sociedade que é composta essencialmente por negros, e em que mesmo nas famílias brancas a presença do negro não pode ser negada – sendo este, e não a recusa à legitimidade da discriminação racial, um dos principais argumentos mobilizados por moradores locais para negar a existência de racismo na cidade: afinal, como os negros poderiam ser discriminados se todas as famílias possuem indivíduos negros entre seus membros?

A exploração aurífera não aparece, contudo, apenas relacionada a uma história remota, mas remete também a acontecimentos mais recentes e até mesmo à atualidade, contribuindo para a maneira como é concebida a aparente pobreza local, que, como o título deste item indica, tem por contraponto uma riqueza oculta. Mesmo tendo a mineração deixado, há muito, de constituir a principal atividade econômica regional, para os habitantes de Terras Altas a riqueza de seu solo não se esgotou. Dona Rosa, uma senhora de mais de oitenta anos, de elite, branca, que terminou o segundo grau e foi professora e diretora da escola estadual da sede do município, ao responder uma pergunta sobre ouro, faz referência não a um passado distante, mas à época de sua infância, e seu relato se prolonga até os dias atuais:

L: Eles tiravam muito ouro aqui?

R: Ah, meu Deus do Céu! Ouro, menina, uma vez eu fui com minha mãe, meu pai tinha um sítio, e então nós íamos de vez em quando. Mas ia de pé mesmo. Então choveu bastante. Aliás, minha mãe veio aqui fazer um biscoito, que lá não tinha forno. E nós duas viemos fazer o biscoito. Tinha chovido, tudo limpinho, aquela água de enxurrada limpa, eu panhava uma coisinha no chão e falava assim: "Oh, mãe, achei um pedaço de ouro!". Ela falava assim: "Uai, guarda, quando a gente acha ouro a gente guarda". E eu punha assim na beirinha da roupa. Quando chegava lá na frente, "Oh, mãe, agora eu achei, achei!", "Põe, guarda". Quando eu cheguei lá, não é que tinha um pedacinho de ouro deveras? Achava, filha, ouro aqui era... bobagem. Ainda deve ter.

L: Eles contam uma vez que teve uma lavra que desabou, não foi?

R: Foi. Essa foi bem mais prá cá. Tem muitos anos mas não é tão remoto não. Mas a gente achava ouro, achava pedaço de ouro. A dona um dia chegou aqui, me contou que ela veio... eu perguntei se ela tinha vindo a cavalo e ela disse: "Vim, e vim com muita pressa porque eu deixei a panela de feijão no fogo e tive que vim comprar o toucinho porque num tinha. Que tem camarada trabalhando, e camarada fica assim complicado, trabalhando, então eu precisava do toucinho". E então me contou que ela veio, depois que ela me contou, no outro dia. Ela veio amontada. Ela diz que quando passou ela viu assim no barranco dum lado da estrada, que ela viu uma coisa parecendo um bagaço de cana. Então ela veio buscar seu toucinho dela, não pôde parar para olhar. Na ida ela diz que o olho bateu lá no tal lugar. Ela falou assim: "Gente, mas quê que é aquilo, aquele negócio ali que eu tô já... Pois eu vou apiá e vou olhar". Ouro! Igual um bagaço de cana. Tinha ouro demais. E tem aqui. Eu ia prá aula e achava na rua.

L: Quando não era calçado?

R: Calçamento foi que atrapalhou tudo. Muito ouro. [Terras Altas] é rica.

A pobreza aparente é, portanto, uma riqueza camuflada. Por baixo do calçamento, o ouro. Escondido sob a poeira e revelado após a chuva, o ouro.

Em uma conversa na Igreja do Rosário, em dia de Festa, sobre o tema, o Procurador da Irmandade afirma que até mesmo nas paredes de adobe da Igreja, feitas com a terra do lugar, há ouro, e que em uma ocasião em que um pedaço de uma delas desabou, nela puderam encontrar uma pepita. À imagem do "Vale da Miséria" abordada no primeiro capítulo, os habitantes da cidade contrapõem a da "cidade pobre que tem ouro até no pó da rua".

A riqueza, contudo, deve ser descoberta assim como a senhora que viu o "bagaço de cana" no barranco: por acaso e sem ambição desmedida. O ouro não deve ser buscado com avidez, pois as conseqüências podem ser funestas. Se o garimpo é uma forma de complementação de renda de parte das comunidades camponesas, ele não deve ser a principal atividade econômica, pois a opulência dele resultante é efêmera e perigosa. São várias as estórias sobre pessoas que encontraram alguns dos potes de ouro enterrados por escravos no período minerador e enlouqueceram frente a tamanha riqueza. Acrescente-se que tais potes foram achados por acaso, e embora exista a crença de que vários deles ainda estão sob o solo em lugares aleatórios, não há qualquer movimento efetivo no sentido de identificar tais lugares.

A lenda da "Mãe do Ouro" reforça esta concepção dos limites a que a exploração mineradora deve estar sujeita a fim de não representar um risco para os envolvidos nela. Segundo esta lenda, a "Mãe do Ouro" habita nas minas, e sempre que uma exploração desenfreada ameaça atingir sua morada, ela foge correndo para o interior do solo, o que resulta em desbarrancamento e eventual soterramento daqueles que a ameaçaram. Esta seria uma das explicações para um acontecimento recente – ocorrido nos últimos cinqüenta anos – em uma mina próxima à cidade, em que a exploração desordenada provocou a queda das encostas e a morte de várias pessoas que lá se encontravam. Mesmo nos relatos em que a "Mãe do Ouro" não é mencionada, fica claro como o acontecimento na mina dos batatais é um exemplo dos males a que pode ser submetido quem busca o ouro de forma desmedida, como ocorre no seguinte trecho de entrevista de Seu Geraldo:

> G: Há poucos anos, aqui já é do meu conhecimento, foi descoberto uma pequena lavra num córrego por nome Mauaí, e estava uma exploração gigante de ouro lá. Eles no cavar a terra estava caindo pepitas de ouro. Então... a ganância do ouro é muito grande, e aconteceu. Aconteceu que tinha turmas de [Terras Altas] daqui de dentro da rua também lá trabalhando. E o que aconteceu quando soubemos a notícia foi um moço chegando dando a notícia que tinha barranco quebrado e entupido muita gente debaixo do chão. Então eu e várias pessoas saímos correndo e fomos até lá. São seis quilômetros daqui lá. Chegando lá encontramos mesmo de fato, o barranco muito grande tampou as catas do trabalho, matou muita gente lá debaixo. Nesse dia

> tiraram treze cadáveres de lá, inclusive duas mulher grávidas, muita gente morta. Inclusive nesse dia tinha um moço vivo dentro de uma cata, lá no fundo, pedindo para tirar ele. E eu ajudei a cavar muito para ver se salvava ele, e não salvamos. Ele foi ficando, pedindo, e a gente cavando terra lá, mas o barranco que tava acima dele tinha mais de quatro ou cinco metros de terra. Enfiamos uma vara descendo em frente onde ele estava. Ele falou: "Eu estou vendo a vara aqui. Está passando em frente onde eu estou. Só não posso pegar ela que o barranco prendeu meus dois braços. Oh, gente, trabalha, me tira!". E a gente trabalhando, pelejando, muito homem, todo mundo pelejando, mas eu creio que só se fosse um lugar de rodagem que pudesse assim ter recurso de levar uma máquina que pudesse mandar ar prá ele lá embaixo, não é? Aí ele viveria, guentar esperar até descobrir as coisas. Mas por cima dele tirou um... acho que uns seis cadáveres, que estava em cima dele ainda, assim. De acordo tirava um cadáver descia um bocado de terra, caía em frente ele, ele respirando aquele pó. Aí com o correr do tempo nós escutamos ele roncando lá embaixo. Antes dele morrer desistimos a procurar a retirada dele, aí todos juntos falou: "Não tem jeito mais não, ele vai morrer mesmo, ninguém vai dar conta de tirar", e deixou ele morrer lá. Isso eu assisti, isso eu ajudei, isso tem poucos anos. Não poucos demais, já tem mais de quinze anos. Não, Vixe Maria, trinta anos. Trinta? Não, deve ter quase quarenta anos.

Neste depoimento, podemos perceber como o castigo não poupa aqueles que abusam da ganância, e os dados são aqui expressivos: treze cadáveres (sendo treze um número que de acordo com as crenças populares tem um significado funesto), havendo entre eles duas mulheres grávidas (pessoas que representariam uma situação de fragilidade e com pouca probabilidade de se seduzir pelo brilho do ouro, mas que, como o fizeram, não foram poupadas). A trágica história do homem que foi soterrado vivo e morreu aos poucos, sem que o socorro pudesse fazer nada por ele, fecha de maneira marcante o relato, reforçando a dureza e a crueldade do castigo a que foi sujeito. Em outras falas, é possível mesmo perceber como a ambição desmedida se vincula a uma postura de afastamento das "leis de Deus", sendo diretamente punida por ele. A interpretação dada ao acontecimento na pasta "História de [Terras Altas]", narrada por uma senhora de 86 anos, aponta diretamente neste sentido:

> Dizem que eles tava tirando ouro como nunca, pedaços de mais de um quilo. Tinha gente, minha Nossa Senhora, eu fui lá uma vez mais comadre Laura, a finada Jacinta, nós não teve licença de chegar perto, porque tava assim de povo. A lavra era grande e o povo tava tirando muito ouro. Foi coisa que eles não tava nem conhecendo mais Deus, só queria saber do ouro. Dizem que já achava os pedaços de ouro no quebrar do cascalho. Foi essa lavra que matou muita gente. Dizem que tava pertinho da paixão e o povo não tava lembrando de Deus. Na Semana Santa, eles trabaiando direto. Só pensava no ouro.

> Dizem que o padre passou lá, não sei certo se foi o padre João, eles deu vaia no padre, e o padre voltou prá trás, não quis seguir não. Passou a paixão, na outra semana que aconteceu a morte.

Os sinais da descrença e desrespeito às leis divinas são inúmeros: a ganância desmedida, a recusa em partilhar a riqueza com todos, o trabalho durante a Semana Santa, a vaia no padre. Mas não se pode impunemente ofender a Deus, e a morte dos ofensores ocorre na semana seguinte à Sexta-Feira da Paixão. Já a narradora, ao contar como foi até lá e não conseguiu entrar, demonstra sua distinção com relação aos demais: "Nós foi lá, mais eles não deixou nós lavrar lá. Nós vamo no córrego mesmo que Deus dá, nós acha nosso pedacinho de ouro também". Pela recusa ao conflito e à ganância e conformidade com a situação estabelecida, pelo reconhecimento da justiça divina e como ela atende a todos, a narradora e suas companheiras poupam a própria vida.

Caso semelhante, embora com punição menos trágica, é o da máquina de bombeamento de água do rio Capivari para extração de ouro no córrego Misericórdia, que, segundo contam, foi levada no período da escravidão até a beira do rio, por juntas de bois, e que, devido à fala do encarregado no momento em que bombeou a primeira quantidade de água de que "Deus queira ou não queira, a água já está aqui", nunca mais funcionou e hoje se encontra em abandono. Aqui, alguns aspectos são relevantes: primeiro, o que teria sido potencialmente um local de mineração e estabelecimento de relações de trabalho desiguais e de exploração dos negros passa a ser, como resultado da ação do encarregado, uma comunidade negra baseada na agricultura de subsistência; depois, é o representante dos brancos que desafia o poder divino, enquanto os negros, apesar das aparências, são os verdadeiramente devotos. O tema da devoção negra privilegiada retorna em vários outros contextos que abordaremos posteriormente, como, por exemplo, o da lenda do encontro da imagem de Nossa Senhora do Rosário no rio, o do texto e da representação do Mastro a Cavalo na festa em homenagem a esta santa, o da história da Moça Santa.

Uma reza cantada por Maria Preta também reforça a relação entre ganância e afastamento dos preceitos divinos, ressaltando a necessidade de que o crente se conforme com a ordem sócio-econômica estabelecida por Deus e se desvie das tentações a que está sujeito ao "influir na riqueza", pois "esse mundo é traidoso" e nele "num ai doração":

> Bendito seja feliz
> Quem com a fortuna nasceu
> Vivo muito sastifeita

Pela vontade de Deus
Vivo muito sastifeita
Pela vontade de Deus

Muitos querem ser feliz
Influindo na riqueza
Mas de lá vem o Juízo
Que esse mundo não ai firmeza

Se firmeza pode ter
Ele é um filho, ele é um cristão
Esse mundo é traidoso
E ele num ai doração
Esse mundo é traidoso
E ele num ai doração

Quandi chama por Jesus
Chama com toda alegria
Vive e santo e os pecador
Louva a Jesus e Maria

Louva a Jesus e Maria
Lá naquele santo bem
Padre, Filho, Espírito Santo
Para todo o sempre amém
Padre, Filho, Espírito Santo
Para todo o sempre amém.

Além disso, o sucesso no garimpo, ao contrário do que ocorre na agricultura, é arbitrário. Se no segundo caso o trabalho árduo pode não ser recompensado devido a problemas climáticos, de qualquer forma é impossível obter bons resultados sem realizá-lo. Já no primeiro não há qualquer lógica definidora do bom êxito do empreendimento, não há justiça. O único fator relevante é a sorte (ou a vontade divina[47]). E, aqui, podemos pensar em um aspecto muito presente

---

47. Com relação a este aspecto, uma longa história contada por Seu Agostinho, que cito por seu valor etnográfico, demonstra como o ouro não traz a riqueza absoluta (ele é pobre), mas pode ser uma recompensa pela fé em Deus, humildade e dedicação à família:

"A: Teve uma casião, eu era casado, casado de novo com essa véia. Que essa véia num é daqui não, ela é filha de Berilo. E eu era rapazim novo, que quando eu casei com ela eu tava com dezoito ano. Eu morava nessa casa aqui. Mais meu pai, minha mãe. Quando chegô uma artura, eu peguei e casei com ela. E eu, essa menina, casei, eu tava devendo umas continha

na visão de mundo dos moradores da cidade que não se dedicam a uma atividade

---

aqui dentro de [Terras Altas]. Essa época, nós garimpava, que nós arrumava dinheiro era garim... lavando areia pros rio prá podê arrumá aquele trocado de cumê. Eu tinha comprado um par de calçado aqui na rua. De Maria, sim, irmã desse Vicente de Antonico.

C: Já morreu.

A: Sim, já morreu. Ela já morreu. E Maria irmã de Vicente de Antonico.

C: Rosarinha.

A: Rosarinha. Né Maria não. Rosarinha. Tinha comprado um par de calçado na mão dela. Por dezoito real. Dezoito mil réis. Aí, essa menina, que que aconteceu... quando eu casei, eu morava numa casinha de barro, desgramou cobrar de mim esses dezoito mil réis. E eu sem jeito, eu ficava com vergonha da velha. Casadinho de novo, eu ficava com vergonha da mulher. Se eu ia trabalhar areia, aí no Capivari, prá ver que eu arrumava o dinheiro prá pagar ela... o dinheiro, que eu tava sem condição. Eu tinha as otras coisa mais num tinha o dinheiro. Aí essa menina, vai eu prá lá, e quando eu chegava todo dia dentro de casa, eu chegando a véia: "Aqui um bilhete que fulana mandô procê". E eu ficava com minha cabeça quente, falava assim: "Ô, minha Nossa Senhora, que que eu vô fazê, meu Deus, prá mode eu pagá essa mulhé? Que jeito que eu vô dá prá mim pagá essa mulhé?". Eu garimpava muito. E eu era muito feliz prá tirá ouro, era muito de sorte prá ouro. Quando foi um dia eu saí lá de casa que minhas ferramenta deu trabalhá areia já ficava escondida no mato, que eu já num trazia minhas ferramenta prá casa não. Minha alebanca, meu guinchê(?), minha bateia, tudo ficava no mato, lá escondido. Mas um dia, levantei... esse dia eu lá saí até em jejum. E aqui tem um buraco, no Córrego do Carrapato que ocê num conhece, tem um buraco. Cheguei lá, subi lá prá cabeceira lá do buraco, carregando uma distância como aqui prá ir lavá o cascalho como lá no Capivari. Eu fui carregando, quando chegou numa artura eu falei assim: "Ô minha Nossa Senhora da Lapa, vós me fazei, me dá uma esmola, que pagá fulana de tal... tal como agora no fim do ano, né... sim, prá mim pagá fulana de tal, inhantes de vencê o ano, da esmola que vós me dá, Nossa Senhora da Lapa, eu tiro cinco mil réis no dia da festa de vós, e vou lá levar e colocar lá nos pé de vós". Aí, essa menina, eu fiz o premero rogativo, e subi, fui lá, cavacando cascalho, cavaquei, enchi a bateia, joguei nas costa e desci... e lá tinha uma cachoeira dessa posição assim. Mas eu desconhecia, assim pro lado e desci. Aí, essa menina, eu subi fazendo rogativo: "Ô, minha morena, vós tem dó de mim, minha Nossa Senhora da Lapa, sim, vós me põe uns orinho na mão prá mode eu pagá aquela, aquela... que ela tá em tempo de me matá, e eu tou em tempo de morrê de vergonha". Duas vez. Quando foi na... que eu fiz o rogativo três veiz, quando foi na última vez que eu subi, fazendo o mesmo rogativo prá Nossa Senhora da Lapa, quando eu cheguei lá dentro daquele gato (?), eu tou cavacando até com um trincheiro que Seu Moisés tinha me dado, um trincheiro desse negócio de carteira de menino pô o pé, sentá, que usava antigamente. Eu tou lá, tou cavacando, enchendo minha bateia, quando chegou uma altura eu tou lá cavacando eu vi pontou um fiozim de ouro dessa posição. Aí eu assim falei ô gente, eu reparei assim bem, eu olhei, falei assim: "Ô gente, isso é um fiozim de ouro, sim". Aí quando eu meti o trincheiro, que eu fiz força ele num quis rancá não. Ele num saiu do local não. Ficou colado no local. Eu ainda falei assim: "Ele é gran... esse fio de ouro é grande. É isso mesmo, sim, como é que ele tá duro desse jeito". Aí eu cavaquei a roda do fio de ouro, quandi eu cavaquei, cavaquei, quandi, pegou, chegou uma altura já tinha furado a roda dele desse tanto assim, ele pegou caiu dentro sequinho. Quando eu peguei, ele caiu grudado numa lapa, quando eu limpei ele eu vou

autônoma (agropecuária ou comercial), e que se vinculam a algum tipo de emprego privado ou, principalmente, público: o empenho na realização de seu

---

falar concês, que ele era um toco de ouro assim. Era um pedaço de ouro bonito, só cê vendo. Eu quase morri de alegria. Eu limpei esse pedaço de ouro todo, essa menina, aí cuspi ele todo, eu tava com um lenço na algibeira, marrei ele no lenço e pus ele assim. Em tempo deu morrê. Aí onde é que esse pedaço de ouro tava colocado, só o ouro da bateiada que eu tirei ela deu meia oitava de ouro. Eu vim, cheguei lá em casa, inda tinha pai e mãe, sim, que eu era muito constante prá meu pai mais minha mãe, que eu num fazia nada sem num tomá participa com eles, tudo que eu ia fazê eu vinha aqui em casa, eu era casado, tomava opinião deles, que eles aceitasse, eu cumpria, que eles num aceitasse, eu num cumpria. Aí eu cheguei mostrei a véia: "Oh, aqui, Conceição, hoje, Nossa Senhora da Lapa, espia, o milagre que ela fez por nós". Aí essa Conceição, eu cheguei ela tinha me dado café, aí cum poca dúvida eu tomei o café e subi praqui, praqui prá casá. Cheguei aqui falei: "Ô, pai, oh, espia o milagre que Nossa Senhora da Lapa e Deus ajudô. Só Deus quem sabe de que jeito que eu tou". Ele ouviu, falou assim: "Ô, Agostinho, num é nada não, é os 'Deus te ajuda' que eu mais a véia dá ocê". Era de veras, tudo que eu dava eles falava assim: "Agostinho, nunca deve de fartá na sua mão. Que fartasse hoje, amenhã ocê arcança na sua mão". E é verdade, até hoje. Se eu tiver necessidade de uma coisa hoje num precisa deu esquentar a cabeça. Quando for amenhã aquilo vem nas minha mão, é desse jeito assim. Quando deu de noite, todo dia de noite eu mais essa véia ia lá prá casa de Seu Moisés, nós ia lá, ficar lá...

C: É o senhor que me criou...

A: Sim. Lá ondé que ela criou. Lá eu ficava conversando com Seu Moisés, o isso, Geraldo, Dona Nenzinha, comadre Rosa, fazia aquele fervoro lá. Aí, falei: "Quando for mais, que aqui tem muita gente, quando for mais tarde quero que cê pesa um fiozim de ouro prá mim". Ele falou: "Pois sim, Agostinho". Aí eu entrei prá lá, prá gente conversá lá mais ele dentro, Quando chegou uma altura ele me chamou, falou assim: "Ô, Agostinho, eu já vou embora, cê disse que era prá mim pesá um ouro procê". Aí, essa menina, quandi eu entrei lá prá dentro, que nisso bateu na balança, esse pedaço de ouro, só ele só, afora o otro fino que eu tava com ele, deu sete oitava. Essa época era muito dinheiro. Sete oitava de ouro. O otro fino que eu tava com ele por tudo completou oito oitava de ouro. Agora fala comigo quanto que essas oito oitava deu. Quanto é de dinheiro que deu.

L: Quanto?

A: Deu quinhentos e trinta reais.

(risos)

A: Quinhentos e trinta mil réis.

C: E se fosse hoje...

A: Ô quinhentos e trinta mil réis. Vou falar concê. Esses quinhentos e trinta mil réis, Virge Nossa Senhora, emprestava os otro dinheiro, eu mexia com esse dinheiro, paguei tudo que eu tava devendo, paguei prá todo mundo e sobrou dinheiro prá mim, eu emprestava os otro, e era tudo quanto há, era isso mesmo. Mexi com esse dinheiro tempo.

L: E o senhor levou o dinheiro em Nossa Senhora da Lapa?

A: Levei. Quando foi prá festa eu fui lá, levei os cinco mil réis e coloquei lá nos pé de Nossa Senhora da Lapa. É isso mesmo. E mexi com esse dinheiro oh, tempo. Tempo mexendo com esse dinheiro".

trabalho é inútil, pois a recompensa independe desse empenho (mas sim de sorte e de favores) e não é uma forma reconhecida de realização pessoal. Para a formação desta concepção contribui não apenas a arbitrariedade característica do garimpo, mas também, e talvez com maior relevância, a memória da escravidão, em que o trabalho é sempre um castigo que resulta no benefício de um outro, detentor do controle sobre as atividades, o corpo e até mesmo a vida do escravo, como ficará claro no próximo item.

II. A crueldade da escravidão: negros como animais

Como vimos, os temas da mineração aurífera, da escravidão e da predominância de negros na população local aparecem relacionados quando se considera a origem de Terras Altas. Não há, contudo, ao contrário do que se poderia supor, uma compreensão unificada da relação entre estes aspectos, e as interpretações contrastantes normalmente expressam as diferenças sócio-econômicas dos sujeitos dos relatos. Pois, se entre os entrevistados de classe social mais baixa, menor escolaridade e negros há uma tendência a que se considere a época da escravidão como o "carrancismo" extremo (expressão de Maria Preta), em que os negros são tratados como animais, entre os de maior escolaridade e pertencentes a uma elite sócio-econômica há divergências significativas na visão do período escravocrata e de suas conseqüências na atualidade. Seu Manoel, um senhor já com noventa anos, que ocupa uma posição de destaque na Igreja, é pai do atual Secretário de Educação (ex-diretor da Escola Estadual da sede), de um professor de matemática candidato a prefeito pelo PT nas últimas eleições e de um dos comerciantes mais ricos da cidade, redige o seguinte texto sobre o passado para os alunos da Escola Estadual:

> Em 1916 um senhor de nome José Gonsalves Mota residente no arraial de [Santa luzia das Terras Altas] hoje [Terras Altas], Comarca de Minas Novas, Estado de Minas G. Vou contar pra vocês, que estão estudando uma história que o dito José Gonsalves contou para mim. É o seguinte: em diálogo com ele, surgiu muitas coizas úteis, e como sabeis, todo menino é curioso. Quando ele falava eu bancava o curioso: como é isto, como foi aquilo, e eu sempre gravando na memoria, e até hoje, eu mi lembro tudo que ele mi contava. Aqui no arraial de [Santa Luzia das Terras Altas], que hoje é cidade de [Terras Altas], antigamente já teve muito escravo, mais tinha os senhores do deles, e eram governados por eles. Cada senhor tinha seus escravos. Os escravos trabalhavam muito para seus senhores e eram muito governados. Os trabalhos eram gratuitos, e moravam com seus senhores.

> Eles tinham boas alimentações. Vamos falar sobre os donos dos escravos.
>
> Aqui em [Santa Luzia das Terras Altas], tinha um senhor de escravo de nome: Militão Moreira de Melo, que era muito bom para os escravos. Tinha tambem Antonio Lago era tambem muito bom para seus escravos; Tinha um outro senhor de nome, João Paulo Rodrigues, que tambem era bom. José Antonio da Silva Pereira (vulgo Juca Antonio) foi sepultado na porta da Igreja Matriz, era bom. Manoel Joaquim Alves era senhor de escravos mais não era bom para os seus escravos.
>
> [...]
>
> Vou falar ainda s/ religião: Na Igreja de Nossa Senhora do Rosario, branco não podia pegar numa vela para acender, que os negros tomava como dele, com toda violencia. Quem mandava era os negros.

Neste trecho, dois aspectos devem ser considerados. Em primeiro lugar, se a escravidão marca o passado da cidade, e o autor reconhece a existência de um mau senhor, ela não é essencialmente negativa. Apesar de serem os escravos governados, trabalharem para seus senhores sem qualquer remuneração e com eles morarem, a maioria dos senhores tratava-os bem e eles gozavam de boa alimentação. Além disso, Seu Manoel reconhece uma esfera em que os negros, independente de suas relações de trabalho, são autônomos: dentro da Igreja da santa de sua devoção eram eles que mandavam, agindo inclusive com violência contra qualquer branco que tentasse ameaçar sua soberania. Este reconhecimento de um poder dos negros além de sua condição de escravos é um dos temas mais comuns dos relatos, e será melhor abordado no item seguinte.

A visão de Seu Manoel da escravidão não é, contudo, predominante. Em geral, este período é retratado como sendo marcado pelo sofrimento dos escravos, tal como explicita Seu Juca, um senhor de setenta e seis anos, negro, morador da zona rural, chefe do tambor até seu falecimento, localmente temido por ter supostamente domínio de conhecimentos de feitiçaria e que encarna o estereótipo do negro estigmatizado na cidade. Segundo ele:

> J: Então antigamente os nego era comprado. Ia fazer qualquer serviço, só mandava eles fazer, os nego. Os nego carregava pedra, num ganhava nada, só ganhava comida. Carregando pedra, pau, tudo, lavando ouro, como diz que lavava aqui de premera, os nego. Mas o ouro eles num podia vender, vender prá quem? Eles tinha de dá o senhor. Então tem muito ouro guardado aí, que eles num podia vender, por maldade, eles furava um buraco, escondia, prá não dá os senhor deles. Tem muito ouro aí escondido aí, mas ninguém sabe. Entonce eles ia fazendo esse serviço... Então os nego... ficava assim dum lado: "Mas o sinhô e a sinhá tá cumeno aqui na mesa"... se num chegava um assim: "Que que cê tá fazendo aí, que cê tá oiando prá cá, óia prá lá". Criação, né, burro: "Sai, cachorro!".

L: É igual...

J: Cachorro. "Sai prá lá, cachorro!" Então algum dia um falou assim...

L: E como é que é a história que o senhor falou que eles eram ferrados?

J: Ferrado. Os nego eram ferrado.

L: E era ferrado onde?

J: Na cara. Um ferrozinho assim. Um carimbo, eles tinha um carimbo... É criação! Gado num tem os ferro? Então eles era ferrado, num misturava com ninguém. O meu é meu mesmo, o outro é outro mesmo. Então eles ficava jogado pras cobra. Comia num dava eles... Num punha o pé na casa do senhor de jeito nenhum, de jeito nenhum. Nego num punha. Come lá fora. Cachorro. Cê num vê cachorro? A comida lá fora.

Aqui, a escravidão consiste na degradação máxima a que pode ser submetido um ser humano. Negros eram responsáveis por todo o trabalho pesado sem remuneração alguma. O tratamento dado a eles assemelhava-os a animais: comprados, ferrados no rosto como gado, enxotados do ambiente doméstico, alimentados fora de casa como cachorros. No entanto, mesmo nesta situação extrema e apesar do tratamento a eles dispensado tentar assemelhá-los a animais, eles não o são, e sua capacidade de reação pode ser percebida na negativa de entregar ao senhor os frutos de seu trabalho – que, não podendo ser comercializado, era escondido. Curiosamente, Seu Juca afirma que enterrar o ouro era feito por eles "por maldade".[48] A capacidade de reação ao modelo escravocrata e a inteligência dos negros se explicita na continuidade do relato, em que Seu Juca conta como um escravo conseguiu enganar seu senhor e comer na mesa com ele:

> J: "Oh, ô nego!" Ele chamou o outro. Também era nego. Eles tudo era colegada. "Cê quer vê eu cumê na mesa do sinhô?" Os companheiro dele tudo falou assim: "Quem é ocê, procê cumê lá? É, quem é ocê? Cê num põe seu pé lá dentro". "Ponho. Eu sento lá na mesa, cês vai oiá eu cumê lá na mesa." Foi lá na mesa asseada, o sinhô tudo lá assim. Logo chegando assim e disse: "Ô, sinhô!". "Quê que cê quer, nego?" "Oh, pera um pouco aí, dá licença." "Fala logo o quê que cê quer!" "Oh, quanto o sinhô me dá por uma pedra de ouro desse tamanho?" "Ah, bem. Entra prá cá, vem prá cá, nego!" E ele olhou pro outro assim... "Uma pedra de ouro que eu tenho, pro sinhô comprar." Num falou que achou não. "Ah, come primeiro que depois nós..." E ele tá comendo, tá comendo. Trouxe doce, comeu, sobremesa, bebeu. Nego tá... "E ô nego, e a pedra de ouro, onde tá?" "Uai, sinhô,

48. Expressão comum também quando se faz referência à feitiçaria punitiva, apesar de em ambos os casos as atitudes dos negros serem uma forma de reação a um tratamento injusto e injustificado.

é quando eu achá (risadas). É quando eu achá, sinhô, eu tou perguntando é quando eu achá." "Ah, sem vergonha! Vem cá, nego..." O companheiro dele mesmo. "Pega ele. Pega ele e leva ele lá no pau. Dá um coro nele. Sem vergonha, comeu aqui na mesa!" O nego falou pro outro assim: "Cê pode batê o tanto que cê batê. Minha barriguinha tá cheia, eu comi na mesa mais o sinhô... Pode batê, mas eu entrei lá dentro, num entrei? Eu entrei lá e comi na mesa do senhor".

Mesmo que o escravo tenha sido punido posteriormente, quando se evidenciou sua farsa, ele atingiu seus objetivos, conseguiu romper as barreiras sociais de maneira temporária e compartilhar com o senhor sua condição privilegiada: sentou-se à mesa e comeu com ele. Portanto, fica claro como apesar de ser tratado como animal, o negro não se submete ao tratamento de maneira passiva, mas é capaz de criar subterfúgios que burlem a tentativa de dominação do senhor.

Se os dois relatos anteriores representam os extremos com relação à interpretação do passado escravocrata, podemos encontrar outros que refletem uma posição intermediária, e que trazem novos elementos para a discussão da relação entre negros e brancos. Assim, na fala de D. Rosa podemos encontrar a afirmação de maus-tratos aos escravos, mas referente à cidade vizinha de Minas Novas, da qual eles teriam fugido como reação e se dirigido para Terras Altas. Esta, então, passou a ter maioria de população negra, mas não escrava:

R: O feitiço, tinha o negócio do feitiço, filha, por isso, porque quando eu nasci ainda tinha muito africano aqui.

L: E como é que eram esses africanos?

R: Esses africanos tinham os senhores. Cê sabe. O africano era igual um burro, qualquer um animal. Comprava, dava dinheiro.

L: E a senhora lembra disso?

R: Não. Alguma coisa eu vi. Mas eu conheci muitos africanos. Então eles vinham. Tinha o lugar próprio prá eles dormirem. Dormiam ni suas senzalas deles, com aquela roupa muito grosseira, roupa toda de algodão. Eles teciam, tinha o negócio chamava fuso, tocava assim na mão. Tinha o tear que tecia os panos [...]

L: E eram só os africanos que faziam esse tipo de trabalho?

R: Os africanos já foram ensinando os de cá também. Aquele que demonstrava, aprendia. E então cê viu que... a população é negra, mas sabe por quê? Porque os africanos sofriam muito em Minas Novas, essa cidadezinha prá lá, sofriam muito, então vieram praqui, esconderam aqui em [Terras Altas]...

L: E os brancos que tem em [Terras Altas]?

R: Os brancos continuaram. Porque tinha. Não era de todo preto. Minha família mesmo, minha família é de... acho que é de alemão, mas minha mãe casou com um escuro. Foi misturando.

L: E tinha muito essa mistura já na época?

R: Tinha. Não, muita, muita não. Mas aí pro lado de Santa Rita, cê conhece? Santa Rita tem muita gente branca, não tem?

L: Tem.

R: Justamente. Eles ficaram aqui, eles se esconderam aqui em [Terras Altas]. E os que foram prá lá foram misturando, um escuro casando com uma branca e tudo...

L: Quer dizer que a maioria dos pretos daqui vieram foi de Minas Novas?

R: Vieram fugidos. Por causa... fugiram dos maus tratos. Eram muito judiados.

L: E quando eles chegavam aqui, eles viviam como?

R: Plantando, cultivando, plantando milho, plantando feijão. E pronto. E aqui ficou. E aqui já tem grande mistura. Branco. Quer dizer que a maioria, né, isso é inegável, mas eles vieram fugidos.

L: Mas essa coisa do feitiço, a senhora...

R: O feitiço... Eles diz que os africanos sabiam, né? Faziam uma porção de coisa, benzer, o povo tinha fé... às vezes tava com o pé inflamado, doente, às vezes nem era por causa daquela reza que eles fazia, né? Mas melhorava, acreditava.

L: E quem sabia essas curas era mais o pessoal...

R: Os africanos.

L: Quando esses africanos vieram prá cá, [Terras Altas] já existia?

R: Já existia. Cidadezinha pequena, não é? Pequena, desabitada ainda, certamente poucas casas. Começou assim. E [Terras Altas] melhorou cem por cento. Você pode falar, que tem pouco tempo que conheceu [Terras Altas]. Ela não melhorou?

Este trecho da entrevista de D. Rosa toca em aspectos importantes para a compreensão de como a população local estabelece a relação entre escravidão, negros, África e feitiçaria. Como afirmei antes, não é comum a referência à África, e ela normalmente se dá em um contexto em que o tema da feitiçaria está presente – como acontece acima. Curiosamente, é a pergunta em torno da feitiçaria que remete Dona Rosa aos africanos, a seu estilo de vida e saber particulares e à maneira como eles chegam em Terras Altas e passam a constituir a fração mais significativa da população. E, se eles são originalmente escravos, não é a escravidão que marca sua presença no local, mas sim a reação a ela. Os negros da cidade, ao virem para Terras Altas, já o fazem como livres, como agricultores, e logo após sua chegada iniciam a miscigenação, que é intensa (e, curiosamente, de homens negros com mulheres brancas, no sentido oposto ao que apontam os dados sobre batismos citados no capítulo anterior – o que transforma uma relação clara de dominação de homens brancos sobre mulheres negras em uma relação aparentemente espontânea de homens negros com mulheres brancas). Além disso, os africanos dominam ofícios como a tecelagem, que ensinam aos demais. E, ainda, têm poder de cura reconhecido, sendo o único recurso em uma época na qual o acesso a serviços médicos era precário. Observa-se, em síntese, um deslocamento no decorrer do discurso: D. Rosa parte da afirmação dos africanos como feiticeiros, escravos e tratados como animais, para em seguida afirmar que eles reagiam a estes maus-tratos, fugiam de seus senhores, vinham se estabelecer em Terras Altas como agricultores livres, e tinham conhecimento de processos de cura então essenciais. No entanto, assim como na afirmação de Seu Juca de que a recusa dos escravos em entregar o ouro fruto de seu trabalho para os senhores que os maltratavam consistia em uma "maldade", também aqui o deslocamento não nega as afirmações iniciais, apontando muito mais para uma ambigüidade com relação à interpretação da condição do negro no passado, bem como de seu *status* no presente.

Outro relato interessante em torno da escravidão é feito por Maria Preta, em entrevista na casa de sua comadre. Ele surge por eu tê-la presenteado com uma foto dela, e ela ter rido e afirmado que ficou com os olhos vermelhos, parecendo os "nego da Costa". Quando lhe pergunto sobre estes, ela responde da seguinte forma:

> M: Diz que os nego da Costa era os cativeiro. Meu avô mesmo era cativeiro. Diz que eles amarrava eles no pau e sentava... Diz que eles chegava o coro. Diz que num dava comida não. Diz que as ropa deles era uns pedacinho de ropa assim, uns cotocozinho de algodão. E tinha que trabaiá onde que tem essas pedreira, essas calçada tudo, diz que era os nego da Costa que fazia. Agora eu já num alcancei... Eu alcancei carrancismo, mas não esses daí. Carrancismo de trabaiá como nós trabaia mas prá nós mesmo, e eles trabaiava era pra...
>
> A: E num pagava a gente não, madrinha?
>
> T: Pagá o quê? Um pratinho de comê se dé...
>
> M: Nada. E assim mesmo não que presta. Era o resto.
>
> T: Diz que era. Inda batia ainda, Maria Preta?
>
> M: Inda batia.
>
> L: E esses nego da Costa vinham de onde?
>
> M: Qué dizê que é nos mesmo que tava aqui.
>
> T: Nós mesmo do local, é...
>
> M: Faz de conta que é assim que nem nós, que tá aqui, né? Qué dizê que tem aí Valdinê, tem otros aí que...

T: Que é grande, né?

M: Minha mãe num pode... Que nem eles tá vendendo agora, né? Vende para aquela pessoa prá trabaiá... pra cumê e...

T: E também num tinha o que cumê, ficava trabaiano prá esse otro por dia, né?

A: Hoje a lei é otra. A gente trabaia eles paga a gente.

T: Cê vê que depois cê vai em Aparecida, senhora viu lá o chicotão...

M: Vi...

T: E o home lá assim todo lanhado.

M: Todo panhado.

T: Todo panhado.

A: Ah, hoje se fô gente batê na gente pra mode a gente trabaiá, a gente morre de fome.

T: A gente morre.

M: Morre.

A: Mas ninguém...

(risos)

T: Ih, Maria, se tivesse essa lei hoje, Deus nos livre.

A: Deus nos livre, Maria. O povo tudo ignorante...

L: Agora eu já ouvi falá que esses nego da Costa era perigoso, sabia muita coisa. A senhora já...

M: Macumba, né?

(risos)

L: Como é que era?

M: Eu num sei... Isso aí é que nem ocê mesmo viu falá, né?

(mais risos)

T: Aí, Maria, se a senhora sabe um pedacinho, ela também sabe...

M: Também sabe um pedacinho.

T: Eu nunca nem ouvi falá de nego da Costa. Eu sabia dos cativero, mas eu num sabia que tinha nome assim, não.

M: É, nego da Costa. Cativero diz que era nego da Costa. Masi num pecisava sê nego memo não, podia sê...

T: Qualqué um era. Tudo véve é tabaiano, né?

Apesar de afirmar as agruras da escravidão, vinculando o termo "nego da Costa" ao período do "cativeiro", Maria Preta, ao contrário do que ocorre nas falas anteriores, não identifica os escravos com os negros, sendo que o que define os "nego da Costa" não é sua situação racial, mas a subordinação a um sistema de exploração do trabalho humilhante. Em outras palavras, o problema se desloca do "ser negro" para o "ser colocado no lugar de negro", sendo portanto possível que mesmo aqueles que não fossem fisicamente negros fossem "nego da Costa". Além disso, este sistema não tem história – não há sequer uma referência à África na memória de Maria Preta. Ele se impunha sobre as próprias pessoas do local, devido às desigualdades econômicas. No entanto, quando pergunto sobre o feitiço e sua relação com esses "nego da Costa", Maria Preta desconversa e os comentários que ela e sua comadre fazem sobre eu também saber algo apontam para um reconhecimento de serem eles realmente negros. Também o início da conversa aponta no mesmo sentido. Bem como a continuidade da entrevista, em que ela conta a estória do negro que queria casar com a rainha:

M: Tinha um que diz que era um nego. Ele queria casá ca rainha...

T: A rainha era de nome. A rainha... Filha do rei.

M: Diz que bicho, que só se vê como tinha nos pé dele. Que ele num tinha nem tempo de tirá bicho. Diz que ele falô assim: "Eu caso concê...". A rainha: "Eu caso concê mais é assim, cê tem de i...". Pegô um cado de sabão e deu ele: "Cê vai no rio, e toma banho. E tira esses bicho. Quando ocê vortá, eu caso concê". Diz que ele mais que depressa passô a mão no sabão e tá lá esfregano. "Se num fosse meu estucho eu num casava ca rainha." Mas não, inda tem otro. Eu num tô pono tudo. Prá trumentá ela prá vê se ela casava... O pai dela morreu, né? Diz que ele vei falá assim, diz que ele falava assim: "Oh, princesa, se ocê num casá caquele nego eu num vô sarvá... (meio cantado)."

T: Oh, meu Deus...

M: Ele que cantava, pra mode de ela pensá que era de vera. Que era o pai.

(risos)

M: "Oh, princesa, se ocê num casá caquele nego eu num vô se sarvá." Diz que ele ficava pru fora cantano, prá mode vê. Diz que ela falô assim: "Oh, meu Deus, eu quero que meu pai sarva. Eu vô casá cum diabo daquele nego".

T: Gente besta, né?

M: Diz que ele foi pro rio lavá e diz que ela coitô de vigia prá vê se ele tava lavano direito. Diz que ele gritava assim: "Se num fosse meu estucho, eu num casava ca rainha. Se num fosse meu estucho, eu num casava ca rainha".

A: Pocano na bucha.

M: Pocano na bucha, e tirano os bicho.

(risos)

M: "Se num fosse meu estucho, eu num casava ca rainha."

T: O trem que ele fez...

M: É... E aí diz que o que foi atrás falô assim: "Óia, vamo lá procê vê que que ele tá fazeno lá. Ele que tá fazeno essa paiaçada". Diz que quando eles chegô lá diz que ele tá lá mesmo apurado, lavano. "Vô casá, vô casá ca rainha, mas se num fosse meu estucho eu num casava co ela."

A: Ficá calado, né?

M: Diz que quando eles escutô eles falô: "Sem vergonha! Ocê que tá fazeno essa paiaçada!" Diz que eles voltô prá trás, montô o chicote nele.

T: Oh, meu Deus! Perdeu.

M: Perdeu ainda.

T: Inda apanhô.

M: Panhô muito ainda. Diz que inda fez ele drumi dentro d'água ainda.

A: Pelo menos os bicho ficô tirado.

Nesta estória, a igualdade entre negros e brancos afirmada no trecho anterior da entrevista, em que ambos podiam ser submetidos aos "carrancismo" extremo representado pelo cativeiro, se dilui, e passa a haver uma distinção radical entre eles, aqui representada pela inadequação dos padrões de limpeza do negro – cujo casamento com a rainha, se é visto como um sacrifício inevitável devido aos riscos a que estaria sujeita a alma de seu falecido pai, só se torna possível após ele se lavar (com um sabão que é fornecido pela própria rainha[49]) e tirar seus bichos de pé. Além disso, novamente podemos observar que a estratégia do negro para romper os limites raciais a que está sujeito é descoberta – assim como no relato de Seu Juca –, mas com um resultado distinto. Pois, enquanto no caso anterior ele é bem-sucedido na ruptura temporária das rígidas distinções sociais, aqui ele não alcança esse resultado. No entanto, apesar de apanhar e ser obrigado a dormir dentro d'água, há um benefício reconhecido, que é o de ele adotar padrões brancos de higiene: "Pelo menos os bicho ficô tirado". Benefício este que, como ficará mais claro no último item deste capítulo, é relevante na consideração das relações entre negros e brancos na atualidade – sendo um dos critérios para discriminação dos negros sua definição como "sujos", "porcos", podendo esta definição tanto se remeter a hábitos de limpeza e comportamento doméstico quanto ao uso de feitiçaria a eles atribuído.

49. Com relação a este aspecto, é interessante lembrar a afirmação de Timothy Burke (1996) de que é o branco colonizador o responsável pela introdução do uso do sabão na África e de sua definição como elemento essencial para se atingir um padrão aceitável de limpeza.

Voltando ao tema da escravidão, cabe ainda perceber como ele marca a concepção de mundo dos habitantes locais de uma forma muito ampla – ultrapassando a questão das relações entre negros e brancos e do estabelecimento do padrão branco como adequado e desejável, e apontando para a maneira como os moradores de Terras Altas lidam com a esfera do trabalho, bem como a forma de compreenderem as relações com o "outro" e com as diferenças. Com efeito, a memória de um período em que o trabalho significa apenas exploração, e em que o ser do escravo está totalmente submetido aos desígnios e caprichos do senhor – assemelhando-se, assim, aos animais – leva a uma percepção das relações sociais como arbitrárias, não sujeitas a leis abstratas e impessoais, bem como a uma incapacidade de realização através do trabalho, principalmente do trabalho assalariado (realizado em benefício de terceiros). Acrescente-se que, neste contexto, a diferença é comumente percebida como uma ameaça, pois representa a possibilidade de que o outro tente impor sua concepção de mundo e seus interesses sobre a vontade do eu, utilizando-se para tanto de quaisquer recursos disponíveis – sendo os de maior destaque o poder político e o uso da feitiçaria. Além disso, como é explicitado na reza citada no item anterior, qualquer tentativa de redefinição do *status quo* significa um risco, na medida em que rompe com as relações de poder existentes e pode resultar no estabelecimento de um novo equilíbrio, desfavorável aos grupos dominantes – principalmente quando esta redefinição representa não somente uma redistribuição do poder, mas uma mudança dos critérios de distribuição. À inexistência de parâmetros explícitos na avaliação do cotidiano se aliam, portanto, a incapacidade de explicitá-los e a descrença em qualquer tentativa no sentido contrário.

III. Cidade remanescente de quilombo

Dentre os relatos sobre o passado, apesar da importante presença da escravidão, nem todos a destacam, ou relacionam a denominação "escravos" a um sistema produtivo específico. Em uma entrevista gravada por moradores locais em 1992 com Seu Agostinho, um senhor negro e idoso, casado com uma das principais benzedeiras da cidade, D. Conceição, com família numerosa e que ao longo da vida trabalhou como produtor rural – sendo o garimpo uma atividade econômica subsidiária –, ele afirma:

(a entrevista não é gravada desde o momento inicial)

A: Que isso aí foi dos escravo. Dos escravo.

E: Mas o senhor sabe informar prá nós como que eles chegaram até [Terras Altas]?

A: Isso aí num informo não.

E: Essas pessoas vieram foi corridas, assim, de outro lugar?

A: Não, isso aí num diz ocê não. Sempre o velho contava nós que os escravo então veio vindo de lá prá cá. Eles veio de lá prá cá, porque eles veio descortinano, descortinano, prá percurano o lugar prá vê ondé que colocava a cidade. Agora eles veio descortinano, veio descortinano de lá prá cá, eles veio entrano. Porque isso tudo aqui, ó, isso tudo era mata. Era mata grossa mesmo. Que essas casa, que ocê vê essas casas velha aqui, esses madeiramento foi tirado aqui dentro do local. Diz que eles veio de lá prá cá descortinano, porque eles ia fazê a cidade ali na igreja véia. É que eles iam fabricá a cidade. Diz que eles deu na ponte ali no Paiol, diz que eles chegava e falava assim: "Não, essa ponte aqui é muito pequena, prá nós fazê essa colocação dessa cidade aqui. Nós vamo entrá mais prá vê que nós acha uma ponte melhor". Que eles num sabia que tinha esse Capivari não. Aí diz que eles veio descortinano, entrano. Então, diz que veio entrano de lá prá cá, veio entrano, quando chegô aqui no início, diz que eles desceu aqui nessa ponta. E aqui eles pegaro e aqui eles começô descortiná e fazê a cidade aqui no lugar.

E: Sabendo que aqui é uma cidade que produziu muito ouro...

A: Produziu.

E: E esses escravo...

A: Chegô numa artura, eles pegô depois escafadá. Escafadá dava muito ouro, eles pegô escafadá e tirá muito ouro. E daquilo ele foi continuano trabalhá, escafadá. Foi trabalhano mais os escravo, o senhor foi trabalhano com os escravo, diz que até eles começaro a cidade aqui. Aí aqui ficou a metade das escravidão trabalhano aqui por dentro dessa cidade.

E: E o senhor falou que os escravo sofria muito.

A: Sofria.

E: Mas, e... e quando eles tentavam assim fugir, o senhor sabe alguma coisa que acontecia com eles?

A: O senhori mandava pegá. Quando eles fugia o senhori mandava os outro escravo atrás.

E: E essas igreja, o senhor sabe assim como foi construída?

A: Essas igreja diz que foi os bandeirante. Que colocô essas igreja.

E: Mas teve uma ajuda dos escravos?

A: Agora que teve ou não eu num sei. Porque eles sempre falava que foi os bandeirante que veio de lá prá cá prá podê construí essas igreja aqui. Foi os bandeirante.

E: E a Igreja de Nossa Senhora do Rosário?

C: É essa mesmo.

A: Essa Igreja de Nossa Senhora do Rosário, da Matriz... da Matriz, de Bom Jesus. Diz que essas igreja, quem fez, essas mais velha foi os bandeirante que construiu.

E: E da história assim da Irmandade do Rosário, desse tempo assim da escravidão, cê sabe alguma...

A: Aí, num conto ocê não. Porque antigamente a vida era muito sofrida, né. Num conto mais nada.

C: Assim mesmo num foi nem ele que viu. Os pais...

A: Porque os pais que contava prá nóis. Nós somo da origem dos mais velho. Sim, nossa criação, o pai contava nós como é que era, como é que foi o começo. Aí nós pegava alguma coisa..

Percebe-se, assim, que a referência a escravos e senhores é uma referência indireta, muito mais estimulada pelas perguntas do que parte significativa do discurso de Seu Agostinho. Neste, os "escravos" são autônomos, são eles que decidem o local em que se estabelecerá a cidade, através de critérios que não se relacionam com a exploração aurífera; são também eles que iniciam posteriormente a mineração, trabalhando junto com os senhores; e, apesar do entrevistado afirmar que eles sofriam, que quando fugiam eram perseguidos e que foram os bandeirantes os responsáveis pelas construções das igrejas locais, não há um vínculo claro entre escravos, senhores e bandeirantes. Estes parecem ter sido os responsáveis pela instituição do catolicismo – afinal vieram "de lá prá cá" para construir as igrejas –, mas a definição sobre a fundação da cidade e sua principal atividade econômica é feita pelos escravos. Quando, em 1998, em entrevista por mim realizada, o assunto surge novamente devido a uma pergunta sobre feitiçaria, a denominação "escravo" é substituída por "nego da Costa", não há mais nenhuma referência a senhores, bandeirantes ou mineração, e os "nego da Costa" são tão poderosos que podem matar pessoas até mesmo à distância. Assim como na fala anterior, o principal motivo para o estabelecimento da cidade é a disponibilidade de água:

"A: Os nego da Costa, eles matava um daqui no Paraná. Sempre os mais velho contava.

L: E quem eram esses nego da Costa?

A: Os nego da Costa era os nego da Costa que, que começô a cidade. Porque a cidade aqui tudo era mata. Diz que eles entrava, ia roçando, fazendo picada. Roçando não, fazendo picada. Diz que aonde tinha uma fonte, ali eles levantava a cidade. Começava, falava assim: "É, aqui tá bom. Aqui nós vão levantá uma cidade aqui". Ali diz que eles descortinava, roçava, descortinava, queimava, descortinava. E ali eles levantava a cidade.

L: E aqui foi assim?

A: Foi assim. Porque a cidade num ia sê aqui não. Ia sê... Cê num travessa o córrego, quando cês vem de lá cês num travessa um córrego aí. A cidade ia ser era lá. Mas diz que eles veio abrindo a picada, veio abrindo, abrindo... Diz que aí eles entrô prá cá. Diz que quando eles entrô prá cá, que eles chegô nesse Capivari que tem aqui, diz que eles falô assim: "Não, nós vão começá a cidade é aqui, que aqui tem uma capivara". Que esse Capivari chama capivara. Eles chama ele Capivari. E cumo diz que eles entrô, roçô, queimô, e começô a cidade aqui.

L: E esses nego da Costa sabiam muita coisa?

A: Sabia, uai, eles era ativo. Diz que eles matava um daqui no Paraná. Diz que só eles sabê o nome da pessoa. Eles soubesse o nome da pessoa, diz que quando tasse naquelas hora, diz que eles fazia aquelas suas mesquinha dele, diz que... O véio contava nós. E dava um tiro no ôio do sol, e diz que aquela pessoa (barulho de mão batendo)...

L: Morria...

A: De fato. Era desse jeito assim. Que antigamente eles era muito sabido. Era muito sabido mesmo.

Talvez tenha sido a presença na memória de lembranças como a de Seu Agostinho, aliadas à posição de relativa autonomia atribuída aos negros mesmo quando submetidos ao sistema escravocrata, e ao papel privilegiado que este ocupa no que se refere ao sagrado – sendo eles, como vimos, os principais curadores e feiticeiros mais poderosos, bem como os responsáveis pela Irmandade de Nossa Senhora do Rosário, única organização religiosa leiga do período colonial ainda existente e realizadora da principal festa da cidade – que contribuíram para a construção da imagem de Terras Altas como local remanescente de quilombo. Imagem esta difundida por Dr. Sebastião, consolidada pela mídia regional e nacional,[50] e que aparece no discurso já citado de D. Rosa

50. Apenas como exemplo, cito duas reportagens de 1995. Na primeira delas, datada de maio, publicada no Estado de Minas, e cujo tema é o trabalho de "resgate cultural" então promovido por Dr. Sebastião, encontramos o seguinte trecho: "[Terras Altas], cidade localizada no Vale do Jequitinhonha, antiga aldeia dos índios Curutuba e quilombo de escravos

(curiosamente são as pessoas mais esclarecidas, portanto também mais suscetíveis à influência da mídia, que apresentam tal interpretação do passado).

Cabe, ainda, ressaltar que há divergências significativas mesmo nos discursos em que os negros são representados como autônomos e não sujeitos à escravidão, divergências estas que tornam a afirmação de Terras Altas como cidade remanescente de quilombo problemática – principalmente quando a denominação quilombo é compreendida, como nas reportagens citadas em nota anterior, como "esconderijo de escravos fugitivos dos senhores do ouro da vizinha Minas Novas". Pois, se no discurso de Seu Agostinho são os "escravo" ou "nego da Costa" que decidem o local de construção da cidade, a partir de critérios como a proximidade de um curso de água, não há qualquer referência a uma reação ao regime escravocrata, e eles posteriormente convivem sem conflitos evidentes com os senhores e bandeirantes. Já na fala de D. Rosa, em que os negros que compõem o grosso da população da cidade são descendentes dos antigos escravos fugidos de Minas Novas, eles chegam em Terras Altas quando ela já foi constituída pelos brancos. Além disso, comunidades negras reconhecidas na primeira metade do séc. XIX – como o caso da comunidade dos Poções, ainda hoje um dos núcleos de população negra com traços culturais mais específicos –, que poderiam se encaixar melhor na denominação de quilombo que a sede municipal, não fazem parte da memória dos habitantes da cidade, e entre seus moradores, como vimos, o passado é eclipsado.

Os problemas de coerência provocados pela definição de Terras Altas como remanescente de quilombo e simultaneamente como marcada pela exploração aurífera e pela escravidão não colocam, contudo, maiores dificuldades para a população local. Ao contrário, ajudam a constituir uma concepção do

---

negros do Brasil Colônia, vem realizando nos últimos anos, um trabalho de resgate de suas raízes culturais...". Na segunda, referente à visita de Lula à cidade devido a ser ela "remanescente de quilombo", publicada meses depois na Folha de São Paulo, há significativo acréscimo de detalhes: "O vilarejo surgiu de um quilombo – esconderijo de escravos fugitivos dos senhores do ouro na vizinha Minas Novas". Desde então, esta parece ser a interpretação privilegiada pela mídia, pois em setembro de 1996, em nova reportagem sobre a cidade publicada no Estado de Minas, lemos: "[Terras Altas], antigo quilombo de escravos que fugiam dos maus-tratos nas senzalas de Minas Novas, é com certeza a cidade mais mística do Vale do Jequitinhonha. A Irmandade do Rosário foi reconhecida por D. Pedro I, e agrega historicamente os descendentes diretos dos escravos. Em [Terras Altas], 80% da população é negra". Consolida-se uma versão curiosa, em que a idéia de quilombo se alia à da presença de escravos e de uma irmandade reconhecida pela Coroa, e em que se reforça a relação entre misticismo e predominância de população negra.

negro ao mesmo tempo explorado e capaz de reagir à exploração, tratado como animal e com atitudes de inteligência e rebeldia, aparentemente descrente e mais devoto que os brancos. Tanto que é a mesma D. Rosa que conta uma história publicada em reportagem do Estado de Minas, segundo a qual:

> [...] na época da escravidão, os senhores de um escravo o obrigaram a rezar a Ave Maria. Recém chegado da África e com pouco domínio da língua portuguesa, o escravo ouvia atentamente a oração ditada pelos senhores e só repetia duas palavras: Ave Maria.
>
> Os senhores perderam a paciência e o prenderam em um quarto escuro por 7 dias, sem água e comida, até que aprendesse a oração. Antes do término do prazo, os senhores estranharam o fato de o escravo permanecer no quarto escuro sem reivindicar clemência. Olharam pelo buraco da fechadura e viram uma cena fantástica: o escravo flutuava envolto em círculo de luz, em frente à imagem de Nossa Senhora do Rosário repetindo centenas de vezes duas palavrinhas: "Ave Maria".

É, portanto, na cidade formada por escravos fugidos, constituída assim como reação ao regime escravocrata, que um deles é submetido ao tratamento desumano descrito. Além disso, são os ditos católicos que têm uma atitude tão pouco cristã com o dito pagão, e é este que, apesar de conseguir pronunciar apenas "Ave Maria", é abençoado por Nossa Senhora. Esta, ainda, é Nossa Senhora do Rosário, a santa de devoção dos negros, e que segundo a lenda foi encontrada no rio, tendo ido os brancos com banda de música buscá-la sem sucesso – pois ela retorna ao local de origem –, até que os negros, com tambores feitos com paus ocados, vão buscá-la e ela fica na igreja construída em sua homenagem.[51]

---

51. Há ligeiras distinções quanto ao relato desta lenda. Alguns moradores locais afirmam que foi uma história realmente acontecida com a imagem cultuada na Festa do Rosário, que teria sido encontrada no córrego que leva o nome da santa. É esta a interpretação de dois tambozeiros, um deles um dos tambozeiros de maior destaque na cidade, João Preto:
"J: Não, o tambor é uma coisa de negro, de escravidão. Então, quem achou a Santa lá, naquele lugar que nós fomo buscá ela... Não tinha nada disso... então o tambor foi lá buscá. Eles tinha um ditado que o tambor foi buscá ela e ali onde é a Igreja fizeram a capelinhazinha de capim. E depois que foi traduzida aquela Igreja que tem lá.
L: Ah, quer dizer então que a Santa foi mesmo achada lá no rio?
J: Foi. No passado da história ela foi achada lá... Uma pessoa que vinha do sítio, passou ali viu aquela santinha. Aí... chegou aqui... Naquela época não era uma cidade, era umas tapera. Avisou, os negro daqui foi lá com aqueles tambor e foi buscá ela.
B: Aí agora só uma passagem. Os negro num fôro buscá. Então foi a turma lá com a banda de música trouxe ela, trouxe prá Igreja, e ela não ficou. Depois ela voltou pro mesmo...
J: Exatamente. A passagem é essa. Foram buscá ela com a banda de música. Quando caçô, ela não tava lá.

Não é por acaso que a Festa de Nossa Senhora do Rosário é a principal festa da cidade, de papel inquestionável na afirmação da identidade e unidade do grupo, sendo realizada por uma irmandade de negros do período colonial – na memória claramente vinculada aos escravos. Nem que nela haja vários componentes que afirmam explicitamente a predominância dos negros e sua maior sacralidade – como na encenação da lenda anteriormente descrita, na obrigatoriedade de que pelo menos um dos dois festeiros seja negro, no papel de destaque ocupado pelo tambor. Com relação a este último, a origem negra e pobre dos tambozeiros é explicitada inclusive em alguns dos versos por eles tradicionalmente cantados, como: "Essa roda aqui é de preto só / Se branco entrá cai no cipó" ou "Cê dança tambor? / Eu não senhor / E por que cê num dança? / Eu sô doutor". A atribuição de uso de feitiçaria no tambor como forma de controle por parte de seus membros sobre a participação dos demais, e até mesmo como forma de poder frente às figuras centrais da Festa, os reis, reforça o poder dos negros na condução da Festa – como fica explícito na fala de D. Bia, ao comentar sobre o que mudou nas festividades nos últimos tempos:

B: Desculpe. Trouxe ela.
J: Trouxe.
L: Aí ela voltou?
J: Uns instante depois ela num tava lá. Aí foi com aqueles tambor, que faz parte dos negro, foi buscá.
L: E isso foi no começo de [Terras Altas]?
J: Foi, foi no tempo dos meu tataravô, eu num tem nem certeza. Tá no livro lá, aquele livro lá do padre."
Já para Seu Juca, como fica claro no seguinte depoimento, esta história ocorreu em outro tempo e outro local (é interessante observar que a santa e sua imagem se confundem nos dois depoimentos):
"J: E sabe, a Festa do Rosário sem tambor, ah, não é nada. Agora vou te contar por qualé a razão. Muita gente fala: 'Ah, o tambor não sei que lá mais, é feio num sei que lá mais'. Mas é engano. Prá crente eu num falo isso, mas prá católico eu falo. Sabe qualé a razão? Quando Nossa Senhora apareceu, no Jordão, ela apareceu. Num sei se foi pescado ou que que foi. Então a banda de música foi buscá ela. Trouxeram debaixo de banda de música. Ficou lá. No lugar. Quando caçô ela, quando procurô ela, ela tava no mesmo lugar que ela tava. Tornô a buscá com a banda de música. Ela tornô a voltá. Mais três vez, os nego, os mais velho antigamente, pegô um pau, e furô o pau, igual tambor. É tanto que é nascido assim, tambor. Furô um pau e pegô um couro e pôs na boca do tambor, na boca do pau, e pregô os prego. E disse: 'Vão buscá ela'. Os nego. Chegou lá, ela veio sastifeita. Porque a banda de música é enfeito.
L: Ah, o que vale mesmo é o tambor?
J: Ela num quis a banda de música. Ela quis os nego. Os nego furô o pau, foi buscá ela e ela não vortô. Por isso que o tambor tá na frente de Nossa Senhora. Tambor é abençoado, tá na frente de Nossa Senhora."

B: Muitas coisas acabou, igual, é... o reinado mesmo era muito bonito. Os tamborzeiros eram mais animado, e tinha assim aquela superstição que eram pessoas assim que se a gente risse, a rainha e o rei não podiam rir, que se risse eles roubavam a gente, punham feitiço, aquele negócio...

L: Ah, é? Tinha isso?

B: Tinha. Hoje não tem mais não, acabou. Todo mundo não tem mais aquele medo não. Mas tinha mesmo, porque os africanos, tinha aqueles negros que era assim bastante feiticeiros. Então os tamborzeiros a gente não podia rir na frente deles não. E se bater aquele tambor, fazia misura, diz que cuspia na cara da gente, diz que passava o lencinho de rapé, e a gente tinha que ficar séria mesmo, não rir. Eles falavam: "Não pode rir não. Se os tamborzeiros derroba ocê". [...] Tinha esse medo. Hoje não tá acontecendo isso mais não, não tem mais ninguém que tenha essa condução mais não. Mas antes conduzia mesmo. E dançava o tambor também quem eles queria. Se você chegasse e não pedisse licença você caía na hora, tonteava e caía. Aí tinha que chegar e pedir licença, prá você poder dançar. E tinha um senhor antigo, um escravo antigo, que na hora do tambor tinha que avisar ele três dias antes que ia dançar o tambor. Se não fosse pedir licença ele o tambor não rompia não. Diz que todo mundo molecia os braços, não tocava mesmo. Não conseguia tocar o tambor. E isso hoje acabou, né? Desapareceu.

O momento de maior destaque na Festa, que atrai pessoas de toda a região e é visto como único – o Mastro a Cavalo – se caracteriza também pela afirmação da maior devoção dos negros, o que se torna possível através da reinterpretação da batalha entre mouros e cristãos, com a exclusão de toda a parte da encenação que se refere a uma batalha efetiva, a transferência da postura de agressividade do rei mouro para o rei cristão,[52] o isolamento deste (única figura que chega no

---

52. Cito o texto da encenação, que ilustra o que foi dito:
'Mastro a Cavalo'

1) Rei Cristão: Amigo fiel embaixador,
Amigo fiel embaixador.

2) Embaixador Cristão: Real Senhor.

Música

3) Rei Cristão: Cheguei a minha presença com valor.
Música

4) Embaixador Cristão: Entrego ao amigo com cortesia, que sabeis a quem eu grito, que 'escotia' manda a guia, a fim de que, que se não for apostólico romano, mil estragos terão ruínas e danos.

Música

5) Rei Mouro: Ide ao vosso Rei, dizer que de um vassalo não se deve 'arrenunciar' o menor mal, para ficar aqui me foi preciso abarracar, até que a fé peregrino posso ser sabedor do meio católico.

local da encenação a pé e sozinho, enquanto o rei mouro é quem conduz os dois exércitos – vermelho e azul – e porta a bandeira de Nossa Senhora), a afirmação do embaixador mouro de ser seu chefe o herói da cristandade, a disponibilidade do rei mouro de compartilhar com os cristãos a bandeira da santa, a marcha de congraçamento entre todo o grupo.

Em uma história recente, regionalmente relevante, e que posteriormente deu origem a uma comunidade rural negra significativa, é novamente afirmado o poder dos negros, e, assim como na Irmandade do Rosário ou nas atribuições de feitiçaria, é um deles que encarna o sagrado, que detém o poder de cura – neste caso, no interior da tradição católica. Segundo contam, uma mulher negra, solteira, já idosa, pobre, residente em um dos córregos do município com suas duas irmãs, e denominada "Moça Santa", após se curar de uma doença, passa, por inspiração de Bom Jesus, a distribuir uma água tida por milagrosa, dando

---

Música

6) Embaixador cristão: O chefe daquele escótia abarracada, atentamente ouvi dizer a voz do embaixador dizendo que é católico de coração, que professa vossa santa lei e da religião.

Música

7) Rei Mouro: Ide aquele monarca reverendo e alegrai-vos e dizei-vos que da minha parte católico sou, e sou de coração professo, a lei do sacro e sacrossanto, já portanto no comando de exército militar eu vou efetuar este estandarte santo.

8) Embaixador Mouro: Soberano excelso majestade, o meu chefe é o herói da cristandade, com guarda fiel arquivo, trazendo no retrato de um Deus vivo, em nome da Santíssima Trindade, venho pedir a vossa majestade.

Música

9) Rei Cristão: Vai dizer ao seu chefe generoso que eu aprovo o seu destino religioso, e até que, para servir e acompanhar, eu retiro a minha guarda militar.

Música

10) Embaixador Mouro: ó invicto soberano, eu tenho disposto, em paz posso contemplar o vosso gosto em vista, de eterna alegria, e a sua régia guarda vos envia, para que faça sua entrada, com mais luz e alvorada, esta no seu árbitro pode comandar.

Música

11) Rei Mouro: Ó monarca imortal do reino eterno dominador do universo,
ó quanto eu vos obedeço, ó quanto o céu compreende
ó quanto o mar banha! Fuja a cena muda e faz a imensa redondeza
ó divina mãe! enxugai o vosso pranto, rainha suprema, a beleza do universo as nações glória.
Ó Virgem Maria, no égiro cristão, na luta travada, por vossa advogada Maria nós temos.
Ó eterno sol nas sublimes alturas desfaz-se na natureza, dai-me luz! arrependimento! esclarecimento! a fim de que posso louvar a Virgem Santa do Rosário".

origem a romarias tanto da cidade quanto de outros locais a fim de vê-la e beber de sua água. O "milagre" perdura por alguns anos, até que ela enfim falece. Os motivos de seu falecimento não são claros. Certas pessoas afirmam ser ela já idosa e doente, mas vários o atribuem ao comportamento do povo frente aos milagres: segundo alguns, o desejo de identificar a fonte de água milagrosa teria feito com que ela fosse seguida ao buscá-la, e quando a fonte foi identificada perdeu o valor; já para outros foi a inveja do povo de seu progresso e de suas irmãs devido aos presentes que recebia em agradecimento a suas curas a responsável por seu enfraquecimento e morte. Um breve relato de uma das beatas da cidade, D. Zilda, branca e de 63 anos, sobre esta história, embora não faça referência direta a ser a Moça Santa negra, ilustra alguns dos aspectos de sua trajetória:

> Z: Liliana, agora também, tem muita coisa de crença que a gente, inclusive a gente acredita, né? Aqui, num sei se você já ouviu falar que antigamente tinha uma moça aqui, era uma paneleira, e chamava Córrego dos Macaco... então tinha uma moça aí que doeceu, ficou muito ruim, e diz que ela teve como morta. Quando eles já tava arrumando assim, funeral dela, que ela voltou em si e falou que ela não ia aquele dia não, que o Bom Jesus tinha falado com ela que ela tinha que levar uma água pruma mulher que tava doente na cama há muito tempo, que naquele tempo tinha muitas pessoas perebenta lá no córrego. Então ela levantou e diz que foi lá nesse lugar buscar água, que nem tinha água lá, e hoje ainda tem essa água. Foi lá pegar água, e levou prá dona e curou. Então a fama espalhou por todo canto: "A Moça Santa, tá fazendo milagre, a Moça Santa". Muitos zombavam, mas eu, eu tinha fé. De maneira que aqui em casa todo o mundo foi lá...
>
> L: E o que que aconteceu, com essa Moça Santa?
>
> Z: Ela morreu. Agora muitos diz que não acreditava, zombavam dela, mas eu tinha fé. Era uma pessoa humilde, paneleira, vinha trazendo... Neste tempo tinha um convento aqui, ela vinha, ficava aí, vendia as panela, atravessava com dificuldade a canoa prá trazer aqueles balaio de panela prá vender. Então... nessa época também tinha o padre João aqui, mas ele nunca que celebrava missa lá não. Muito difícil. Agora depois que ela morreu que a comunidade hoje é lá do Bom Jesus. Eles fizeram até a igrejinha onde era a casa dela. Eles tem sempre a celebração lá, o padre vai sempre lá celebrar, então ficou essa comunidade lá, né?

Esta mesma senhora, na atualidade uma das pessoas mais importantes no catolicismo local, conta com orgulho a grande graça que recebeu de Bom Jesus um dia em que, por desejo de ir a um mastro na Moça Santa quando ela ainda era viva, atravessou à noite o rio Capivari em uma cheia da qual ninguém acreditou que ela e seu irmão pudessem ter saído. Em seu relato, é curioso observar que a protagonista da história não é milagrosa por si, mas é a porta-voz de Bom Jesus, apesar de humilde, trabalhadeira, sem instrução e sem apoio da

Igreja – ou, talvez, até mesmo por causa disso. Novamente, assim como nos casos da máquina para lavar ouro, da santa encontrada no rio, do escravo preso que não sabia a Ave Maria e da batalha entre mouros e cristãos, são os negros e pobres os legítimos representantes do divino.

A esposa de Joaquim Rosa, Jovina, acrescenta detalhes relevantes à história. Segundo ela, após a morte da Moça Santa devido à soberba do povo por vê-la progredindo, o local ficou parado por cerca de dois anos. Sua reativação se deveu à ação de D. Carmelita, uma senhora da cidade vizinha responsável pela introdução da umbanda na região em torno da comunidade dos Poções – por solicitação dos próprios moradores. Segundo Jovina, D. Carmelita lhes disse que não deviam deixar o Bom Jesus sozinho, e como lá já havia um quadro com sua imagem, os habitantes das comunidades (negras e rurais) em torno deviam se unir e construir uma igrejinha no local. Eles assim fizeram, e na atualidade o mastro do Bom Jesus todos os anos é levantado em festa em sua homenagem, e na igrejinha há celebração de missas católicas – apesar de estas práticas não impedirem o vínculo dos habitantes da comunidade formada em torno da igreja com práticas religiosas afro-brasileiras.

Mas é em um texto redigido por um autor local desconhecido, e que me foi doado por uma jovem da cidade, que a trajetória da Moça Santa, por se confundir com acontecimentos significativos da história, adquire o sentido mais rico. Cito-o:

> Longos anos viveu na região de [Santa Luzia das Terras Altas (Terras Altas)], em um lugar denominado córrego dos Macacos, três moças de cor preta, das quais não se sabe o nome. Conforme a história contada por alguns antigos, aquelas moças levavam uma vida completamente religiosa com carinho, generosidade e respeito, para todo aquele povo, com o qual elas conviviam.
>
> Diziam que as referidas moças eram proprietárias de boa quantidade de terras naquele local. Devido a grande devoção, amor e veneração a NOSSA SENHORA DO ROSÁRIO, esse terreno foi doado a uma dessas virgens santas, cuja a imagem está até hoje intronizada no altar mor da velha igreja do Rosário de [Terras Altas], onde sempre foi e até hoje é festejada. Cujos festeiros são previlegiados pelos pretos de [Terras Altas].
>
> Em data mais recente viveu neste lugar uma preta chamada RITA DA COSTA PIRES, com as mesmas qualidades de devoção, paciência e respeito de suas predecessoras essa RITA ganhou renome devido a ter aparecido naquele local (Córrego dos Macacos) uma crença de fé com milagres onde o povo daquele lugar e de muitas outras adjacências por alguns anos fazia grandes romarias. Inclusive o saudoso e reverendíssimo de [Terras Altas] Padre [João Sacramento], dava assistência e dava sacramentos, entretanto somente casamentos e batizados.

> Falecida a referida MOÇA SANTA cuja a invocação e fé dos romeiros provinha da água de uma cacimba do córrego da qual eles bebiam terminando assim a romaria. O reverendíssimo Padre João tentou, por meio de uma ação justiçial, levar os bens que um dia pertenceram à Moça Santa para a Irmandade do senhor Bom Jesus, mas estes ficaram mesmo com a Irmandade do Rosário.
>
> Apesar de muitos comentários a favor e contra devido a esse acontecimento que ocorreu naquele lugar, conforme a maneira como a falecida Rita tratava o povo que vinha ali com grande abnegação e com caráter compassivo e filantrópico nada houve ali que desabonasse a ela, Moça Santa, em caráter religioso, jurídico ou social.

Percebe-se, aqui, como há uma mudança temporal de uma história ocorrida em meados do século XX para um passado mais remoto,[53] e como as três irmãs negras passam de paneleiras a proprietárias de boa quantidade de terras – havendo um deslocamento de sua imagem do pólo dominado para o dominante, apesar de suas características as colocarem no primeiro. Além disso, elas são descritas como devotas de Nossa Senhora do Rosário, e responsáveis pela doação do terreno onde foi edificada a igreja local destinada à santa. O surgimento da Moça Santa não é, portanto, nada mais que a reedição de uma história antiga de poder e devoção de três irmãs negras. Além disso, se nos relatos anteriores ela não contava com o apoio da Igreja (no de Jovina o culto a Bom Jesus só é consolidado pela ação de uma líder umbandista), neste o apoio é explícito, e justificado, pois não havia nada que pudesse desaboná-la. Uma pobre mulher negra passa a ser tanto o exemplo da devoção e do poder do divino quanto da força e da riqueza da negritude.

IV. "Ser negro" em Terras Altas: corpo, hábitos, estigma e poder

Apesar do que foi dito no item anterior com relação ao papel privilegiado atribuído ao negro quando se considera a história de Terras Altas tal como oralmente contada e atualizada nos ritos e lendas tradicionais, as relações entre negros e brancos nas interações face a face é complexa, e envolve uma forte discriminação do negro, bem como a valorização de um padrão estético

---

53. Sendo elas as responsáveis pela doação do terreno da Igreja do Rosário, construída no final do séc. XVIII – início do séc. XIX, há um deslocamento temporal de cerca de um século e meio.

e de comportamento próximos ao da elite branca (tanto local como nacional – para tanto também contribuindo nos últimos tempos os padrões divulgados pelos meios de comunicação de massa).[54] Por outro lado, o reconhecimento desta discriminação no discurso é difícil, pois ela é moralmente condenável e camuflada através do argumento da forte miscigenação e da conseqüente impossibilidade de estabelecer limites entre negros e brancos no município. Além disso, a classificação racial das pessoas não é um processo claro, e envolve sua inserção em um contínuo que vai desde aqueles considerados inquestionavelmente "negros" até aqueles inquestionavelmente "brancos", sendo que os extratos intermediários são, neste caso, muito mais significativos que os extremos. Há uma possibilidade efetiva de negociação em torno das classificações individuais, por haver critérios diferenciados na definição de tais classificações. Três destes critérios são fundamentais no processo: em

---

54. Com relação à estética, além de expressões como a de que o cabelo crespo é "ruim", encontramos nas falas tanto de negros quanto de brancos afirmações que demonstram como o modelo de beleza é branco. Assim, um professor local me disse que era tratado de maneira diferente na cidade porque não discriminava ninguém, e conversava da mesma forma com "desde a branquinha até a pretinha mais feinha". Em textos de alunos de 2° grau sobre o tema encontramos afirmações como as seguintes: "Para muitos a cor da pele e mais importante que a beleza e a grandeza interior", ou "A grande maioria da população de [Terras Altas] é composta pela raça negra [...] No entanto, em imensa maioria, raras exceções, procura esconder sua origem e mesmo busca negá-la, esticando os cabelos à moda dos brancos ou para imitar os cabelos dos brancos, se autodenominando moreno e assim por diante [...] Um exemplo da situação das mulheres negras é o trabalho como domésticas em que as 'brancas' (digo pela cor da pele, não pela raça) levam vantagem sobre as negras. A preferência das donas de casa sempre são pelas chamadas: 'bonitinhas'" (Este aluno foi candidato a prefeito e vereador pelo PT, e tem uma postura de militância na cidade).

Cito, ainda, um trecho de entrevista com Maria Preta, em que ela comenta, envaidecida, o tratamento que recebe de pessoas brancas em São Paulo, fala do racismo como se fosse motivo de orgulho, mas reconhece o padrão de beleza branco:

"M: São Paulo, o pessoal daqui prá fora num é racista não.Todo mundo lá, desses menino, desse aí prá riba tudo me chama de vó: "Fala com vó que vem embora". Otro: "Fala com vó que vem embora". Falei assim: "Mas gente, eu negra assim tem tanta gente branca... isso num saiu de mim não (risos)". Mas se ocê vê como que eles tá lá preocupado, querendo que eu vô embora. Falei "gente, inda num dá prá mim i não, deixa vê inda, uns dois dia aqui".

L: E o que que a senhora acha dessa coisa de racismo, D. Maria?

M: Esse que eu nem sei o quê que venha a sê. Num sei se é um orgulho, que um despreza pelo otro devido a sua cor e a minha, né? Eu só acho que é isso. Cê acha sua pele mió eu acho a minha. Sim, que foi o que Deus deu. Quer dizer que cê acha sua pele mió proque cê imbeleza, tudo, a sua dá prá imbelezá e a minha já num dá. Aquilo tudo já parece que é um orgulho."

primeiro lugar, as características físicas da pessoa considerada – em que entram não apenas a cor de pele, mas também o tipo de cabelo (mais liso ou mais crespo), e os traços fisionômicos (mais finos ou mais "chaboqueiros"); em segundo lugar, seus hábitos corporais e de higiene em geral (aspecto este normalmente vinculado à origem ou moradia urbana ou rural) – em que questões como higiene bucal, banho, odor, vestimenta, contato com o ambiente e os animais nele criados, entre outros, são a base da avaliação –; e, por fim, a religiosidade e prática da magia (feitiçaria), pois, como vimos em depoimentos anteriores e fica claro na fala de Maria Preta (em que ela comenta o ditado "Terras Altas é terra de feiticeiros"), há o estabelecimento de um vínculo direto no imaginário entre negros e feitiçaria:

> M: Eles fala isso, mas eu acho que aquilo é ilusão. Mas falá eles fala.
>
> L: E por que a senhora acha que eles fala isso?
>
> M: Uai, eu acho que é invição, proque aqui em [Terras Altas] o pessoal é muito bão, né? Num tem um desses município aqui que adota o pessoal que nem [Terras Altas]. E eles prá mode de humilá, proque é nego, eles já pôs esse negócio.
>
> L: Quer dizer que a senhora acha que esse negócio é porque é negro?
>
> M: É. Humilá, né? Acho que é porque é nego.
>
> L: Mas por quê? O que que a senhora acha que tem a ver o feitiço com ser negro?
>
> M: Isso eu num sei. Quer dizer, só que eles num tinha a moda de falá "é aquele nego dos óio vermelho é feiticeiro". (risos) Eu só acho... teve uma veiz que teve uma eleição aí que eles cantô: "Badaró é prá negócio, Berilo prá posição, [Terras Altas] prá feiticeiro, Minas Novas prá ladrão". Eles pôs isso tudo. Aonde é que eu acho que é humilano. Sim, porque é raça nega, né? E hoje num tá podeno nem humilá mais...

Os depoimentos de Maria Preta demonstram como o problema é complexo e envolve níveis diferenciados de discurso. Assim, ela critica explicitamente a discriminação como uma forma de humilhação devido à "invição"[55] dos regionais pela bondade do povo de Terras Altas, mas, ao mesmo tempo, em depoimento citado em nota anterior reconhece que os padrões de beleza legítimos são os brancos, e se sente envaidecida de ser tratada como avó por crianças claras em São Paulo (onde ela afirma não haver preconceito – em contraste implícito com Terras Altas). Lembre-se, ainda, ser ela quem conta a estória do "nego da Costa" que queria casar com a rainha, sendo fundamental para tanto

55. O termo "invição" tem um sentido que aponta para a inveja, mas uma inveja relacionada à ambição negativa.

que se lavasse com sabão e tirasse os bichos de pé. Além disso, como diz sua afilhada, se ele é malsucedido em seu intento e apanha, há algo de positivo no processo, pois "pelo menos os bicho ficô tirado". Mas é em uma reza cantada por Maria Preta que fica explícita a condenação do modo de vida de origem africana, bem como os problemas enfrentados pelo negro frente a suas diferenças raciais e culturais:

Ai meu Deus, ai meu Senhor,
Senhor de toda valia,
Se é por mode do meu cabelo
Perdoai, ai meu Senhor.
O cabelo não é pecado,
Que Deus deu a todos nós.
O cabelo só é pecado,
Prá quem traz ele arrufado.

Ai meu Deus, ai meu Senhor,
Senhor de toda valia,
Se é por mode dos meus olhe
Perdoai, ai meu Senhor.
Os olhe não é pecado,
Que Deus deu a todos nós.
Os olhe só é pecado,
Prá quem olha atervessado.

Ai meu Deus, ai meu Senhor,
Senhor de toda valia,
Se é por mode dos meus dente
Perdoai, ai meu Senhor.
Os dente não é pecado,
Que Deus deu a todos nós.
Os dente só é pecado,
Prá quem traz ele alimado.

Ai meu Deus, ai meu Senhor,
Senhor de toda valia,
Se é por mode do meu cospido
Perdoai, ai meu Senhor.
O cospido não é pecado,
Que Deus deu a todos nós.
O cospido só é pecado,
Prá quem cospe no sagrado.

Ai meu Deus, ai meu Senhor,
Senhor de toda valia,
Se é por mode do meu comido
Perdoai, ai meu Senhor.
O comê não é pecado,
Que Deus deu a todos nós.
O comido só é pecado,
Prá quem come até gulá.

Ai meu Deus, ai meu Senhor,
Senhor de toda valia,
Se é por mode do meu andado
Perdoai, ai meu Senhor.
O andado não é pecado,
Que Deus deu a todos nós.
O andado só é pecado,
Prá quem anda farseano.

Nesta, torna-se ainda mais evidente a não aceitação da estética, cultura e religiosidade de origem negra pela população local – e principalmente dos dois últimos aspectos, pois se não é pecado ser negro, o é se comportar como tal. Ironicamente, é uma senhora idosa que se aproxima do estereótipo do negro quem canta esta reza, sobre a qual não reflete – afinal supostamente rezas são textos sagrados que devem ser mantidos da maneira que foram aprendidos, e cuja sacralidade impede que sejam sujeitos a uma análise de seu conteúdo. Percebe-se, portanto, a relação entre os extremos do contínuo branco-negro e a dicotomia bem-mal, em que do ponto de vista estético se opõem beleza-feiúra, do ponto de vista dos hábitos corporais limpeza-sujeira, e em termos de práticas religiosas "coisas de Deus"-"coisas do diabo". É este desdobramento da dicotomia que faz com que os poderes mágicos atribuídos ao negro, mesmo em situações em que ele representa a possibilidade de cura e a minimização dos problemas relacionados à falta de acesso a serviços médicos, sejam condenados como não sendo "coisa de Deus", e que haja uma posição de ambigüidade com relação a eles, como se explicita no seguinte texto de um aluno do 2° grau, em que ele comenta o ditado "Terras Altas é terra de feiticeiros" (o único dos seis textos sobre o tema em que não há um vínculo direto entre este ditado e a predominância de população negra):

O que acho da afirmação: "[Terras Altas] é terra de feiticeiro"

> Desde muito tempo atrás as pessoas vem dizendo que [Terras Altas] é uma terra de feiticeiro. Porque as pessoas que vêm de fora tinham medo das pessoas mais velha, sempre as pessoas mais velhas são muito sábias. E por isso as pessoas dos outros lugares ficam cismados com [Terras Altas]. E ficam falando, [Terras Altas] é a terra de feiticeiro. Sempre tem algumas pessoas que sabem fazer feiticio para matrata as pessoas boas e tem pessoas que usa o feiticio para fazer coisas boas. Tem pessoas que tem parte com o diabo e tem pessoas que tem fé em Deus. Se as pessoas tiverem fé em Deus não existiria feiticio.

Vemos, aqui, que se o feitiço é definido como a sabedoria das pessoas mais velhas, e que pode ser usado tanto para prejudicar pessoas como para fazer coisas boas, estas últimas parecem ser desconsideradas logo depois de sua afirmação, pois "tem pessoas que tem parte com o diabo e tem pessoas que tem fé em Deus", e, independentemente da possibilidade de usar a sabedoria dos mais velhos positivamente, a fé em Deus representaria sua anulação. Ao mesmo tempo, se a "fé em Deus" pode proteger a pessoa contra o ataque por feitiçaria de inimigos,[56] desde que atingida o único recurso para se livrar do mal é recorrer aos mesmos métodos utilizados pelo agressor. A ambigüidade e temor em relação à feitiçaria, ao mesmo tempo que sua relação com os negros e a tentativa de rechaçar a discriminação aparecem em texto de outra aluna do 2° grau sobre o mesmo tema:

> [Terras Altas] é terra de feiticeiros é num certo ponto uma discriminação que pessoas de cidades vizinhas têm para com [Terras Altas]. Isto é dito porque a maioria da população é de pele escura, e algumas pessoas criticam dizendo que aqui é terra de feiticeiros, mas também não se pode negar que exista, pois em toda parte do mundo há de uma forma ou de outra a fé de se curar ou fazer mal à pessoas sem que elas sejam tocadas fisicamente, e sim tocadas espiritualmente, por isso dizem que quem não acredita em feitiçarias não pode ser afetada pelo feitiço.
>
> Eu não posso dizer se há ou não feitiçaria, mas eu acho que através da fé em Deus pode-se curar uma pessoa necessitada, e do mesmo que há pessoas que têm fé em Deus, há pessoas que têm fé em espíritos malignos e os convocam para arruinar a vida das pessoas.
>
> Dizem que esse feitiço só pode ser quebrado se a pessoa for ou mandar alguém ir à um terreiro de curandeiro.

A estigmatização do lugar pelos habitantes regionais torna a questão ainda mais intrincada, pois são a predominância de população negra e a atribuição de feitiçaria a ela relacionada os principais aspectos na construção do

---

56. Parte das conversões ao protestantismo na cidade se deve a esta percepção de que ele seria uma maneira mais eficaz de garantir esta proteção que o catolicismo.

estigma. Como afirmam dois senhores de mais de oitenta anos, habitantes de um dos distritos do município com moradores reconhecidamente mais claros que os da sede municipal:

> J: [Terras Altas] é terra de gente muito feiticeiro, viu? Vixê! Uns preto porco,[57] sem vergonha, danado prá sabê pô feitiço.
>
> L: Mas o feitiço é só dos pretos? Os brancos não...
>
> J: Não, é só dos preto. Sopra assim, num brinca não que o nego cai...
>
> Z: Prá quem acredita, há o feitiço. Jesus Cristo fala na Bíblia: "Prá quem acredita há o feitiço". Em [Terras Altas], eu não sei mais, no meu tempo, prá trás aí, tinha muita gente perigosa. Eles fazia coisa que nem queira saber...
>
> L: Mas que tipo de coisas?
>
> Z: É... maldade. Eles dava o seu jeito deles. Tinha raiz, tinha uns negócio no rastro... Eles fazia bobagem no rastro do povo.
>
> [...]
>
> Z: Que tinha muita gente perigosa lá. Hoje eu não sei, mas no passado tinha muita gente perigosa lá.
>
> L: Mas perigoso em geral era preto ou tinha branco?
>
> Z: Tudo preto. Ali em [Terras Altas] mesmo, na cabeceira, lá na rua lá de cima tem um tal Bento Machado, tiro esse Bento daí também, viu. Ele era até muito boa pessoa, foi fiscal do mercado, um raizeiro, curador, tinha... picada de bicho ele era bom e tal, mas ele não era brincadeira não.

Novamente a discriminação se encontra recheada de ambigüidade. O primeiro desses senhores, na mesma entrevista em que faz a afirmação acima, diz que em Terras Altas "é uns preto, mas é uns preto prestado", e o segundo reconhece que o feiticeiro a que se refere é boa pessoa, curador, foi até mesmo fiscal do mercado, mas tinha um poder que devia ser temido, era "perigoso", e mesmo admitindo o lado positivo de seu poder, quando fala dele de maneira geral o identifica como "maldade". Também em conversa com uma senhora moradora de uma cidade vizinha, esta afirma que na estrada entre sua cidade e Terras Altas há várias comunidades negras, mas são uns "pretos limpos, asseados", enquanto

---

57. Aqui, a designação dos negros como porcos, porque feiticeiros, é interessante, na medida em que o mesmo adjetivo é normalmente utilizado para se referir a eles devido a seus hábitos de higiene considerados inadequados – como no caso em que o fato de serem "porcos" justifica a resistência de habitantes da sede municipal em comer em suas casas na zona rural, ou os comentários em torno de seu odor tido como inadequado.

aqueles da região dos Poções são "sujos, porcos" – sendo importante ressaltar que são estas as comunidades em que as práticas religiosas afro-brasileiras e comportamentos mais distantes do padrão branco são observados.

Neste contexto, compreende-se a negação de Seu Geraldo da discriminação, baseada em uma miscigenação intensa e no reconhecimento da negritude que caracteriza a cidade – ela representa uma forma de lidar com um estigma que também internamente é ressaltado, consolidando um discurso de unidade local frente à discriminação externa:

> L: Há, sempre, de certa forma, uma referência de que [Terras Altas] seria uma cidade de negros. O senhor acha que [Terras Altas] também tem essa visão de si mesma, ou não?
>
> G: Não, muito pouco. Se tem é muito pouco. Quase não dá para se notar isso, aqui em [Terras Altas]. Hoje é muito grande a mistura. Porque quase a maioria dos negros de [Terras Altas] já se infiltraram na maioria de família de pessoas brancas aqui. Então, com isso, lá vai se perdendo, porque já tem muitos filhos de casais de negros com brancos que hoje já não são nem negros nem brancos, já são assim numa cor mulata, numa cor que eles tarja cuia. Então mudou muito, não é mais aquele negócio de falar do negro... Nós temos famílias de brancos aqui que se falar de negros tão falando deles, porque eles são raça de negros. Então, por muito branco que seja não pode falar de negro, porque a descendência tem gente de negros, entendeu? E nós temos mesmo, muita gente branco aqui que é tudo raça de negro.
>
> L: Mas o senhor acha assim que a cidade não gosta que fale que ela é uma cidade de negros?
>
> G: Não, não se incomoda, porque sabemos que a maioria da cidade é de negros mesmo.
>
> L: E isso é diferente das cidades vizinhas?
>
> G: É sim, é diferente. Porque as cidades vizinhas geralmente são familiares às vezes tradicionais de famílias de gente branca, e as nossas aqui tradição é mais é de negro.
>
> L: E o senhor acha que aqui em [Terras Altas] tem algum tipo de discriminação? Na relação entre negros e brancos?
>
> G: Não, não, quase não existe isso aqui. Não existe e acho que nem pode existir, porque quase que os brancos a maioria são tudo raça negra mesmo. É... nós temos poucas famílias aqui que ainda são raça de português, que são brancos mesmo.

Percebemos, neste depoimento, uma série de aspectos que reforçam o que foi dito até agora. Em primeiro lugar, há uma negação clara da existência de discriminação racial no município, mas esta não é atribuída a uma ilegitimidade da discriminação, mas sim a sua impossibilidade devido à presença de negros inclusive nas famílias aparentemente brancas. No entanto, esta própria fala reconhece tanto a importância local das questões raciais quanto, de certa forma, justifica a discriminação regional, na medida em que a cidade se distingue das demais pela predominância de população negra, ela é de "tradição de negros". Além disso, se a miscigenação está provocando uma certa diluição da negritude – que, como ficou claro ao longo do capítulo, é relacionada a uma descaracterização da cultura negra, a uma aproximação familiar e sócio-cultural entre negros e brancos –, esta diluição é ainda insuficiente para descaracterizar a tradição local. Novamente, uma postura que simultaneamente aproxima e distancia a comunidade de suas vizinhas, que reconhece e nega a importância do negro e que torna complexa a questão da identidade local.

* * *

A compreensão da religiosidade e da crença na magia, que serão discutidas na Parte II deste texto, só se torna possível a partir de um diálogo com a história do lugar e seu perfil sócio-econômico e político atual, descritos no capítulo anterior, e a forma como esta história é localmente interpretada, aqui exposta. Aspectos como o processo de colonização e implantação do catolicismo na região, a memória da escravidão e da mineração aurífera, a maneira como as relações entre negros e brancos são encaradas, a estrutura de poder local e a ambigüidade da postura frente ao negro e sua magia são fundamentais na constituição da religiosidade dos moradores de Terras Altas, bem como em sua percepção das relações sociais e das ameaças da diferença. A partir de agora, passaremos a nos debruçar especificamente sobre estes temas.

PARTE II

TERRA DE FEITICEIROS

CAPÍTULO III

Catolicismo e magia: a presença do sobrenatural

I. "Tudo depende da vontade divina..."

Se a compreensão das relações de trabalho, políticas e sociais de Terras Altas só é possível a partir do conhecimento de sua história e das influências da forma de colonização e sistema escravocrata no imaginário e na organização social na atualidade, o mesmo se dá com referência à religiosidade local e aos aspectos mágicos nela presentes. Com efeito, a transformação do povoado e circunvizinhança, após a decadência mineradora, de região com destaque na economia das Minas e atrativa de mão-de-obra para região expulsora de mão-de-obra e de baixo interesse econômico para os grandes capitais tornou sua população menos influenciada pelos processos de modernização que caracterizam certas partes do país, fazendo com que também a compreensão do mundo e a orientação das ações cotidianas continuem sendo fortemente marcadas pelo imaginário elaborado no período colonial, em que o catolicismo ocupa lugar de relevo. Catolicismo este que se consolida não apenas de forma difusa, mas ainda de maneira estruturada, através da extensão imediatamente posterior ao desbravamento das Minas Novas da organização oficial da Igreja à área. Como vimos, o surgimento do povoado em 1729 é diretamente acompanhado de sua transformação em freguesia católica (1730), e sua estratificação social é constituída, ao que tudo indica, através da presença das duas irmandades leigas básicas – a Irmandade do Santíssimo Sacramento, da elite branca, e a Irmandade de Nossa Senhora do Rosário dos Homens Pretos, Libertos e Cativos, ambas já consolidadas quando seus compromissos são registrados em 1822. É marcante, ainda, a existência de um Recolhimento de Mulheres no povoado (presente na memória como "convento de freiras"), fundado em meados do século XVIII e que perdura até o século XIX – embora já em decadência na segunda década deste, como explicitado no primeiro capítulo.

Acrescente-se que, desde então, são os eventos relacionados com o catolicismo os principais responsáveis pela sociabilidade local: as festas de santo são as grandes festas da cidade, mobilizando a população como um todo, e é uma destas festas – a de Nossa Senhora do Rosário – o rito mais importante na demarcação da identidade e unidade do grupo; as celebrações de missas e cultos aos domingos faziam com que, até há bem pouco tempo, o movimento de jovens e adultos na rua para divertimentos noturnos se concentrasse no domingo, após a missa; as comemorações individuais de maior destaque são as relacionadas a casamentos religiosos e batizados, havendo também outras vinculadas à realização de terços, novenas ou outras rezas nas casas de algumas famílias. Também os velórios, sepultamentos, períodos de luto e missas fúnebres são momentos importantes na afirmação da unidade da comunidade e das relações sociais e reconhecimento de que desfruta a família enlutada, bem como da relevância social do morto. Na zona rural, a presença eventual do pároco na comunidade pode provocar grandes deslocamentos de população, e em geral as celebrações são acompanhadas de consumo – muitas vezes excessivo – de comida e, principalmente, bebida.[58] Além disso, tanto o calendário semanal quanto anual é marcado por acontecimentos católicos. Semanalmente, há a adoração da Sagrada Face às terças à tarde, a do Santíssimo Sacramento às quintas à noite, catecismo para as crianças no domingo pela manhã, missa nos domingos à noite. O Ano Novo é celebrado com uma missa, e a partir de seu início as festas se sucedem: São Sebastião, Santa Luzia, Quaresma, Semana-Santa, Festa do Divino Espírito Santo, festas juninas, Festa de Nossa Senhora do Rosário, Natal. Festas estas que mobilizam praticamente todos os moradores urbanos (com exceção do pequeno número de evangélicos), bem como vários dos habitantes das áreas rurais, além dos mastros de santos comemorados nos distritos, povoados e comunidades da zona rural ao longo de todo o ano.

58. Com a introdução de cultos afro-brasileiros nas últimas décadas na zona rural, que será melhor explorada posteriormente, seus ritos têm sido, também, importantes momentos de sociabilidade dos moradores das comunidades em que têm penetração.

Pode-se dizer que a catequização foi um processo extremamente bem-sucedido ainda no que se refere à identificação religiosa dos moradores: segundo os dados censitários, em 1970 a totalidade da população local se declarava católica, percentual que reduz para 99,42% em 1980 e 96,78% em 1991. Mesmo a redução de população católica nas últimas décadas não representa uma mudança significativa na visão de mundo dos convertidos a religiões protestantes (a única alternativa reconhecida ao catolicismo), na medida em que o discurso cristão é a base da conversão, e três são os motivos básicos de sua ocorrência (sendo o primeiro deles aquele normalmente mobilizado pelos convertidos): a insatisfação com o catolicismo por não levar a uma observância clara dos preceitos cristãos; o desejo de reconstruir o passado individual do convertido em uma cidade em que este passado é de conhecimento público; o medo das ameaças da feitiçaria e a suposição de que as religiões protestantes seriam uma forma mais eficaz de se proteger contra elas. O único dado censitário que representa uma mudança significativa com relação aos períodos anteriores é o aparecimento, em 1991, de 0,06% de moradores locais que se declaram sem religião – pois esta é uma situação inconcebível para a maior parte dos habitantes de Terras Altas. Como é explicitado através de alguns textos escritos por alunos do 2° grau, percebe-se a religião (cristã) como parte essencial da vida das pessoas, na medida em que é ela que estabelece os valores fundamentais a serem seguidos no cotidiano, impedindo que se aja sem limites e com prejuízo aos demais – em outras palavras, é ela que representa o sistema moral por excelência:

> A Religião em minha vida é muito importante, pois apartir de quando uma pessoa nasce ou vêm ao mundo, ela já vem predestinada a se ter uma Religião seja ela qual for, pois no Brasil existem várias Religiões, e ninguém vive sem se praticar nenhum tipo de Religião.[59]
>
> Existem Religiões que as pessoas se batizam depois de adúlteros[60] e também se transferem de uma para a outra. Mas eu não sei se isto é permitido. Eu sou católico, gosto muito de minha Religião, não pretendo me mudar tão cedo para outra, não é despresando ou desfazendo das outras, mas sim porquê eu sou contra essa coisa de ficar se mudando de uma Religião para outra (L.F.F., 18).

---

59. A forma como a religião é abordada pelo texto deixa claro que esta referência a várias religiões é feita tendo em mente a proliferação do protestantismo no local, havendo um vínculo direto entre a noção de religião e de cristianismo.

60. Embora a intenção do autor aqui tenha sido claramente a afirmação do batismo adulto entre os protestantes, é interessante pensar em como esta expressão poderia ser uma indicação da possibilidade aberta pelo protestantismo de revisão do passado do convertido.

> Eu acho que a religiosidade é um dos pontos mais importantes na vida de cada pessoa. A fé deve estar presente a cada momento da vida; você tendo fé, será mais fácil de conseguir o que deseja, lutar pelos seus sonhos, só agir com boas intenções, etc.
>
> Não importa se você tem uma religião diferente da minha ou de quaisquer pessoas, o que interessa é se você crê que Deus existe e que o mesmo percorre com seu olhar todo o mundo, eu acho que você deve optar por aquilo que te faça sentir bem, mas nunca se esquecendo de ter muitíssima fé.
>
> Você não tendo fé em Deus, acabará machucando a si próprio e também aos outros que os rodeiam; fazendo tudo que vem em tua mente; sem mesmo pensar antes de expressar.
>
> [...]
>
> Portanto, não perca a coragem de lutar pelo que quer; corra atrás mesmo; pois você conseguirá; principalmente se acredita em Deus, porque acho que Ele é tudo que se deve ter fé; não acham? (G.R.M., 17).

> Religião é importante para mim, não pelo fato de não salvar lugar no céu, mas para expressar e obter conhecimentos de como ser fiel e escolhida por Deus. que é o único ser capaz de nos libertar do pecado e de tudo que nos prende ao pecado.
>
> Fazer parte de uma religião é obter tal diciplina que se segue e nela caminhar juntos aos irmãos na busca de se salvar e ser liberto.
>
> Não importando que tipo de religião, o interessante para mim é obter conhecimentos bíblicos, evangélicos, verdadeiras palavras de Deus que nos conduzirá a ti. o ser supremo, unipotente que se chama: Jesus Cristo.
>
> se conseguir passar pelas barreiras difíceis da vida, sabendo amar e perdoar o próximo, certamente serei um ramo da videira: "Jesus" (M.C., 26).

Também em uma entrevista com D. Zilda, uma das principais beatas da cidade, este caráter moral da religião (católica) é explicitado:

> L: A senhora imagina um mundo sem religião?
>
> Z: Ah, meu Deus do céu, que não seria, hein? É muito triste. Pois mesmo assim tem muitos que tem hora que nem participa, você vê quantas coisas no mundo. E sem oração, o quê que seria? Que a oração tem muita força, então a gente deve sempre tá rezando, pedindo a Deus para que haja muitas coisas boas no mundo, que há muita violência... muitas injúrias, tanta coisa que a gente vê passar nas televisões... E até mesmo no lugar da gente, quantas injustiças que a gente vê. A gente vê que tá errado, e não pode fazer nada ali.
>
> L: E a senhora acha que a falta de fé contribui muito para isso?

Z: Contribui muito, ué. Que a pessoa num tem fé, prá eles pode fazer tudo quanto há. Eles num tão ligando nada. Então eu acho que é a fé que tá faltando.

A concepção da religião como parte essencial do mundo, presente na vida do indivíduo desde o seu nascimento e responsável por incutir-lhe os valores morais essenciais, e da identificação desta religião com alguma das formas de devoção cristã, ilustradas nas citações acima, se desdobra em uma das características mais marcantes do cristianismo local: a dicotomização do mundo entre bem e mal, coisas "de Deus" e "do diabo". Característica esta que dificulta a admissão da possibilidade da ausência de vínculo religioso, na medida em que a afirmação de tal ausência implicaria no reconhecimento daquele que a faz relacionando-o ao lado renegado da dicotomia, o lado do mal, do diabo – e, como ficará mais claro no próximo item, de um tipo específico de magia, muitas vezes negativa. Também o vínculo a qualquer tradição religiosa não cristã aponta no mesmo sentido, sendo portanto difícil seu reconhecimento – pois, como afirma Seu Juca, ser religioso é não ser pagão, é crer no Deus cristão:

J: "Ninguém pode ser pagão. Não! Cê é pagão, fulano? Sou. Ni quê? Na sabedoria. Não! Deus te deve, deve coisa, né? Porque Deus disse assim "Faz a sua parte que eu libero". Porque acreditar em Deus é muito precisado.

O mesmo Seu Juca faz, ainda, em outro momento, citação que reforça o que foi dito, além de identificar a humanidade com o vínculo com a cristandade. Em outras palavras, uma pessoa é definida como "um cristão":

J: Eu acho que deve. A pessoa deve ter uma devoção. Deve ter qualquer devoção, porque se ele não tiver devoção nenhuma, ele tá é no ar. É preciso ter uma devoção, ué. Uma devoção é preciso ter. Como é que um cristão, um cristão fica aí sem ter uma devoção?

A visão dicotômica do mundo, por sua vez, se relaciona com a concepção católica do período pós-reforma, como explicita Laura de Mello e Souza (1993). Segundo a autora, a ênfase na demonologia que marca o período e influencia de forma marcante o modelo catequético no Novo Mundo é responsável por uma concepção binária que implica na divisão clara entre as esferas do divino e do demoníaco, bem como na tendência a identificar a alteridade com a segunda destas esferas. Abrem-se, assim, duas possibilidades de incorporação oficial de aspectos da religiosidade negra e indígena no catolicismo colonial: a primeira delas através da aceitação da presença de aspectos que são vistos como não prejudiciais ao processo de catequização em festas e ritos dirigidos ao gentio e aos escravos, a segunda através do reconhecimento de práticas negras e indígenas como representações de práticas mágicas ou rituais vinculadas ao demônio. Ambas as possibilidades influenciam de maneira marcante as concepções religiosas de Terras Altas, reforçando a afirmação de Laura de Mello e Souza de que "os fenômenos de mentalidade perdem-se, quase sempre, na longa duração" (1993:140).

Não se restringem, contudo, aos aspectos acima citados as influências do catolicismo pós-reforma na religiosidade de Terras Altas. Também pode ser identificada a presença de noções da cultura popular e do imaginário moderno – que vão desde a forte crença na magia (abrindo um caminho a mais de incorporação de aspectos da religiosidade indígena e negra ao catolicismo popular, além dos dois oficiais anteriormente citados) até a possibilidade de identificação de imagens vinculadas ao suplício e ao despedaçamento do corpo. Com relação a este último ponto, Laura de Mello e Souza (1993) afirma que:

> Golias, Holofernes e são João Batista aludem ao tema da decapitação; são Sebastião, santa Úrsula, santa Ágata, santa Margarida, por sua vez, representam a problemática mais lata do suplício. Seja para reforçar o poder dos reis absolutos, seja para consolidar um novo tipo de justiça, seja para enfrentar a turbulência decorrente de credos religiosos diversos, o Antigo Regime é o tempo dos suplícios. No espetáculo sangrento dos corpos que pendiam das árvores, se espalhavam, desmembrados, no cadafalso das execuções, apodreciam sob a gula das aves de rapina, a violência se mostrava tão cotidiana e freqüente que corria o risco de banalizar-se. Mesmo se indício de mutação do poder, os suplícios acabaram embebendo o imaginário moderno, colorindo-o de tons sombrios.
>
> Não é pois de estranhar que a obsessão com o suplício, com as execuções, com o dilaceramento entre Luz e Trevas impregne de forma impressionante a iconografia moderna: templos de Jerusalém coalhados de cadáveres, que os soldados passaram pelo fio da espada; cristãos arremessados de penedos por soldados romanos; paisagens em que as cruzes e forcas se erguem contra o horizonte – tudo isso retrata menos o mundo antigo e bem mais as aldeias saqueadas pelas tropas que combatiam na terrível guerra dos Trinta Anos... (:128).

No contexto atual de Terras Altas, podemos encontrar uma reza dentre as cantadas por Maria Preta que submete o próprio corpo de Cristo a um despedaçamento (corpo este já comumente representado no suplício da cruz), em que cada uma das partes do corpo sagrado passa a ter um sentido especial:

> Meu Bom Jesus do Calvário
> Vossas cruz é da oliveira
> Vós seja uma linda flor
> Que nasceu entre as roseira

Vós sejais uma linda flor
Que nasceu entre as roseira

Na vossa tanta cabelo
Mais fino de que um ouro
Inda espero deu entrar
No vosso santo tesouro
Inda espero deu entrar
No vosso santo tesouro

A vossa santa cabeça
Coroada de espinhos
Pelo amor dos meus pecado
Meu Bom Jesus do Bonfim
Pelo amor dos meus pecado
Meu Bom Jesus do Bonfim

O vosso santíssimo rosto
Que está tão moreno
Inda espero deu oiá
No vosso santo intrumento
Inda espero deu entrá
No vosso santo instrumento

A vossa santíssima boca
Que bebeu fel amargoso
Pelo amor dos meus pecado
Meu Bom Jesus procurou
Pelo amor dos meus pecado
Meu Bom Jesus procurou

O vosso santo pescoço
Foi atado em duas corda
Pelo amor dos meus pecado
Senhor Deus, misericórdia
Pelo amor dos meus pecado
Senhor Deus, misericórdia

Dos vosso santíssimos ombro
Carregaste esta madeira
Pelo amor dos meus pecado
Meu Bom Jesus verdadeiro
Pelo amor dos meus pecado
Meu Bom Jesus verdadeiro

A vossa santíssima mão
Foi cravado numa cruz
Pelo amor dos meus pecado
Padeceu meu Bom Jesus
Pelo amor dos meus pecado
Padeceu meu Bom Jesus

O vosso santíssimo peito
Foi lançado com uma lança
Pelo amor dos meus pecado
Sofrerei tantas vingança
Pelo amor dos meus pecado
Sofrerei tantas vingança

O vosso santíssimo imbigo
Que pusesse uma toaia
Pelo amor dos meus pecado
Meu Bom Jesus dos Calvário
Pelo amor dos meus pecado
Meu Bom Jesus dos Calvário

A vossa santa cintura
Trançada com cós se viu(?)
Pelo amor dos meus pecado
Meu Bom Jesus Diamantino
Pelo amor dos meus pecado
Meu Bom Jesus Diamantino

Os vosso santo joeio
Todo ferido enxaguar
Pelo amor dos meus pecado
Coração triste amagoado
Pelo amor dos meus pecado
Coração triste amagoado

O vossos santíssimos pé
Mais fino que neve pura
Andava vertendo sangue
Pela rua da amargura
Andava vertendo sangue
Pela rua da amargura

A mulher santa Verônica
Encostada no Calvário

E chorando pelo Senhor
Que morreu crucificado
E chorando pelo Senhor
Que morreu crucificado

Essas quinze petição
Senhor Deus queira aceitar
Abre a porta do céu
Deixa meu Senhor entrar
Abre a porta do céu
Deixa meu Senhor entrar.

Esta incorporação de um tema tão presente no imaginário moderno nos leva a pensar sobre sua adequação a um contexto histórico diferenciado: o contexto da escravidão colonial. Assim como no período da história européia acima descrito os suplícios se reúnem ao imaginário a partir de sua experiência cotidiana, também o tratamento dado aos escravos é reconhecidamente marcado pelo suplício e mutilação do corpo (sendo esta, além disso, a maneira como a escravidão é vista localmente na atualidade, como ficou claro no capítulo anterior). A semelhança que pode ser então estabelecida entre este tratamento e aquele dado ao filho de Deus resultaria, assim, não apenas na consolidação de um tema do imaginário moderno, mas também no reforço de uma imagem que identifica o negro não ao mal, ao diabo, mas sim, apesar das aparências, ao bem, ao divino (processo que ocorre de várias outras maneiras em Terras Altas, como vimos antes).

Há, ainda, uma série de outros aspectos populares marcantes na religiosidade local, dentre os quais podemos citar a maneira como é interpretada a relação entre devotos e divindade. O comportamento ou não de acordo com os preceitos considerados adequados pelo catolicismo local podem resultar em recompensas ou castigos interpretados como legítimos – o que se explicita nos depoimentos anteriormente citados sobre as recompensas e castigos divinos relacionados à atividade mineradora. Também como exemplo mais direto, para os mais velhos o uso do preto (cor característica do luto) por "luxo" (ou seja, por alguém que não tem motivos para estar enlutado) poderia provocar como castigo a morte de algum familiar próximo. A situação era ainda mais dramática no caso de mulheres casadas, em que o uso do preto seria interpretado como um desejo de morte do próprio marido. Seguindo a mesma lógica, algum dos parentes na categoria que deveria usar luto (filhos ou esposa/marido), caso não o fizesse e, principalmente, usasse roupas com qualquer tom de vermelho ou cor próxima, também poderia provocar uma outra morte na família a fim de que o luto viesse a ser respeitado (em ambos os casos, como castigo divino, embora este castigo fosse até certo ponto visto como uma conseqüência direta dos atos).

A capacidade divina de punir quem vá contra seus preceitos ou beneficiar quem a eles se submeta fica explícita no seguinte trecho de um aluno do segundo grau:

> Religião na vida de todos, usada por poucos. Religião será que nós realmente conhecemos e sabemos o real significado. Possui na sociedade os católicos e crentes, mas tanto católicos como os crentes tem a sua fé, seu ritual e manifestações coisas que fazem parte de sua religião. Religião na minha vida tem significado que vem através da fé e crença que Deus realmente existe. Mas nem todos são como eu, é claro. Uma determinada família não acreditava em Deus e nunca tinha colocado os pés em uma igreja, caso que que existe em qualquer país, cidade etc. Família essa que era formada por três pessoas: Mãe, Pai e filha. A filha desse casal chegou a ficar muito doente em situação muito crítica, a sua mãe vendo a sua filha naquela situação resolveu procurar uma igreja para orar e pedir a Deus, pessoa que eles nao acreditavam que existia, pediu a Deus que não deixasse sua filha morre, que trazesse ela de volta a vida. Passado algum tempo ela ficou boa voltou a viver normalmente, apartir sua filha após sair do hospital foi até uma igreja lugar que ela nunca tinha estado e agradeceu a Deus por tudo. Apartir daí eles começaram a ter fé e acreditar que Deus realmente existe (J.V., 18).

Neste texto, o autor explicita que não apenas Deus castigou a família por sua descrença, mas este castigo foi uma forma de convertê-los ao caminho correto, sendo portanto legítimo. Em alguns outros casos, a lógica é distinta: o acontecimento funesto é aleatório, mas a fé em Deus ou algum santo faz ocorrer como que um "milagre". Assim ocorre no relato de Seu Agostinho citado em nota do capítulo anterior, em que a repetição por três vezes de um rogativo à Virgem da Lapa o leva a encontrar uma grande pepita de ouro (fato que depois é interpretado por seus pais como uma recompensa pelo bom tratamento que lhes dá, e pelos "Deus te ajuda" que dizem em retribuição). Ou ainda, de forma mais marcante, no de Seu Juca, quando este tem o braço mordido por uma onça. Neste caso, a devoção o salvou por duas vezes: primeiro, ao rogar a Nossa Senhora Aparecida para que a onça o soltasse; depois, quando sua mulher afirma ter fé em Deus que não seria necessário que lhe cortassem o braço – o que, apesar da aparente necessidade, não ocorre. Cito, aqui, dois trechos de entrevista em que ele narra este acontecimento:

> J: ...e gritei: "Mim vale minha Nossa Senhora Aparecida, que eu tem fio prá criá". Ela abriu a boca. Mas ela já tinha passado a mão em mim. Ela abriu a boca, sortô eu, mais juntô os dois cachorro e disse eu num puxo ocê mais eu pego o seu cachorro. Pegô ês dois assim e fechô ês assim no peito.

E, ainda:

J: Trouxe o carro aí, pôs eu dentro do carro, e levou prá Dr. Geraldo, em Minas Nova. Dr. Geraldo foi que tratô de mim. Cheguei lá, num tinha hospital não, só consultório. Mandou eu sentá. E a mão, oh... enrolou, enrolou e ficou pretinho, da cor disso... Num deu tempo.

L: Nó... Que perigo, Seu Juca! Em tempo do senhor ter que cortar a mão...

J: Uai, pois ele falou que ia cortá na hora. Ele disse assim: "E comé que foi isso?", "Foi sexta-feira", "Pois é, tá com cinco dia... Sua mão assim...". Minha mulher sentada assim apoiada do jeito que nós tá... "Sua mão vai cortá", "Será, Dr. Geraldo, que vai cortá minha mão?", "É obrigado cortá sua mão. Deu tétano na sua mão. Mas vamo vê, né?", "Tá puxado...", "Mas vão dá um jeito...". Antes dele falá assim, Ana disse assim: "Pois eu tem fé em Deus que ele num fica alejado e nem precisa cortá a mão dele". Palavra abençoada, né?

No relato de Seu Juca ainda é interessante observar que o encontro com a onça e os problemas dele decorrentes não são interpretados como tendo qualquer contribuição divina, mas o final bem-sucedido é diretamente atribuído a ela. Assim, se a interferência divina deve ser constantemente lembrada e louvada quando resulta na saída de uma situação de risco, os desígnios de Deus são desconhecidos dos humanos, e não devem ser questionados quando revertem em algo negativo. Em outro texto de uma aluna do segundo grau este ponto é explicitado:

> Eu no meu caso não sou muito de tá rezando mas acredito muito na minha religião, e nunca pensei em mudar e acredito muito em Deus principalmente. Na minha família todos são de religião católica, ou seja, todos acreditam muito em Deus.
>
> Comigo aconteceu uma história muito triste, perdi uma tia a quatro anos atráz, eu gostava muito dela, sempre penso nela, ela morreu com câncer no útero, deixando para tráz seu esposo e cinco crianças, que vai fazer quatro anos que não os vejo, pois o pai deles os levou para Mato Grosso: como eles trabalham e estudam não dá para vir nos vizitar sempre. Mas minha tia era uma pessoa que acreditava muito em Deus, uma pessoa muito Religiosa, rezava muito, sempre cantava cânticos religiosos em casa. Acreditou em Deus até nos ultimos segundos de sua vida, hoje espero que ela esteja no lugar onde acho que ela meresse por ser tão boa. No hospital em B.H. que foi onde ela foi medicada vários crentes ou seja pessoas de outras religiões foram visitá-la então ela começou a acreditar naquilo que eles falavam, então pelo que ouvi ela falava que se ela se salvasse iria passar para outra religião, mas eu acho que tudo vem da fé de cada um (R., 17).

Vemos, portanto, que apesar de ser a tia muito devota e temente a Deus, estas características não fizeram, como ocorreu no texto em que a família era descrente, com que ela se curasse de sua grave doença e pudesse fugir à morte. No entanto, a não cura não leva em momento algum a que a sobrinha se revolte ou questione o ocorrido a partir da idéia de que a Deus tudo é possível, e que sua tia não merecia o destino funesto que teve. Na verdade, a crítica aos desígnios divinos pode ser vista como geradora de conseqüências graves. Este foi o caso, por mim presenciado, da morte de uma senhora de quarenta e dois anos cuja causa foi, ao que tudo indica, imperícia médica. Quando membros da família aventaram a possibilidade de mover algum tipo de ação contra o ocorrido, e uma semana depois o tio desta senhora também faleceu devido a uma hemorragia em um tumor cerebral, a viúva dele chegou a considerar que a segunda morte teria sido resultante do questionamento da primeira. Deus sabe o que faz, e àqueles que sofrem dá a força e o conforto necessários para que se conformem ao destino. Aos homens não cabe tentar entender ou lutar contra os caminhos por Ele traçados.

A exposição acima pode levar, contudo, a uma visão da religiosidade local como marcada pelo conformismo e por uma atribuição de poderes absolutos ao divino – o que provocaria uma incapacidade de agir de forma eficaz sobre o mundo (na medida em que as ações dependeriam diretamente dos desígnios divinos) ou de explicar as situações em que um discurso relacionado à justiça divina não daria conta dos problemas enfrentados. No entanto, como ficará explícito no próximo item, se a "vontade de Deus" está acima de qualquer outra força mística, isto não implica na inexistência de tais forças, e a elas é atribuída uma interferência significativa no cotidiano. Sua incorporação no modelo dicotômico, que vincula as mais significativas delas a forças malignas que agem desviando o curso "normal" dos acontecimentos, é mobilizada e garante que o modelo descrito até o momento se mantenha de forma relativamente coerente. Mas mesmo nestes casos, as possibilidades de se contrapor a estas ameaças místicas não se restringem a rituais católicos, e o reconhecimento de que os especialistas que possibilitam sua reversão são também, muitas vezes, aqueles que realizam os ritos responsáveis pelo mal fazem com que o modelo se mostre muito mais complexo do que poderia parecer em um primeiro momento. Os vínculos entre a concepção católica do mundo e processos de cura (benzeções, simpatias) ou de agressão mística – seja ela autônoma como nos casos de "encostos" ou espíritos maus que tomam conta dos corpos das pessoas, ou mobilizada por terceiros (voluntariamente em situações como feitiçaria ou involuntariamente como nos casos do mau-olhado) – são ambíguos e diferem entre os membros da comunidade. Pois se há uma quase unanimidade no reconhecimento da divisão dicotômica do mundo anteriormente descrita, a variabilidade quanto à definição dos aspectos relacionados ao bem ou ao mal, vistos como "coisa de Deus" ou "coisa do diabo" é grande.

Um outro ponto importante ao se abordar o catolicismo local é perceber como ele fornece a linguagem legítima a partir da qual se fala do mundo. Com efeito, talvez seja mesmo neste sentido que se possa afirmar ter sido o processo de catequização mais bem-sucedido. Todas as falas rituais constantemente mobilizadas no cotidiano têm inspiração cristã: quando se afirma o desejo de fazer algo no futuro, este deve ser acompanhado de "se Deus quiser"; as afirmações de boas condições no presente, de "graças a Deus"; o desejo de sucesso em um acontecimento incerto (como no caso de melhora de uma doença), de "Deus ajuda"; em caso de consolo de parentes enlutados, "Deus dá o conforto"; em acontecimentos aparentemente incompreensíveis e injustificados, "Deus sabe o que faz". Se chove após um longo período de seca (que caracteriza a região), isto ocorre porque "Deus é muito bom", no entanto, se a seca se prolonga, é justificável, pois "Deus está agravado" com como as pessoas vêm se comportando na atualidade. Qualquer elogio deve ser acompanhado de "benza Deus" para indicar a boa intenção de quem elogia e evitar a desconfiança do mau-olhado. Até mesmo a feitiçaria tem explicação na linguagem cristã, na medida em que "Deus deixou no mundo bons e ruins, usa quem quer". Não é portanto por acaso que as aulas públicas ministradas no final do século XIX (citadas no primeiro capítulo) tenham por tema a presença divina no mundo e como é ela a responsável tanto por sua ordem e beleza quanto pela manutenção dos padrões morais adequados. Não há como falar do mundo sem falar de Deus, pois a existência do primeiro está diretamente vinculada aos desígnios do segundo. Estes são, muitas vezes, indecifráveis, mas a certeza de sua justiça e adequação não deve ser colocada em cheque.

Ainda mais interessante é a maneira como personagens do mundo cristão são incorporados em parábolas que remetem ao estilo de vida regional, parábolas estas muitas vezes atribuídas aos próprios párocos, e que são rememoradas com gosto pela população. Um exemplo ilustrativo é retirado de uma entrevista com D. Zilda:

> Z: Diz que Jesus andava mais Pedro, então diz que Jesus: "Oh, Pedro, o quê dói mais, é um falso ou uma facada?", "Uai, Senhor, uma facada dói muito mais", "Será, Pedro?", "Dói, uai, tá doido, uma facada dói demais". Então eles tão viajando, chegou na casa duma dona pediu pousada, e disse: "Oh, Pedro, nós vão ficar aqui hoje", aí a dona recebeu eles com muita alegria, muito agrado, fez a cama prá

> eles a noite, eles foi deitá e tudo... Ela tinha um canteiro muito bonito de cebola, uma horta muito bonita, aí Jesus foi lá nessa horta diz que amassô tudo (risos), e chegou e veio trazendo uma folhinha de cebola e pôs no chinelo de Pedro. Quando foi no outro dia ele disse "Pedro, oh, Pedro, cumé que ocê fez isso. A mulher taí braba. Diz que além de dar nós pousada ocê acabou com o cantero dela", "Eu não, Senhor", "Foi ocê mesmo, Pedro, ela tá aí braba falando que foi ocê", "Ô, Senhor, mas num fui eu não", ele disse "Foi, Pedro, e basta vê uma folhinha aí no seu chinelo", ele disse "Ô, Senhor, num foi eu", ele disse "Pedro, o que dói mais, uma facada ou um falso?", "Ô, Senhor, é um falso".

Neste caso, é curioso pensar como são atribuídos a Jesus comportamentos corriqueiros e aparentemente não condizentes com sua condição de filho de Deus. Também o contexto em que a estória se dá é um contexto relacionado ao local: veja-se o comportamento da senhora que lhes dá pouso, a horta de cebolas. Em outra parábola, contada pelo Pe. Sacramento e que me foi relatada por Seu Geraldo, é a figura do diabo responsável pela moral da história, mas as características são bem semelhantes às do relato anterior. De acordo com Seu Geraldo, esta estória era contada pelo pároco para convencer as pessoas da inutilidade de fazerem grandes festas em batizados (pois estes só são realizados quando a família dispõe de recursos suficientes para fornecer a festa, o que leva a que várias crianças permaneçam por muito tempo sem batismo). Segundo o relato, houve um batizado e os convidados foram ficando na festa até perto do anoitecer. A dona da casa, então, começou a se preocupar em fazer a janta para todos, pois embora tivessem passado a tarde comendo biscoitos, eles acabariam tendo fome. As pessoas foram ficando, e as moças então começaram a inquietar-se para encontrar um violeiro que pudesse animar o baile durante a noite. O dono da casa tinha uma viola mas dizia não tocar há muito tempo e já não conseguir fazê-lo mais. Começaram então a parar todos aqueles que passavam pela estrada e perguntar-lhes se tocavam, sendo a resposta sempre negativa. Até que apareceu um preto alto, todo vestido de branco, com dentes de ouro, e que disse "arranhar" uma viola. Pediram-lhe que viesse para o local do batizado e começasse a tocar. Ele deu um show com a viola, tocando-a nas costas, para cima, para trás, de todo jeito possível. Um menino, curioso, foi observar de perto o senhor. Foi descendo as vistas até que chegasse aos pés do homem e então pôde perceber (pois ele estava descalço, o que segundo Seu Geraldo era comum na época) que seus pés tinham apenas três dedos unidos por uma membrana. Ele correu para contar para a mãe que o homem tinha pé de pato, mas ela, muito satisfeita com a animação do baile, disse ao menino que não a chateasse. Ele voltou lá e perguntou ao homem qual o seu nome, ao que este responde ser Chiba. Voltou até a mãe e disse-lhe que ele se chamava Chiba, ao que ela retrucou que ele parasse de incomodar Seu Chiba. Foi falar também com o pai, que não lhe deu ouvidos. No salão, tiravam vivas ao Seu Chiba e o baile corria solto. Enquanto isso, vários galos cantavam em hora errada no quintal. Mas quando o galo pedrês cantou (Seu Geraldo explica que as pessoas tinham o hábito de ter um galo pedrês porque se dizia que ele nunca canta em horário errado, mas exatamente à meia-noite), o violeiro estava no meio do salão e sentiu-se um forte cheiro de enxofre. Seguiu-se uma enorme explosão que resultou em um buraco que engoliu a casa e todos que estavam no baile. No dia seguinte, quem passou por ali encontrou um buraco do qual não se via o fundo, o bebê batizado na beirada prestes a cair e o menino que tentara avisar aos pais sentado olhando para o bebê. E, quando chegavam na beirada do buraco, ainda ouviam a viola tocando sem parar lá dentro.

Podemos ver, aqui, vários outros aspectos além do uso de personagens religiosos em estórias de cunho não religioso, dentre os quais: a mobilização do estereótipo do diabo negro com pés de animal que é muito comum no período moderno europeu – embora, neste caso, tenha um sentido mais complexo, na medida em que a comunidade tem predominância de população negra e este estereótipo pode servir de instrumento de discriminação e de classificação de práticas religiosas de origem negra como algo vinculado ao demônio; a referência a práticas comuns na região (como a relação de festas com a distribuição de comidas e bebidas e o oferecimento de baile aos convidados); o estabelecimento de padrões de moralidade e comportamento pelo catolicismo, que faz com que dança, música e festas sejam aqui interpretadas como algo que pode levar os fiéis à perdição. Este último aspecto da religiosidade católica é exemplarmente ilustrado em mais uma das rezas de Maria Preta, em que a recusa em adotar um modelo de vestimenta adequado para o uso no período da Semana Santa, aliado à desconsideração dos conselhos paternos, ameaça a salvação da devota:

Eu cortei o meu vestido
Sexta-Feira da Paixão
Eu botei um modelo nele
Quase eu perco a sarvação

Se eu ouvisse os bom conselho
De meu pai, a minha mãe
Hoje em dia eu não estaria
Nessa maior aflição.

Ao contrário do que se poderia supor, contudo, este vínculo do cotidiano com a linguagem católica e o estabelecimento de padrões ideais de comportamento e vestimenta a partir da mobilização de modelos religiosos não implica na instituição de normas rígidas de conduta e de um único parâmetro de avaliação das atitudes dos demais. Curiosamente – e este é um aspecto que será abordado em maiores detalhes ao longo do texto, estando vinculado, na minha opinião, ao forte temor à feitiçaria predominante no local –, há uma divergência significativa entre os procedimentos definidos como ideais e a avaliação concreta de comportamentos específicos. Esta última é sempre contextual, adequando-se ao tipo de relações sociais entre quem as faz e aquele que está sendo avaliado. Assim, enquanto práticas tidas por condenáveis serão sempre atribuídas a pessoas com as quais se tem uma relação de hostilidade, no caso dos envolvidos serem próximos e positivamente avaliados, elas sempre serão justificáveis. O ditado "aos amigos tudo, aos inimigos a lei" aplica-se claramente a Terras Altas. Além disso, se a dicotomia bem-mal é constantemente mobilizada, não há uma concordância clara entre quais elementos fazem parte de cada um dos grupos. Mesmo em eventos católicos tradicionais, como na Festa de Nossa Senhora do Rosário, fatores em geral excluídos do catolicismo ortodoxo – como o batuque do tambor, seu envolvimento com o feitiço ou o uso sistemático de bebida – são fundamentais no desenrolar do ritual.

Por fim, cabe analisar um último aspecto que indica a influência significativa do catolicismo na comunidade, agora no que se refere a sua organização oficial. Nos relatos sobre o local desde o século XIX, a figura do pároco ocupa lugar de destaque. É, como vimos, em sua casa que Saint-Hilaire (1975) se hospeda na década de 1810, descrevendo-o como refinado e atribuindo a ele o cultivo de uma plantação que lembra paisagens suíças. Também são dois padres os maiores personagens da história local no final do século XIX e ao longo do XX. O primeiro deles, que viveu na cidade por mais de quarenta e três anos, dá nome à escola estadual da sede do município, e é citado como a figura de maior destaque local em questionário de fins do séc. XIX:

> Entre os vivos sobreleva-se o vigario da freguezia, o reverendo padre [Antonio Messias], que, embora filho do districto de Minas Novas, tanto se identificou com o povo deste districto a merecer ser contado como um dos seus verdadeiros filhos. Cumpre tão a risca a lei evangelica que mal chega ao seu conhecimento a morte de algum pae de familia elle ampara as orphans, que por sua conta são mantidas em casas de familias respeitaveis, dotando-as na medida de suas forças, quando se casam. Tem prestado extraordinarios serviços á localidade extinguindo a fome e a prostituição (*Revista do Archivo Publico Mineiro*, 1899).

Novamente, no entanto, se por um lado é Monsenhor Messias o exemplo do comportamento católico e caridoso, por outro em sua descrição na pasta "História de [Terras Altas]" é atribuída a ele a crença em feitiços e na capacidade particular dos habitantes de Terras Altas em realizá-los. Também a alcunha "Padre Boa Vida" parece não ser condizente com o modelo de pároco dedicado e que "cumpre tão a risca a lei evangélica", construído na citação anterior:

> Era entretanto supersticioso, acreditando nos maus olhados e feitiços. Disse que os habitantes de [Terras Altas] sabiam fazer feitiços, tradição que levou anos a fio.
>
> Faleceu na cidade de Araçuai para onde fora levado carregado, a procura de tratamento, pelos fiéis de sua paróquia.
>
> Está sepultado em Araçuai. Segundo D. Maria Sirino do Córrego do Cuba, sua avó dizia que Padre [Messias] era chamado de PADRE BOA VIDA, porque ele era muito paciente, caridoso. Ele morava no Sobrado que servia de Casa Paroquial.

A possibilidade destas duas visões parece adaptá-lo ao contexto geral do catolicismo em Terras Altas descrito até o momento.

O segundo vigário a ocupar posição de destaque na cidade é o Pe. Sacramento. Nos relatos sobre ele na pasta "História de [Terras Altas]" afirma-se ser originário de Ouro Preto e ordenado no Mato Grosso, tendo passado em visita pelo local, onde deveria ficar por apenas oito dias. No entanto, um pedido enviado ao bispo pelas professoras do povoado solicitou que ele lá permanecesse por algum tempo, e este tempo se prolongou até sua morte vinte e cinco anos depois. Alguns aspectos marcantes da vida do pároco são: ser ele negro, como a maioria dos moradores locais; ter ele adotado uma família da cidade cujo pai havia morrido louco – deixando, inclusive, para alguns dos filhos da viúva herança quando da sua morte; ter sido eleito vereador e ser uma das figuras de destaque no processo de emancipação de Terras Altas; após sua morte, ter seu nome colocado na principal praça da cidade. O texto da pasta afirma, até mesmo, que o povo acredita na "santificação" do Pe. Sacramento: "O povo acredita que ele santificou. Fazem promessas com sua alma. Seu nome é sempre lembrado e no dia de finados sua sepultura é a mais visitada". Os mais velhos ressaltam, ainda, sua influência na religiosidade local e o estilo conservador do padre, que rezava missas em latim acompanhadas de canto gregoriano e exigia da população como um todo comportamentos avaliados por ele como adequados em períodos como Semana Santa ou festas religiosas. Por outro lado, seu vínculo com o catolicismo popular se explicita na estória anteriormente narrada.

O relevo da memória sobre Monsenhor Messias e, principalmente, Pe. Sacramento é, portanto, mais um forte indício de como o catolicismo se consolida em Terras Altas. Pois não só é impossível pensar o mundo fora de uma linguagem católica, como também são os representantes religiosos oficiais figuras de destaque reconhecido na história da comunidade. Curiosamente, contudo, o catolicismo local é bastante independente dos párocos, e após a morte de Pe. Sacramento não surgiu na cidade outro que tivesse importância semelhante – característica bastante presente nas regiões em que foram as irmandades religiosas leigas as principais responsáveis pela propagação do catolicismo no período colonial, pois nestes casos a maioria dos padres eram funcionários das irmandades, estando a autoridade nas mãos dos leigos. Além disso, nos últimos tempos, o abandono do celibato por um padre italiano que permaneceu por oito anos à frente da paróquia, seu casamento com uma chilena e a decisão de fixar residência em uma das comunidades rurais próximas à sede municipal abalou significativamente a imagem idealizada dos representantes da igreja. Na atualidade, o pároco, já idoso, conservador e bastante intolerante com relação às práticas religiosas tradicionais, tem entrado em conflito constante com os devotos, principalmente no que se refere à forma de realização das festas religiosas e dos seus componentes populares.

Novamente, com relação à importância dos padres e a maneira como se inserem na comunidade, observa-se a ambigüidade característica da religiosidade local. Assim, se eles são figuras de destaque no município, sua influência é sempre limitada por sua adequação ou não à compreensão religiosa do grupo e a suas práticas rituais tradicionais. Além disso, figuras como a do Pe. Sacramento representam uma síntese curiosa de negritude e catolicismo, da religião oficial e popular, de práticas sagradas e profanas. Ele ocupa um lugar interessante na história de Terras Altas, pois conjuga poder espiritual e temporal, celibato e vínculo familiar, negritude e autoridade política em um local cuja elite é definida como branca. Assim como Monsenhor Messias, membro de uma das famílias políticas mais importantes regionalmente, ao mesmo tempo que segue à risca a lei evangélica é o "padre Boa Vida", e acredita em feitiços. Esta flexibilidade e permeabilidade até mesmo da religião oficial e de seus representantes máximos às crenças e práticas da religiosidade popular, bem como sua inserção no cotidiano do grupo, abrem portas importantes para a concepção mágica do catolicismo, como exploraremos a seguir.

II. "... mas a gente pode dar uma forcinha"

Como foi dito no item anterior, apesar da visão predominante do mundo como dividido entre esferas opostas dicotomicamente definidas – a esfera "de Deus" e a "do diabo" – e do reconhecimento da superioridade da primeira em relação à segunda tanto no aspecto moral quanto de poder, as relações entre estas esferas são complexas, e o conteúdo de cada uma delas delimitado de maneiras distintas pelos vários membros da comunidade. Além disso, essa delimitação não depende unicamente do agente que a realiza, mas também do contexto em que ocorre e da posição deste agente dentro do contexto. Esta situação possibilita uma flexibilização relevante de um modelo que, em uma exposição inicial, poderia parecer rígido. Acrescente-se, ainda, que mesmo a superioridade atribuída ao lado "de Deus" – supostamente correspondente ao lado "do bem" – pode ser relativizada, na medida em que se reconhece a interferência de inúmeras forças místicas no cotidiano, bem como a capacidade de mobilizá-las magicamente de formas tanto positivas quanto negativas: forças que são muitas vezes vinculadas ao lado "do mal", mas que não são necessariamente rejeitáveis – em primeiro lugar, por serem potencialmente utilizáveis para obter resultados benéficos; em segundo, porque muitas vezes se atribui a elas o poder exclusivo de se contrapor a um mal que tenha sido provocado pela arregimentação de forças do mesmo tipo. Deve-se reconhecer, contudo, que as inúmeras alternativas abertas e a complexidade da crença não colocam em xeque o modelo básico, pois o discurso dicotômico vai ser diversamente inserido na avaliação e, no caso de forças ameaçadoras, contraposto a cada uma delas.

Se o mundo de Terras Altas é um mundo católico, o catolicismo é permeado por crenças mágicas, que ocupam um espaço central nas reflexões e preocupações dos moradores locais. As possibilidades de intervir no cotidiano através de práticas mágicas é vasta, bem como variada a percepção de como agem estas práticas. Podemos ver aí, além disso, a conjugação de tradições religiosas distintas, destacando-se as crenças da cultura popular lusitana que permeavam o catolicismo moderno, aquelas vinculadas a uma religiosidade de origem africana, e ainda outras que foram sendo geradas no país a partir de diferentes matrizes desde o início do processo de colonização. Na verdade, a maior parte das crenças que serão abordadas neste item está presente nas diversas regiões brasileiras, embora algumas vezes de formas distintas, e a descrição que se segue tem como objetivo explicitar o lugar de cada uma na religiosidade de Terras Altas, reconhecendo as semelhanças que podem haver com outras áreas do país ou até mesmo da América Latina.

Dentre as possibilidades mágicas de intervenção no cotidiano em Terras Altas, algumas estão diretamente inseridas no catolicismo, enquanto outras dele se distanciam de forma mais marcante. No entanto, mesmo no caso daquela mais claramente relacionada ao mundo "do diabo" – os feitiços –, há um reconhecimento de sua vinculação com o poder divino, o que é expresso em uma frase constantemente repetida no local: "Deus deixou no mundo bons e ruins, usa quem quer". Antes, porém, de passar à análise desta forma específica e temida de ameaça mágica (a ser realizada no próximo capítulo), tento, a seguir, esquematizar os principais aspectos do sistema de crenças mágicas global que ordena a percepção dos moradores da cidade sobre as relações entre o mundo natural e o sobrenatural.

As ameaças místicas

MAU-OLHADO / QUEBRANTO

Uma das ameaças mais freqüentes reconhecidas em Terras Altas é aquela relacionada ao olhar do outro – seja ele benéfico ou maléfico. No primeiro caso, a pessoa fica sob a influência do quebranto; já no segundo do mau-olhado. Em ambos, o mal provocado pode ser resumido como "olhado", embora haja o reconhecimento de que o primeiro é muito mais leve e simples de curar que o segundo – pois o tratamento para qualquer tipo de olhado é a benzeção, que será abordada no trecho que fala das orações. Há benzedeiras, inclusive, que afirmam ser o quebranto restrito a crianças, e que adultos só estão sujeitos a mau-olhado (como se apenas as crianças pudessem dar origem a sentimentos de admiração positivos, e a partir do momento em que a pessoa se torna mais velha a admiração do outro por ela se transformasse ou em inveja ou em cobiça). Também em ambos a intencionalidade do ato não é afirmada, pois o olhar faz mal por si mesmo, não por um objetivo explícito do outro de fazê-lo, e há pessoas que são capazes de provocar maiores danos ao outro. Estas são normalmente identificadas como aquelas que, através de um elogio ou toque, levam uma planta alheia a secar.[61] No entanto, o que diferencia o olhar de uma pessoa com

61. Como afirma uma senhora de 74 anos, benzedeira e conhecedora de simpatias e orações, D. Das Dores:

"L: E olhado é qualquer um que põe ou tem gente que...

relação a outra pode ser visto muito mais como a emoção que carrega o olhar que com algo relacionado à "natureza" da pessoa, como fica claro em um trecho de entrevista com uma benzedeira muito procurada na cidade e seu marido:

L: Mas tem gente que tem o olho pior ou melhor, ou é tudo igual?

N: Tem pior e tem melhor. Que às vez a pessoa olha você com gosto, aquilo pega leve. Às vez você tá passando, ele gosta, fala "Ô, fulana tá bonita" e tal, acha a pessoa legal. Aquilo já é de leve. Agora quando é de raiva, vou te contar, olha lá que sai de perto, senão morre. Mau olho mata, minha filha.

J: Ah, de raiva é perigoso. Num tem uma alma mais perigosa que a pessoa que olha com raiva.

Como explicitado nestas declarações, o olho é pior quando carregado de emoções mais negativas, e a raiva ou inveja do outro podem levar até à morte. No entanto, mesmo reconhecendo a diferença de intensidade entre o olhar de admiração e de inveja, é interessante ressaltar que esta diferença não é de substância – pois ambos têm o mesmo tipo de efeito, o que faz com que os limites entre os dois sentimentos sejam tênues.

Dentre as pessoas sujeitas às conseqüências de um olhar as mais suscetíveis são os bebês. Em geral, as indisposições de uma criança são atribuídas ao olhar de terceiros, e como também o olhar de admiração e agrado pode provocar problemas, às vezes até os próprios pais ou parentes são vistos como responsáveis pelo mal. Mas mesmo nestes casos há uma certa condenação social daquele que provoca o olhado, e ele costuma ser imputado a um sentimento de despeito pela beleza ou robustez da criança. As estratégias para evitar tal situação são curiosas: entre os que elogiam, é interessante acompanhar a fala da expressão "benza Deus", que aponta as boas intenções do falante; como estratégia dos pais, recomenda-se o uso de pelo menos uma peça da roupa do bebê pelo avesso

---

D: Quem tem o olho mais forte.

L: E como é que sabe a pessoa que tem o olho mais forte?

D: Aí é que eu num sei explicar ocê. Aí num tem jeito de saber não. Não, antigamente tinha umas pessoas aqui que quando eles panhavam numa planta da gente, a planta morria. Eles falavam que tinha a mão ruim, que é forte, né? Mas eu comigo acho que nem nunca aconteceu isso, porque a gente não tendo fé não acontece."

Neste depoimento, alguns outros aspectos relevantes da fala de D. Das Dores, que serão melhor explorados no item sobre simpatias, aparecem, com destaque para a ambigüidade de suas declarações em torno de temas relacionados com o sobrenatural, e a mobilização do discurso dicotômico através da identificação das crenças sobre ameaças mágicas com algo que não é "de Deus", e do qual se pode proteger através da fé – embora ela mesma cure e reconheça a existência destas ameaças.

(pois esta prática impediria que o olhado pegasse), e mesmo evitar a exposição constante da criança. O hábito de benzer periodicamente o bebê é também uma prática importante na garantia de seu bem-estar, e, como ficará mais claro posteriormente, um estímulo para que várias mulheres ingressem no mundo das curas – o que faz delas pessoas fundamentais na comunidade.

Os riscos de ser atingido pelo olhado não se restringem a uma ameaça global, que resulta em moleza no corpo, arrepio, dor de cabeça (confundindo-se com os sintomas de uma gripe), mas podem também ser dirigidos para uma parte específica do corpo – como é o caso, por exemplo, dos cabelos. Muitas vezes, cabelos opacos e quebradiços são atribuídos ao olhar de inveja alheio, e há inclusive uma cura específica para este caso. Aqui, é interessante lembrar que a direção da inveja para o cabelo é significativa, pois esta é uma das características importantes na diferenciação entre brancos e negros, e reforça a imagem do branco como padrão estético ideal. Sendo assim, as vítimas deste tipo de olhado são, em geral, mulheres com cabelos lisos e grandes, que representam o modelo de beleza feminino. Este tipo de olhado indica, além disso, como os motivos que podem gerar a inveja são, muitas vezes, pequenos – aspecto que será fundamental para compreender a dinâmica da crença em feitiçaria na cidade. E reforça o fato de o olhado de gosto ter efeitos semelhantes ao olhado negativo, pois qualquer um dos dois pode gerar conseqüências nefastas. Na verdade, há uma dificuldade de definição quanto ao olhado ser do primeiro ou do segundo tipo – devido a uma dificuldade de separação, como já indicamos, entre admiração, inveja e cobiça.

ENCOSTOS

A possibilidade do "encosto" – que entre pais-de-santo é descrita como "ter um egun" – se baseia na crença em torno da existência de espíritos de mortos que permanecem entre os vivos e que podem eventualmente tomar conta do corpo destes, gerando normalmente desordens mentais, desmaios, convulsões. Não tive acesso a nenhuma teoria mais elaborada sobre os motivos que levam a este tipo de relação entre vivos e espíritos, mas esta possibilidade é extremamente importante para os rituais de candomblé de caboclo[62] e umbanda que ocorrem na zona

---

62. É importante ressaltar que a denominação "candomblé de caboclo" que uso se deve à identificação dos rituais rurais que sofrem influência de uma mãe-de-santo baiana – nos quais o pai-de-santo recebe, principalmente, um Martim-Pescador – com as descrições deste tipo de candomblé realizadas por Édison Carneiro (1991). Localmente, a denominação can-

rural. Com efeito, nos rituais que presenciei, boa parte dos trabalhos realizados se relacionava à "limpeza" de pessoas e casas da influência nefasta destes seres. Apenas Joaquinzão, importante pai-de-santo da zona rural, fala sobre o tema em uma entrevista, mas de uma forma pouco clara:

> S: Egun é um... espírito de uma pessoa que morre e encarna numa pessoa. Morre uma criança pagão, não tem lugar de ficar, a veiz encarna numa pessoa, num tem como... aquilo tem que saí. Tem que fazê a limpeza prá saí.
>
> P: No caso dela foi isso?
>
> S: Foi isso.
>
> P: E esse egun era o quê, que entrou nela?
>
> S: Igual eu tou explicando procê, um espírito encarnado.
>
> P: Era uma criança?
>
> S: Não, pode ser até uma pessoa adulta. Mas ele num tem lugar de ficá, no inferno num qué, no céu, num qué, então ele acha qualquer uma pessoa ali, com o corpo aberto, incarna naquela pessoa.

Em geral, como no depoimento acima, afirma-se que o espírito toma conta de pessoas mais "fracas", mas não necessariamente há uma identificação do mesmo e um discurso sobre os motivos que o levaram a escolher aquela pessoa. Já em outras situações, pode-se atribuir à possessão uma tentativa de vingança, que não necessariamente atinge aquele contra quem o ser se dirige, mas a pessoa da família mais suscetível ao ataque. No caso em que pude acompanhar mais de perto – e a que, mesmo assim, só tive acesso aos aspectos relevantes através de depoimentos esparsos de pessoas distintas – uma mulher de cerca de quarenta anos enlouquece, e este acontecimento é explicado da seguinte maneira: ela foi casada, quando jovem, com um rapaz que

---

domblé nunca é utilizada, sendo comuns e definidas como sinônimos as de umbanda e espiritismo. Dentro destes, distingue-se a "mesa branca", mais distante da tradição afro-brasileira e melhor avaliada em termos morais, e a "esquerda", vista como vinculada ao demônio, mais próxima de uma religiosidade de procedência africana e que abarca o que chamo aqui "candomblé de caboclo". Segundo Joaquinzão:

"J: Que é o seguinte. Que a mesa da direita, a linha branca numa comparação, num é uma linha que num deseja mal a ninguém. Agora na linha de esquerda é um trem que se ocê dé ele faiz, cê num dé, faiz também. Isso aí é uma coisa que já é do diabo, né? Linha preta é pro lado do diabo. É o quete. Só que faz o bem e o mal também.

L: Mas que tipo de mal faz?

J: Ele pode... numa comparação, se você pegá um trabai pode até distruí a vida de uma pessoa. Atrasa você. Faz uma coisa que você num consegue fazê nada. Então tem tudo, tem muita coisa que a linha esquerda faiz. "

morreu trabalhando no corte de cana em São Paulo, mas como ela queria se casar novamente não aceitou receber a pensão do marido, pois isto a levaria a não se casar para não perder a pensão. Arrumou então um noivo em um córrego vizinho, mas, como ficara com algumas posses depois de enviuvar, um homem da comunidade, bonito, bastante esperto e que possui várias famílias tanto na região como em São Paulo, se interessou por ela. Através de meios mágicos, conseguiu afastar o noivo, ir morar com ela e engravidá-la de quatro crianças. Além de ter gasto o que o marido lhe deixou, não contribuía com quantia significativa para a criação dos filhos, que ela mantinha através do salário de merendeira da escola municipal local. Houve, contudo, concurso para o cargo. Como ela não concorreu, perdeu o emprego, engravidou novamente e, após esta quinta gravidez, começou a apresentar sinais de desordem mental. Levaram-na para fazer tratamento psiquiátrico, que ela rejeitava, e quando o companheiro voltou para cuidar dela, pouco depois do parto, engravidou-a novamente. O quadro de perturbação mental se agravou, ela afirmava estar com um monstro na barriga, estar virando bicho, e teve o bebê no meio do mato em época de chuva. Segundo os moradores locais, sua doença se devia a ter sido ela tomada pelo espírito de uma mulher que morreu afogada no rio (este diagnóstico foi dado por um pai-de-santo da cidade vizinha que passou pela localidade, e teve a concordância dos moradores locais) como conseqüência de o marido da enlouquecida ter, no passado, desviado uma água que passava no terreno da mulher morta para garimpar, e ter feito mal a ela através de métodos mágicos. Como ele era muito forte, para se vingar o espírito da mulher tomou conta da pessoa mais frágil da família, provocando a doença mental descrita. Este fato explicaria, inclusive, o insucesso do tratamento psiquiátrico, e a necessidade de recorrer tanto ao pai-de-santo local quanto a um pai-de-santo famoso que atende na cidade vizinha. As últimas notícias que tive sobre esta senhora era de que estava melhor, mas não havia recobrado a forma que possuía antes da doença.

Neste caso, os motivos do "encosto" são claros, funestos, e a condenação recai sobre o companheiro da vítima e seu comportamento avaliado como inadequado – incluindo nesta inadequação o uso de feitiçaria para conseguir seus intentos. No entanto, na maior parte das vezes que vi o discurso sobre "encostos" sendo mobilizado, não há identificação clara nem do espírito responsável pelos males nem das razões que o levam a escolher a vítima. Esta situação contrasta com aquela em que o sofrimento é atribuído a feitiçaria, pois neste caso há um responsável identificável, e a acusação estabelece um contexto de forte tensão social – mesmo que o agressor não seja efetivamente identificado. Sendo assim, creio que a crença nos encostos seja fundamental para garantir a possibilidade de que os rituais religiosos afro-brasileiros possam continuar ocorrendo na zona rural sem que as relações nas comunidades se tornem insustentáveis, pois em geral os motivos que os levam a ser realizados remetem aos problemas enfrentados por aqueles que procuram o pai-de-santo. Se, com a intensidade com que acontecem tais rituais, todos os males fossem atribuídos à ação de algum vizinho, parente ou pessoa com que se tem contato constante, as relações nas comunidades se tornariam insuportáveis. Assim, enquanto na cidade as maiores acusações são de feitiço, e normalmente se recorre a um especialista ou da zona rural ou de outra cidade, na zona rural é a crença em males provocados por seres sobrenaturais que possibilita que os rituais religiosos continuem ocorrendo sem ameaçar fortemente a estabilidade dos laços comunais.

FEITIÇOS / DESPACHOS[63]

Dentre as ameaças místicas a que estão sujeitos os moradores de Terras Altas, a mais falada e temida é a de ser atingido por algo "feito" pelo outro, ou seja, por algum tipo de feitiçaria. A definição do que pode ser considerado como feitiçaria é, no entanto, vaga, e baseada muito mais nas intenções de quem realiza o ato do que em algum tipo de consideração sobre meios e ritos utilizados, ou conhecimentos mágicos específicos. Como indicam os nomes "coisa feita" ou "macumbaria", usados localmente como sinônimos de feitiço, as principais características deste tipo de ameaça são sua intencionalidade e as conseqüências nefastas a que pode levar. Como me disse um senhor da cidade em conversa após uma missa dominical, desde 1961 acontecera um único assassinato nas ruas de Terras Altas, mas a partir de então muitas pessoas tinham morrido (insinuando que estas mortes se deviam a ataques indiretos através de meios mágicos, consistindo, da mesma maneira, em uma espécie de assassinato). Com efeito, se as possibilidades de ser atingido por quebranto ou mau-olhado são mais freqüentes, são menos temidas por serem de enfrentamento fácil, enquanto a vítima de feitiço precisa recorrer a especialistas e despender dinheiro para se livrar dos males a ela provocados – como se explicita no seguinte depoimento de D. Das Dores:

---

63. Este tema será aqui apenas esboçado, pois sua consideração mais detalhada será feita no capítulo seguinte.

L: Quebranto. Qual é a diferença?

D: Quebrante é em criança abaixo de seis anos, porque gente adulta num leva quebrante, leva mau-olhado. Agora esse negócio de feitiço eu num acredito. Mas tem.

L: Mas qual é a diferença do olhado pro feitiço?

D: O olhado é sem mardade, sem muita mardade, o feitiço é coisa que põe que tem que ser gente que sabe o dobro prá tirar. Por exemplo, se ocê tá com um casamento, uma coisa, eles ficar adiando aquilo, fazer o noivo revoltar contra ocê... Isso é coisa feita. Mas isso tem que ser no centro. É o centro que desmancha. E benzeção não, benzeção desmancha. Benzeção de olhado, mau-olhado, olho mau, isso aí é qualquer um que é benzedor, benze.

Neste depoimento podemos perceber, ainda, como o tema em questão é delicado e coloca dificuldades quanto à percepção clara da visão dos informantes. Afinal de contas, como afirma D. Das Dores, "...eu num acredito. Mas tem". Este tipo de postura é comum na maior parte dos depoimentos sobre feitiçaria (também sobre simpatias, orações e outras crenças), e faz com que as indicações sejam muitas vezes mais significativas que as afirmações explícitas. É assim que, apenas para lembrar, quando pergunto a Maria Preta sobre o perigo que representavam os negros da Costa por seus conhecimentos, e ela me pergunta se o que estou perguntando se refere a macumba, sua comadre comenta: "Aí, Maria, se a senhora sabe um pedacinho, ela também sabe...", e o assunto se desvia em seguida. Com efeito, a feitiçaria é um assunto embaraçoso – primeiro, porque não há uma unanimidade quanto à crença e à maneira como deve ser expressa; segundo, porque a demonstração de um conhecimento aprofundado sobre o tema lança desconfiança em torno da pessoa que o demonstra, pois pode ser indicativo de seu domínio dos rituais de enfeitiçamento e, conseqüentemente, de sua proximidade com o mal. Tanto que os depoimentos gravados que consegui consistem – com exceção de um único, de Nilton de Graça, em que conta como foi inúmeras vezes vítima de feitiço – em declarações abstratas sobre o tema, e o fato de ligar o gravador inibia as pessoas de falar sobre suas experiências e desconfianças pessoais. Só tive acesso aos casos mais detalhados que consegui acompanhar de acusação de enfeitiçamento por ter uma relação pessoal próxima com os envolvidos, e eles não considerarem os contextos das declarações como contextos de pesquisa. Na verdade, mesmo entre os moradores locais as divergências quanto ao poder atribuído ao feitiço e suas possibilidades de ação são grandes, e, como ilustra o depoimento de Nilton de Graça, não só dentro de uma mesma família elas ocorrem, mas também a não-crença de uma pessoa pode levar a que outra não afirme sua crença:

L: E você acha que tem muito essas coisas aqui em [Terras Altas]?

N: Olha, a fama é muito grande. Hoje num tem um terço do que segundo os mais velhos contam e antes que era difícil mesmo. Inclusive a fama daqui, quase em todo o país eles sabem da fama de [Terras Altas]. Até em Mato Grosso eles sabem da fama da macumbaria de [Terras Altas]. E eu acredito que existe. É que envolve tudo com isso, a maioria das coisa que eles tenta fazer eles envolve a macumbaria no meio. Eu acredito muito. Porque eu sou vítima. Aí eu num tenho como não acreditar. Meu pai, por exemplo, não acredita. Se você falar com ele, ele fala que é bobagem. Só que eu concordo com ele, prá não desagradá-lo, mas eu sou vítima. Mas eu falo com ele, ele fala "Nada, isso é bobagem"; então tá bom, prá não magoá-lo eu concordo com ele.

Acrescente-se que a declaração de não crer pode representar, em vários casos, não a não-crença efetiva, mas uma forma de defesa contra a feitiçaria e uma afirmação de um vínculo claro com a esfera do bem, "de Deus". Assim, ao falar sobre o tema, Maria Preta ao mesmo tempo assevera a sua não-crença, relaciona o feitiço com a maldade e, por fim, com o demônio:

P: Mas a senhora acha que o feitiço existe?

M: Num acho não. Eu acho que ai mardade. Eu num acho que ai feitiço, eu acho que ai mais uma pessoa envenenar outra que o feitiço. Proque o veneno, quarquer um que tiver o mal coração pode pegar e dar o otro, agora o feitiço eu num acho que ele vai avoando assim não. Proque algumas palavra ruim eles pode por nas pessoa. Mas o feitiço é livre, que ocê num come ele nem bebe. Eu acho proque eu só creio em Deus, eu num creio nessas bobage. Tou nessa idade nunca ninguém pôs nada em mim errado. É. Proque quem crê em Deus nada entra nele. Se acha que o feitiço num é do demônio? Eu só acho que é. Proque quem crê em Deus nada entra nele. Eu só acho quem crê em Deus... quem tiver divução prá pertencer pro lado de Deus ele é crucificado não.

[...]

M: Agora eu tem medo, se uma pessoa quiser me dar uma coisa ruim prá mim beber, isso aí Deus aprepara que tira eu daquele male ruim, né? Mas, que... esse negócio de feitiço eu num crei não.

Em outras palavras, a afirmação da não existência do feitiço não se deve a sua impossibilidade, mas à proteção que a fé garante contra ele – ou seja, apesar de ele existir, não se deve reconhecer tal existência, pois este discurso exime aquele que o profere dos riscos que o enfeitiçamento representa, além de expressar a ausência de intenção de utilizar este recurso a fim de obter benefícios pessoais (pois se atesto que não acredito estou, de certa maneira, declarando que não uso). Além disso, se há o reconhecimento de que as "pessoas fortes" não são atingidas por "coisa feita", a descrença e a ligação com o divino podem ser vistos como instrumentos importantes de fortalecimento.

No entanto, há um tipo de feitiço que é quase uma unanimidade em termos de temor, e cuja crença é mais facilmente explicitada, na medida em que ele se identifica com o envenenamento: aquele colocado na comida ou na bebida. Não há, contudo, uma distinção clara entre o envenenamento e esta forma de feitiço. Se, por um lado, a idéia de envenenamento aparentemente está mais ligada a um mal "natural", químico, enquanto a de feitiço a um "sobrenatural", no discurso os dois aspectos se misturam. A semelhança entre ambos parece ser muito mais de lógica de atuação que de mecanismo: ambos têm efeitos maléficos e são viáveis devido a uma certa inocência da vítima, que aceita compartilhar com seu agressor comida ou bebida (lembre-se aqui a simbologia que marca o consumo alimentar nas diversas sociedades). A fala de Seu Jonas é ilustrativa:

P: Em [Terras Altas] eles falam também duma coisa de colocar coisa na comida...

J: Isso aí não. Bá! Colocar coisa na comida... Se a senhora quiser matar uma pessoa, quarquer veneno que a senhora por é ele morrer. Mas se a senhora não cumer e nem beber... Muitas coisas que inxiste, se a senhora suber rezar... E a senhora num cumer e num beber num precisa da senhora pensar que nada corrompe a senhora. Num tem como. Agora, tem muito lugar que... Se a pessoa por exemplo, destina a cabar com a senhora, fai mermo idéia de cabar com a senhora e a senhora come e bebe na casa daquela pessoa... precisa da senhora pensar não, que ês acaba.

P: Como é que a pessoa sabe, porque o senhor mesmo falou que tem muita falsidade... cumé que a pessoa vai saber se o outro tá querendo acabar com ela ou não?

J: É fáci de saber. A senhora viu uma mau cara, mau ruindade, a senhora pode saber que aquele fulano não te gosta. A pessoa com mau vontade prá senhora, com toda ruindade cá senhora, a senhora pode ver que aí já tá desfazendo da senhora, assim como desfaz num modo, pode desfazer inté prá cabar cá vida da senhora tamém e pronto.

P: E sendo comida e bebida, é difícil desmachar?

J: É difici desmanchar comida e bebida porque a pessoa comeu encarnou. A pessoa comeu, bebeu, encarnou.

P: E se, por exemplo, alguém coloca alguma coisa na minha comida que é prá me... Se o senhor comer faz mal pro senhor também?

J: A merma coisa. Se for veneno a merma coisa. *Agora se for com trem de beber, que nem cachaça, um vim, uma coisa, issaí só sai prá senhora, porque eles já vai* *colocando aquilo rezando é no seu nome, num é no meu.*A senhora num vê eu aqui, eu num como ni todo lugar e nem bebo ni todo lugar não. Mas é ieu, o pessoal meu... Agora, Jonas aqui não. É difici. Vou dizer a senhora bem verdade, que tem, tem. Ó, Joaquim aí quando (?) tem tomado da mão dos oto aí... Tomando aí e juga dento do rio porque o fulano num pode ter aquilo... Que é coisa ruim só naquilo... Só prá fazer mal pros otro.

P: Mas que tipo de coisa que ele toma?

J: Bastante coisa. Tem bastante coisa que se a pessoa, se a senhora quiser, cê faz o que cê deseja na vida. Na paite de maldade... Senhora tem raiva de mim, cê faz de mim o que quiser. Senhora põe eu prá num valer nada, senhora põe doente, põe doido, põe na condição que a senhora pensar em fazer comigo, a senhora faz. Então eu num comendo ou num bebendo, senhora pode fazer o que for, eu num comi, eu num bebi, eu num vi... é, o mundo é um pobrema.

Os depoimentos acima nos levam, ainda, a considerar dois pontos importantes quando se fala de feitiçaria: primeiro, os males que podem ser por ela causados; segundo, os mecanismos disponíveis para atingir tais resultados. Ambos não são, contudo, igualmente acessíveis, pois enquanto o primeiro é parte essencial de qualquer discurso acusatório – o principal tipo de fala sobre o tema –, o segundo é, ao contrário, dificilmente verbalizado – pois, por um lado, fazer declarações sobre maneiras de enfeitiçar coloca em dúvida a identidade do informante como não usuário destas práticas, e, por outro, entre aqueles que reconhecidamente conhecem os ritos, descrevê-los seria tornar frágil sua fonte de poder.

Quanto aos males provocados pela feitiçaria, seu inventário seria extenso e dificilmente exaustivo, mas é possível identificar alguns que são mobilizados sistematicamente. Dentre eles, a capacidade de "sonsar" a vítima, atrasar sua vida (tanto financeiramente quanto na esfera do trabalho, do amor ou das relações pessoais), enlouquecê-la, adoecê-la e em última instância matá-la. Muitas vezes o feitiço é dirigido para uma parte específica do corpo, com um fim também preciso. Assim, por exemplo, o caso de um pedreiro que tem o braço atingido para que não pudesse mais trabalhar, ou de uma senhora que teve um acidente com o pé, que foi piorando até que ela precisasse cortá-lo, ou ainda de outra senhora que afirmava não permanecer com empregadas em casa devido a "algo feito". Há, ainda, duas situações especiais em que o uso da feitiçaria é muito temido e supostamente bem-sucedido: em relacionamentos amorosos e nas eleições políticas municipais. No primeiro destes casos, todas as vezes em que há um relacionamento homem-mulher em que a relação de poder entre os dois pende para o lado feminino, ou em que há uma não aceitação por parte da família do homem, mobiliza-se o discurso da feitiçaria contra ele. Ele pode tanto ser imputado à própria moça quanto a seus familiares – pois o casamento de uma filha ou parente é visto como responsabilidade da família. Já no segundo, em geral as derrotas eleitorais são atribuídas pelos derrotados ao uso de "macumbaria". Dois trechos da entrevista de Nilton de Graça ressaltam as possibilidades de uso do feitiço, com destaque para a questão eleitoral:

> L: Em que outras situações o pessoal usa esse tipo de coisa?
>
> N: Num sei se realmente acontece envolvimento, mas noventa e nove por cento fala que eles usam esse tipo de coisa na política. Inclusive todo político aqui em [Terras Altas], sempre o derrotado fala "Eles ganharam através de macumba". Eu num vou dizer que é só aqui de [Terras Altas], mas a macumba num quer dizer só em [Terras Altas]. Quase em todo o Brasil eles usam, principalmente na Bahia. Então aqui eles usam na parte amorosa, como o qual aconteceu comigo, prá uma judiação financeiramente, que leva até a morte também. Então não é só na parte amorosa que eles usam. Na política por exemplo... me falaram que até em trabalho, mas eu num sei, eles fazem determinadas coisas prá conseguir trabalho. Mas eu acho que não. Eles só usam mesmo prá fazer o mal.
>
> L: E você acredita que tem influência na política também esse tipo de coisa?
>
> N: Inclusive nesta agora, a maioria comenta que houve a participação muito grande da macumba nessa política. Pela qual eu acredito também que houve. Que houve muita coisa errada em [Terras Altas], inclusive eles pegaram terra de cemitério, provavelmente prá fazer alguma coisa, que eu num sei o porquê, mas pegaram. Então praticamente eles iam usar essa terra, né, prá... só pode que prá fazer o mal. Então houve realmente. Eu não tenho provas concretas, mas a gente suspeita que houve muita coisa.
>
> L: Você ouviu outras histórias além dessa de terra de cemitério?
>
> N: Ah, diz que eles mataram um burro, pegaram sangue prá fazer despacho, um tanto de coisa aí. Perna esquerda de gavião torraram, puseram na farofa. Não sei se é verdade, mas tudo isso saiu comentário aí na rua. Até nome de determinados candidatos na boca da jibóia, tudo isso aconteceu. Quer dizer, segundo o pessoal aconteceu. Então acho que tem...

Esta última citação conduz ao segundo ponto levantado anteriormente: os mecanismos utilizados para enfeitiçar alguém. Como disse, eles são vagos, e enumero apenas alguns que são mobilizados comumente: costurar um nome ou fotografia de alguém na boca de um sapo ou torturá-lo (no trecho acima a referência à jibóia deixaria o feitiço ainda mais forte), encaminhar animais peçonhentos para atingir a vítima, enterrar coisas (como terra de cemitério, unha ou cabelo de defunto) na soleira da casa da vítima, colocar coisas no caminho da vítima para que ela pule (por exemplo, dar nós na vida da pessoa através de um cordão com nós a ser pulado), fazer algo em seu rastro, presentear alguém com algo enfeitiçado, colocar feitiço em uma roupa previamente roubada ou em alimentos ou bebidas, rezar uma reza brava para a pessoa, e, como uma possibilidade especial, fazer despachos em encruzilhadas.

Os despachos se distinguem das outras formas de feitiço citadas por sua maneira de ação e pela necessidade de recorrer a um especialista para realizá-los (o que nos demais casos também pode acontecer, quando não se conhece o rito correto, mas não é algo necessário). Com efeito, enquanto nas demais formas de feitiço os resultados são automáticos – se eu costuro o nome de uma pessoa na boca de um sapo do jeito adequado, a morte do animal resulta na morte desta pessoa – no despacho se recorre ao auxílio de um ser sobrenatural para atingir os objetivos visados. Esta distinção leva a que haja também uma diferença quanto à maneira de desfazer o que foi feito, pois enquanto no caso dos demais feitiços os ritos não são descritos, e a única referência comum é em torno da decisão de retornar ou não o que foi feito para quem o fez, no caso dos despachos se reconhece a necessidade de mobilizar os mesmos seres responsáveis pelo mal para que eles o anulem. Os despachos levam, portanto, à atribuição de grande poder e uma atitude de desconfiança frente aos pais-de-santo e curadores regionais, pois são aqueles que fazem os mesmos capazes de desfazer o feitiço.

Mas se o processo de atuação dos despachos é relativamente diverso, estabelecendo uma relação menos direta e mais sofisticada entre o mundo humano e seres sobrenaturais (suscetíveis às negociações e desejos humanos), e se as evidências materiais da existência de despachos faz com que sejam fortemente temidos, não é esta diferença o que mais assusta, mas o poder de destruição atribuído à feitiçaria em geral. Na verdade, a reflexão gira muito mais em torno do mal a que se está constantemente sujeito que da forma como este mal pode atuar – e, como será melhor explorado no próximo capítulo, não são as relações causa-efeito supostas no feitiço o centro de sua problemática, mas sim o que ele indica sobre a relação com o "outro" e a insegurança dessa relação. Neste contexto, muito mais que os despachos, são os feitiços realizados através da comida, da bebida ou de presentes simultaneamente os mais temidos e mais significativos, pois em tais casos a ingenuidade da vítima, sua confiança excessiva em alguém de quem se deve desconfiar é a responsável por ter ela assumido o lugar de vítima. Em outras palavras, há como que uma colaboração indireta do atingido em sua condição negativa, como fica claro em uma conversa de Nilton de Graça com a mulher que lhe curou de um período prolongado sem trabalho devido a uma ação de seu sogro em sua porta à meia-noite, em que ela diz: "Ah, ocês também dorme demais, é igual porco prá dormi". As relações pessoais devem ser sempre pautadas pela desconfiança, e os motivos de rancor ou inveja que levam ao enfeitiçamento são, boa parte das vezes, excessivamente banais. Ser ingênuo é ser responsável pelo próprio mal.

Há, por fim, um ponto a ressaltar: mesmo no caso da feitiçaria, a ameaça mística condenada por excelência, a definição de sua prática como vinculada inquestionavelmente ao mal não é uma unanimidade – para o que contribui a identidade entre feiticeiro e curador. Embora, como vimos, ele se oponha ao que "é de Deus" e se relacione ao lado maligno do mundo, ele também pode se aproximar de uma "sabedoria dos mais velhos" de forma mais ampla – expressando, talvez, o reconhecimento da complexidade do processo de demonização das religiões dos grupos dominados – e, como tal, ser utilizado para fazer o bem. No entanto, em última instância ele se identifica com o diabo, e a crença em Deus impediria sua existência – como fica claro no texto de um aluno do 2° grau do município citado no capítulo anterior, em que ele simultaneamente relaciona o feitiço à sabedoria dos mais velhos, reconhece a possibilidade de seu uso positivo e afirma que ele não existiria caso as pessoas acreditassem em Deus. Com efeito, esta ambigüidade da relação da feitiçaria com o mal e a identificação estabelecida entre curadores e feiticeiros é de fundamental importância na compreensão de como os discursos em torno do tema são construídos e de quais são as possibilidades de lidar com a acusação regional de ser a cidade terra de feitiço. Tema este que, devido a sua complexidade e importância local, será explorado no próximo capítulo, dedicado especificamente à análise do destaque adquirido pela crença em feitiçaria em Terras Altas e das implicações desse fato no cotidiano.

As possibilidades de proteção / cura

ORAÇÕES / BENZEÇÕES

Em Terras Altas, atribui-se um poder significativo a orações, sejam estas as principais orações do catolicismo – Ave Maria, Pai Nosso, Credo – ou orações específicas destinadas a santos que se relacionam à proteção ou combate de males particulares. Há duas formas distintas de adquirir poder ou proteção através de orações: proferindo suas palavras ou carregando-as escritas como amuletos. Neste segundo caso, podemos perceber uma conjugação de crenças populares ibéricas e negras, pois tanto em Portugal quanto entre os negros muçulmanos trazidos para o país são práticas conhecidas a atribuição de poder ou proteção pela posse dos "escritinhos" (tradição ibérica) ou "mandingas" (tradição africana). Há, regionalmente, uma circulação intensa de textos de orações, muitas vezes manuscritos ou copiados mecanicamente, e algumas delas podem, inclusive, ser presenteadas a outros. Foi assim que, por exemplo, um amigo que deu carona a uma senhora na estrada para a cidade vizinha, foi em agradecimento brindado com a seguinte oração, manuscrita, que ela carregava na bolsa, por ser uma oração ao santo de proteção dos motoristas:

> Oração a São Cristóvão
>
> Em nome do Pai, do Filho e do Espírito Santo
>
> Glorioso São Cristóvão, que consagrando ao bem do vosso próximo a graça de uma excepcional robustez física, estabelecestes na margem de um rio a vossa habitação, a fim de vos dedicardes ao transporte de passageiros para a margem oposta, e em recompensa de caridade tão inédita, merecestes levar sobre os ombros o próprio Jesus Cristo, na figura de um terno menino que vos apareceu; e que por tal prerrogativa vos tornastes o protetor dos viajantes e dos motoristas, obtendo-nos a graça de empregar sempre em benefício do próximo os vossos esforços, a fim de que mereçamos sempre do céu a infinita misericórdia de Deus. Amém.
>
> Pai Nosso, Ave Maria e Glória

Mas se as orações são normalmente, de maneira reconhecida, católicas, não são todas igualmente avaliadas como positivas, havendo uma distinção importante entre a oração comum (como a citada) e orações "brabas". Estas, em geral, dão a seu possuidor poderes excepcionais, tais como de fechar o corpo ou invisibilidade – como é o caso da Oração de Nossa Senhora de Monserrate citada no primeiro capítulo –, mas também teriam um potencial de destruição da vida familiar ou individual de quem as detém grande, pois elas oscilam entre o bem e o mal. Quando se ouve falar de orações do gênero, há referência a elas interessarem a criminosos – pessoas que teriam motivos para buscar estes poderes. Em alguns outros casos, a definição de uma oração como "braba" ou não é mais difícil, sendo um exemplo um livrinho de bolso que me foi doado por um amigo e que era de seu pai, intitulado *Palavras Santíssimas e Orações Devotas. Contra Raios, Tempestades, Trovões, Terremotos, Pestes, e Malefícios, Novamente Acrescentado com Várias Orações* e publicado em Lisboa em 1824. Ao me dar o livro, apesar de ele ter sido de seu pai, meu amigo não teve coragem de lê-lo por acreditar que aquelas orações eram perigosas. Reconhece, contudo, que seu pai tinha não apenas este livrinho, mas um outro de "capa preta" que não consegue encontrar, que seria ainda mais ameaçador que este. No livro, constam as seguintes orações: Santíssimo; Palavras Santas contra raios, tempestades e trovões; S. Bárbara advogada contra trovoadas; Cântico de N. S.; Santo Anastácio advogado contra os demônios; Cruz de São Bento; S. Franc. de Borja advogado contra os terremotos; S. Emygdio advogados dos terremotos; S. Jeronymo advogado contra os subterrâneos tremores; Santo Antônio; S. Simão advogado dos ratos; S. Roberto, contra feitiços e malefícios; S. Roque advogado dos feridos; S. Sebastião advogado contra a peste; S. Rita advogada dos terremotos. O tamanho do livro, 4 x 8 cm., indica ser ele não apenas para ser lido em alguns momentos, mas também trazido constantemente com seu dono. O texto da oração de Santo Antônio ilustra bem o estilo de tais orações, os poderes a elas atribuídos e a possibilidade diversa de interpretações em torno da legitimidade de tais poderes:

> Eis-aqui a Cruz do Senhor: fugi partes contrárias: venceo o Leão da Tribu de Judá, e a Raiz de David. Allel. Allel. Christo vence, Christo reina, Christo manda com Imperio, Christo nos defenda de todo mal, Christo Rei veio em Paz, Verbo chamou, e Deos se fez homem. *Responsorio*. Se buscaes milagres, morte, culpa, e pena, erros, e demonios Antonio affugenta. He remedio prompto de toda a doença, solta das prizões, livra de tormentas. O perdido cobra, perigos desterra, a todos soccorre Padua assim o confessa. Orai por nós Bemaventurado Antonio. Para que sejamos dignos das promessas de Christo. *Oração*. Alegre, Senhor Deos, a vossa Igreja a solemnidade votiva do Bemaventurado Santo Antonio, vosso Confessor, para que sempre se fortaleça com os espirituaes auxilios, e mereça gozar os gostos eternos. Por amor de Jesus Christo, Senhor nosso. Amen. P. N. A. M. G. P.

Com efeito, há aqui a conjugação de imagens e trechos de orações do catolicismo oficial com motivos mundanos, tais como cobrar o perdido, soltar de prisões ou livrar de culpa e penas. Por outro lado, a oração afugentaria os demônios, não pretendendo qualquer tipo de ligação com o mundo subterrâneo do mal. Situá-la, portanto, em um dos dois extremos da dicotomia "divino" x "diabólico" mostra-se uma tarefa difícil. Além disso, embora a oração se dirija a Santo Antônio, seu texto demonstra ser ela capaz, magicamente, de solucionar as questões que propõe, não sendo uma súplica pela intervenção do santo mas um texto que possui efetividade em si mesmo.

As orações podem, ainda, acompanhadas de um ritual específico, servir para cura. Nas palavras de D. Conceição, benzedeira famosa na cidade:

> D: Mas cura é simple. É com o nome de Deus. A cura é simple. A de dor de dente é simple, a de quebrante é simple, a de olhado é simple. Cura é com terço,

> Maria Concebida. É que cura. Num é com reza braba não. E tem pessoas que cura com reza braba.

É através "das palavras" sagradas, segundo os benzedores locais, que se cura de mau-olhado e quebranto, erisipela, dor de dente, dor de barriga de criança, entre outras coisas. Estas curas, no entanto, se distinguiriam daquelas em que se usa "reza braba". Apesar da dificuldade de ter acesso ao texto das benzeções, pois recitá-lo seria ensinar o principal do rito (as rezas brabas, por sua vez, são inacessíveis na medida em que implicariam no reconhecimento do informante de seu domínio, socialmente condenado), D. Conceição – afirmando não ser seu procedimento ideal, pois "faz mal a gente ler ela [a cura] em vão" –, recita algumas das curas que conhece para mim. As que cito a seguir voltam a indicar como a distinção entre rezas "brabas" ou não é complexa (boa parte das vezes, se dá pelos objetivos da reza, e não por seu conteúdo), e de que maneira textos claramente populares adquirem o status de palavras sagradas:

> *Cura de erisipela:* "Isipa, isipela, que deu no sangue, deu no tutano, deu no osso, deu na carne, da carne foi para a rama. Premita Virgem Maria, que a isipa não tornaria. Santa Iria foi na casa da vizinha, buscar uma máscara de fumo, para curar a isipa, que fogo de isipela ardia. Ela respondeu: "vorta Iria, com seu cuspe curaria, com sua máscara de fumo, seu pixuá inda miora. Ô isipa, sai, vai para rama". Bonita, né, é bonita. Fala três veiz "Ô isipa, sai, vai para a rama".

> *Cura de dor de dente:* "São Pedro estava sentado numa lapa, e Jesus Cristo passou, e perguntou ele "Que tem, Pedro?", ele respondeu "Ah, Senhor, uma dor de dente que me desatina"; "Volta, Pedro, se for bicho, morre, e se for dor, passa". Senhora fala três vêze, com fé, o dente até ranca".

> *Cura de dor de barriga de criança ou de mulher tendo menino:* "Assim como é grande a noite de Natal, Deus permita que tu caba, tão grande, mardita dor de made. Assim como é grande a noite de Natal, Deus permita que tu caba, tão grande, mardita dor de made".

Também a origem das orações é variada, e muitas vezes irrelevante. Aquelas vinculadas a cura são, em geral, tradicionais, e foram aprendidas ou de um parente ou de outra pessoa mais velha – pois aprender a benzer de quebranto, mau-olhado, cobreiro, carne quebrada, erisipela ou outras curas do gênero é fundamental para mães com filhos pequenos que não podem recorrer todo o tempo a outras benzedeiras; assim como para o homem que tem criação de gado saber a cura para bicheira é essencial. Das Dores, outra das benzedeiras procuradas da cidade, fala assim de seu aprendizado:

> D: Minha mãe me ensinou. Ela falou comigo... Eu num queria não. "Ah, eu num vou mexer com isso não, mãe, eu num vou mexer com cura não." Ela falou assim "Oh, menina, eu vou morrer..." – sabe, todo mundo... – "... eu sei que eu vou morrer, não vou ter vida para sempre, e você tem seus filho, tem os menino, vai crescendo, ocê mesmo sabendo ocê mesmo pode curar". Daí eu diz que num queria. Aí eu falei "Ah, vou aprender". Ela me ensinou.

No entanto, o conhecimento das curas traz para aquele que o detém algumas conseqüências difíceis, que fazem com que poucas pessoas desejem efetivamente obtê-lo. Em primeiro lugar, ao contrário de outros serviços de cura realizados por especialistas do sagrado – envolvendo consultas com adivinhação, realização de "trabalhos" ou consumo de garrafadas –, as benzeções comuns não costumam ser cobradas (quando muito o benzedor recebe um "agrado"). Há, mesmo, o costume de afirmar que não se deve agradecer a cura, pois quem o faz é Deus, e não a pessoa que realiza o rito. Além disso, em certos casos, como na cura de mau-olhado, quando este está muito forte o benzedor sente efeitos em seu corpo, tais como moleza e mal-estar. Acrescente-se, ainda, que aqueles que sabem curar de olhado, quebranto, cobreiro – em geral mulheres –, são sistematicamente procurados pela população local para fazê-lo, a qualquer hora do dia, sendo difícil se esquivar de atender aos pedidos.

Novamente, contudo, as generalizações são difíceis. Nem toda cura com oração é igualmente avaliada. As declarações em torno da cura de cobra são um exemplo claro disto: em praticamente todas as entrevistas sobre o tema com mulheres, elas fazem questão de afirmar que não aprenderam a curar de cobra por medo, pois se diz que a cobra testa pelo menos uma vez o curador, mordendo-o. No entanto, este medo parece traduzir uma distinção entre dois tipos de curador, como se curar de cobra o aproximasse mais da região condenável do saber mágico. Além disso, reconhece-se a possibilidade de benzedeiras cobrarem pelos serviços, mas atribui-se às que o fazem também conhecimentos em outras áreas do sagrado menos reconhecidas como positivas, o que as torna mais condenáveis mas lhes confere um poder maior. Há, ainda, curas comuns, enquanto outras são tão raras que não ouvi nenhum caso de morador local que as conhecesse. A cura de pasto contra cobra, por exemplo, é necessariamente remunerada, e exige a contratação de pessoas de fora.

Voltando à proveniência das orações, a circulação intensa destes textos e a irrelevância da identificação de sua fonte faz com que a maior parte delas, mesmo que tenha inicialmente sido retirada de algum escrito, passe a ser de domínio público. Certos livros e orações impressas podem, contudo, ser reconhecidos como fontes – como é o caso dos folhetos de oração produzidos em larga escala pela imprensa do gênero. No entanto, em uma entrevista com um senhor que era capitão do tambor e sabia várias curas e era temido por seus conhecimentos místicos, ele recita para mim uma oração para fechar corpo que ele utilizava e que diz ter sido "tirada da sua cabeça", por ele "ter o dom":

> A cruz de Jesus
> Cai sobre mim,
> Quem nela morreu
> Responde por mim,
> Nem vivo, nem morto,
> Em mim chegará.
> Com a benção do Pai,
> O amor do Filho,
> A graça do Espírito Santo,
> Amém.
> Três Padre Nosso, três Ave Maria
> Prá N. Sra. do Desterro
> Que desterra toda coisa ruim que tiver de vim prá mim.
> Amém meu Deus

Talvez seja, mesmo, a crença no poder das orações escritas que explique a presença, em Terras Altas, de uma cópia manuscrita do poema "Orgia dos Duendes" de Bernardo Guimarães, sem indicação de autor, datado de primeiro de janeiro de 1902 e com as folhas de tipo almaço dobradas em oito partes (ou seja, de tamanho adequado para caber em um bolso):

> *A Orgia dos Duendes*
>
> Meia noite soou na floresta
> No relogio de sino de páo
> E a velhinha, rainha da festa,
> Se assentou sobre um grande girão.
>
> Lobishomem apanhava os gravetos
> E a fogueira no chão acendia,
> Revirando os compridos espetos,
> Para a cêia da grande folia.
>
> Junto d'elle um vermelho diabo
> Que sahira do antro das phócas,
> Pendurado n'um páo pelo rabo,
> No borralho torrava pipócas.

Taturana uma brucha amarella,
Resmungando com ar carrancudo,
Se ocupava em frigir na panella
Um menino com tripas e tudo.

Getirana com todo o socego
A caldeira da sôpa adubava
Com o sangue de um velho morcego,
Que alli mesmo co'as unhas sangrava.

Manmangava frigia nas banhas
Que tirou no cachaço de um frade
Adubado com pernas de aranhas,
Fresco lombo de um frei dom abbade.

Vento sul sobiou na cumbuca,
Gallo prêto na cinza espojou
Por tres vezes zumbia a matruca
No cupim o macuco piou.

E a rainha co'as mãos resequidas
O signal por tres vezes foi dando,
A cohorte das almas perdidas
Dêsta sorte ao batuque chamando;

Vinde, ó filhas do ouco do páo,
Lagartixas do rabo vermelho,
Vinde, vinde, tocar marimbáo
Que hoje é festa de grande aparelho.

Raparigas do monde das cobras
Que fazeis lá fundo da brenha?
Do sepulcro trazeime as abóbras
E do inferno os meus feixes de lenha.

Ide já procurar me a bandurra,
Que me deu minha tia marcella.
E que os ventos da noite susurra
Pendurado no arco da velha.

Onde estás que ainda aqui não te vejo
Esqueleto gaminho e gentil?
Eu quizera acordar-te c'um beijo
Lá no teu tenebrozo covil.

Gallo-prêto da torre da morte,
Que te aninhas em leito de brasas,
Vem agora esquecer a tua sorte,
Vem-me en torno arrastar suas asas.

Sapo inchado, que moras na cova
Onde a mão do defunto enterrei,
Tu não sabe que hoje é lua nova,
Que é o dia das dansas da lei?

Tu também, ó gentil crocodilo,
Não deplores o succo das uvas,
Vem beber excellente retilho
Que eu do pranto extrahi das viuvas.

Lobishomem, que fazes, meu bem,
Que não vens ao sagrado batuque?
Como tratas com tanto destem,
Quem a c'rôa te deu de grão duque?

Mil duendes dos antros sahirão
Batucando e batendo matracas,
E mil bruxas uivando surgirão,
Cavalgando em compridas estacas.

Tres diabos vestidos de rôxo
Se assentarão aos pés da rainha,
E um dêlles que tinha o pé côxo,
Começou a tocar campainha.

Campainha, que toca, é caveira
Com badalo de casco de burro,
Que no meio da selva agoureira
Vai fazendo medonho susurro.

Capêtinhas trepados nos galhos,
Com o rabo enrolado no páo,
Uns agitão sonoros chocalhos,
Outros põem-se a tocar merimbáo.

Crocodilo roncava no papo
Com ruido de grande fragor
E na inchada barriga de um sapo
Esqueleto tocava tambor.

Da carcassa de um secco defuncto
E das tripas de um velho barão,
De uma bruxa engenhosa o bestunto
Armou logo feroz rabecão.

Assentado nos pés da rainha
Lobishomem batia a batuta
Co'a canella de um frade que tinha
Inda um pouco de carne corrupta.

Já resôão timbales e rufas,
Ferve a dança do cateretê,
Taturana, batendo os adufos
Lá patêão cantando-o lerê.

Getirana, bruxinha tarasca,
Arranhando fanhoza bandurra,
Com tremenda embigada descasca
A barriga do velho caturra.

O caturra era sapo papudo
Com dous chifres vermelhos na testa,
E era elle, a despeito de tudo,
O rapaz mais patusco da festa.

Ja no meio da roda zurrando
Appareçe a mula-sem-cabeça,
Bate palmas a sucia berrando
Viva, viva a Senr.ª Condessa!...

E dansando em redor da fogueira
Vão gyrando, gyrando sem fim
Cada qual uma estrofe agoureira
Vão cantando alternados assim:

Taturana

Dos prazeres de amor as primicias
De meu pai entre os braços gozei;
E de amor as extremas delicias
Deu-me um filho, que d'elle gerei.

Mas se minha fraqueza foi tanta,
De um convento fui frera professa,
Onde morte morrri de uma Sancta,
Vejão lá que tal foi esta peça.

Getirana

Por conselho de um conego abbade
Dos maridos na cova soquei,
E depois por amores de um frade
Ao supplicio o abbade arrastei.

Os amantes, a quem despojei,
Conduzi das desgraças ao cumulo,
E alguns filhos, por artes que sei,
Me cahirão do ventre no tumulo.

(Gallo-prêto)

Com o frade de um santo convento,
Este gordo toutiço cresi;
E de lindas donzellas um cento
No altar da luxuria immolei.

Mas na vida beata de assetico
Mui contrito rezei jejuei,
Té que um dia ataque apopletico
Nos abysmos do inferno estorei.

Esquelêto

Por fazer os mortaes crua guerra
Mil fogueiras no mundo ateei;
Quantos vivos queimei sobre a terra
Já eu mesmo contal-os não sei.

Das severas virtudes monasticas
Dei no entanto piedosos exemplos;
E por isso cabeças fantasticas
Inda me erguem altares e templos.

Mula-sem-cabeça

Por um bispo eu morria de amores,
Que afinal meus extremos pagou,
Meu marido, fervendo em furores
De ciumes, o bispo matou.

Do consorcio enjuei-me dos laços
E anciosa quiz vê-los quebrados,
Meu marido piquei em pedaços,
E depois o comi aos bocados.

Entre gallas, velludos e damascos
Eu vivi, bella e nobre condessa;
E por fim entre as mãos do carrasco
Sobre um sepo perdi a cabeça.

Crocodilo

Eu fui papa, e aos meus inimigos
Para o inferno mandei d'um aceno,
E tambem por servir aos amigos
Té nas hostias botava veneno.

De princezas crueis e devassas
Fui na terra constante patrono
Por gozar de seus mimos e graças
[...] um sonno.

Eu na terra vigario de Christo,
Que nas mãos tinha a chave do céo,
Eis que um dia de um golpe imprevisto
Nos infernos cahi de boléo.

Lobishomem

Eu fui rei e aos vassallos fieis
Por chalaça mandava enforcar;
E sabia, por modos crueis
As espozas e filhas roubar.

Do meu reino e das minhas cidades
O talento e a virtude enxotei;
De michélas, carrascos e frades,
De meu throno os degráos rodiei.

Com o sangue e suor de meus povos
Diverti-me e criei esta pança,
Para em fim urros dando e corcovos
Vir ao demo servir de pitança.

Rainha

Já no ventre materno eu fui bôa
Minha mai, ao nascer, eu matei
E a meu pai por herdar-lhe a coroa
Em seu leito com as mãos esganei.

Um irmão mais idoso que eu,
C'uma pedra amarrada ao pescoço
Atirado as occultas morreu
Affogado no fundo de um poço.

Em marido nem hum achei geito;
Ao primeiro, ao qual tinha ciumes,
Uma noite co'as colchas do leito
Abafei para sempre os queixumes.

Ao segundo, da torre do paço
Despenhei por me ser deslia;
Ao terceiro por fim n'um abraço
Pelas costas cravei-lhe o punhal.

Entre a turba de meus servidores
Recrutei meus amantes de um dia,
Quem gozava meus regios favores
Nos abysmos do mar se sumia.

No banquete infernal da luxuria
Quantas vezes aos labios chegava,
Satisfeita dos desejos e furia,
Sem piedade depois os quebrava.

Quem pratica proezas tamanhas
Cá não veio por fraca e mesquinha,
E merece por suas façanhas
Inda mesmo entre vós ser rainha.

Mas eis que no mais quente da festa
Um rebenque estalando se ouvio
Galopando através da floresta
Magro espectro sinistro surgio:

Hediondo esqueleto aos arrancos
Chocalhava nas abas da sella;
Era a morte, que vinha de tranco
Amontada n'uma egua amarella.

O terrivel rebenque zunindo
A nojenta canalha enxotava;
E à esquerda e à direita zurzindo
Com vós rouca d'esta arte bradava:

Fóra fóra esqueleto poento,
Lobishomem e bruxas mirradas
Para a cova estes ossos nojentos!
Para o inferno estas almas damnadas.

Um estouro rebenta nas selvas,
Que recendem com cheiro de enxofre,
E na terra por baixo das relvas
Toda a sucia sumiu-se de chofre.

E aos primeiros albores do dia
Nem ao menos se vião vestigios
Da nefanda, asquerosa folia,
D'essa noite de horrendos prodigios.

E nos ramos saltavam as aves
Gorgeando canoros queixumes
E brincavão as auras suaves
Entre as flôres colhendo perfumes.

E na sombra d'aquelle arvorêdo
Que ainda a pouco vio tantos horrores,
Passeiando sózinha e sem mêdo
Linda virgem scismava de amores.

[S. Luzia das Terras Altas] 1º de Janeiro de 1902.

O poema, com modificações irrelevantes frente ao original citado por Laura de Mello e Souza (1993) – sendo a principal delas a exclusão de uma única estrofe – aponta para certos aspectos significativos da religiosidade de Terras Altas, levando à elaboração de algumas hipóteses. Em primeiro lugar, podemos aventar a possibilidade de que, assim como orações católicas protegem os fiéis magicamente de perigos e ameaças, também um texto que poderia ser interpretado como uma oração ao mundo diabólico teria a faculdade de ser fonte de poder mágico a quem o portasse. A maneira como tive acesso ao poema pode dar suporte à hipótese: o rapaz que o emprestou para mim, e que achava ser ele uma carta de amor do avô, contou-me ter encontrado o manuscrito dentro de um livro guardado no assento de uma cadeira-baú – ou seja, em um local protegido e especial. Além disso, o extenso texto apresenta uma excelente caligrafia, apesar do analfabetismo que marca a região até hoje, e é pouco provável que alguém se dedicasse a copiar um poema com este tamanho e conteúdo apenas por diversão. Acrescente-se, ainda, a indicação de local e data – data especial, pois que o primeiro dia do ano – acompanhada da ausência de autor. Cabe, ainda, ressaltar que os moradores locais atribuem ao suposto dono do manuscrito o pacto com o diabo, sendo as evidências para tanto o excesso de riquezas que possuía, a crueldade de alguns de seus atos e o fato de a família ter perdido a fortuna após sua morte – atribuição esta independente do conhecimento da posse do poema. Por fim, esta hipótese sobre o sentido da presença de "Orgia dos Duendes" em Terras Altas reforça a interpretação local da existência de dois tipos de orações: as orações "de Deus", do bem, que protegem de perigos e agressões aqueles que as recitam[64] e as "bravas", do mal, "do diabo", que dão a seus possuidores/rezadores o poder de mobilizar as forças nefastas a seu favor.

Quanto ao conteúdo de "Orgia dos Duendes", Laura de Mello e Souza (1993) ressalta como ele contém aspectos importantes tanto do mito quanto do rito do sabá europeu. Aspectos, contudo, que não se atêm a esta tradição, mas incorporam também características da religiosidade índia e afro-brasileira – principalmente através de danças como cateretê e umbigada, ou do toque do marimbau, que são vistos como componentes do sabá. Percebe-se, assim, um processo comum na expansão do cristianismo e que pode ser identificado quando se considera a divisão dicotômica do mundo através de uma linguagem cristã anteriormente descrita, em que elementos de outras religiões são vinculados

---

64. Nesta fala de Seu Jonas a importância das orações como forma de proteção, assim como da comunhão, é explicitada:

"J: Na reza a pessoa rezou, e pede prá aquele santo livrar a pessoa do mal. Então a pessoa fica liberdade que ele tem aquele santo prá livrar ele de todo mal. Agora a pessoa que num reza, a pessoa que num confessa, num pecisa dele esperá... que ele é um afabeto aí no mei do mundo. Entã a pessoa tem que rezar com a fé naquele santo e oferecer e pedir a Deus, aquele santo prá livrar a pessoa do mal... E aonde tiver paz, a pessoa ir e tomar nosso senhor, prele ter nosso senhor no coipo."

ao lado do "mal", do "diabo". No entanto, se esta visão pode ser reafirmada pelo poema, ela não é tão simples, pois vários dos agentes maléficos (Taturana, Galo-Preto, Crocodilo) são diretamente relacionados à Igreja Católica, e ainda outros (Getirana, Mula-sem-Cabeça) têm seus crimes estimulados pelo amor a bispos ou abades. Novamente, as ambigüidades marcam um modelo que poderia parecer rígido e claro, demonstrando, por um lado, como a classificação entre coisas "de Deus" e "do diabo" é complexa, e, por outro, como práticas que se referem ao universo católico podem ser desdobradas e invertidas de maneira a atingir resultados mágicos semelhantes, porém através da mobilização de agentes distintos – não mais os santos, mas seres demoníacos. Por fim, é interessante perceber que a conclusão da autora na análise do poema de Guimarães mostra-se adequada para pensar o contexto de Terras Altas:

> A assembléia de bruxas descrita no poema harmoniza, de forma impressionante, tradições européias e brasileiras – entendendo-se, por tal, o cruzamento complicado de diversas culturas que, de um lado e de outro do Atlântico, se entreteceram durante séculos. Bernardo Guimarães atesta, na longa duração, a persistência enigmática de estruturas imaginárias, e sobretudo o fascínio pelos elementos da demonologia quando se deseja falar do *outro*, externo ou interno (1993:195).

Estes vínculos entre demonologia e interpretação do "outro" no contexto estudado, importantes na compreensão do papel de destaque ocupado pela feitiçaria no imaginário local, serão melhor explorados no capítulo seguinte.

SIMPATIAS

A definição local de simpatia é uma das mais difíceis de fazer, pois é ao mesmo tempo muito vaga e muito ampla. Talvez se possa dizer que remete a uma série de ritos dos mais variados tipos, que têm eficácia mágica direta e podem ser usados para inúmeros fins. Distinguem-se dos feitiços por não terem a mesma carga que estes, não serem condenáveis em si mesmas, suas finalidades serem tanto positivas quanto negativas, e serem, de certa forma, mais "fracas". Pode-se fazer simpatia para diversas situações, algumas de proteção, outras de cura, e outras ainda para atrair mulher ou prender homem. Exemplos ajudam a ilustrar para que servem e o que são simpatias: evitar mau-olhado (usar sempre uma peça de roupa pelo avesso, ou colocar galho de arruda atrás da orelha), curar umbigo de criança (jogando três punhados de água do banho da criança e apontando para o sol) ou dor de barriga (pegar três fios de vassoura e fazer uma cruz na barriga do bebê; outra: pegar três cabinhos de colher de cinza na fornalha e fazer um chá), desmamar bebê (colocar um cordão de talo de mamão no pescoço por três sextas-feiras), fazer menino parar de babar (com uma bolsinha dependurada no pescoço), curar asma (pegar uma formiga onça na sexta-feira, colocar em uma bolsinha, colocar no pescoço do menino e, quando a bolsa arrebentar, dar nela sete vassouradas para mandar embora a asma; outra: socar um papagaio num pilão e dar o sangue para beber com chá para a pessoa que sofre de asma), curar mancha no pescoço (passar um retalho de pano novo três vezes nas manchas e jogar em local de três encruzilhadas), curar dor no pescoço (pegar uma colher de pau e passar três vezes em cruz no pescoço), curar gagueira (na hora mais forte da gagueira bater a colher de pau três vezes na pessoa), espantar visitas indesejadas (colocar vassoura atrás da porta, ou jogar sal na fornalha), dispersar aglomerado de homens ou animais (espalhando sal entre eles), fazer arma parar de funcionar (uma mulher urinar na boca da arma), prender homem (passar café na barra da saia ou na calcinha), atrair mulher (possuir um olho de lobo guará). Ao definir simpatia, D. Das Dores o faz através de exemplos, como fica claro a seguir:

> L: E simpatia, o quê é?
>
> D: Simpatia... sei lá. É mesmo uma coisa desses curador que tem por aí. É que... simpatia eu também não acredito muito não.[65] Simpatia é tipo isso que eu tou falando prá você: tem uma espinha de peixe na garganta ocê chega lá vira o tição. Isso é uma simpatia que ocê faz. Se tiver uma cobra ali, ela tiver querendo ir embora, enquanto cê espera uma pessoa prá matar ela, cê torce bem torcido assim a roupa toda assim, enfia aqui. Fica perto da cobra, a cobra fica esperando, até a pessoa chegar. Ela pára. Se tiver, por exemplo, uma criança que leva olhado todo dia, ocê dá ele banho, veste ele a roupa, por exemplo, se ele veste a roupa de baixo, cê veste ela ou a de cima mesmo às avessas, pelo avesso. É essas bobagem assim. Agora muitas outras coisas eu num sei explicar não, porque tem muita coisa que minha mãe fazia que hoje nem usa mais. Que a gente nem conta com criação mais. Ocê ia na casa dum vizinho, eles falava "ali cês num facilita não, que ali tem cachorro bravo". Aí minha mãe panhava três cocô de cavalo assim, oh, e punha na mão esquerda e fazia assim, oh, e falava com a gente "pode acompanhar eu que o cachorro nem levanta". E o cachorro nem levantava do lugar. Mas isso nem usa mais, ninguém mais vai nem em casa de gente sem ser de carro, nem nada. No mais é essas coisas que eu sei, mas outras coisas eu num sei não. A gente que tinha muita gente que bebia também, aquele negócio que mexia com arma de fogo, é o que eu já falei concê, minha avó fez isso pro meu

65. Novamente, a afirmação de D. Das Dores de sua não-crença é acompanhada da descrição de seu conhecimento sobre o tema e do uso de simpatias no seu cotidiano.

> avô, eu fiz isso prá Luiz meu irmão que mora na Água Boa que ele teve que jogar ela fora que ela num prestou mais. E essa aí, ele tem uma pendurada aí no quarto mas ela num vale nada (risos). É isso aí. É só de beleza. No mais, outras coisas eu num sei não, que essas coisas mais de velho mesmo não é do meu tempo.

Como se percebe nos exemplos dados, os motivos que levam à prática das simpatias são variados, nem todos igualmente reconhecidos como adequados – veja-se o desejo de espantar visitas, ou de atrair mulheres, ou de prender homens, ou de dispersar gado de terceiros. Também os mecanismos para conseguir o efeito mágico vão desde atos simples como espalhar sal ou bater com colher de pau até amassar um papagaio em um pilão. No entanto, mesmo nos casos condenáveis não há acusação de estarem as simpatias ligadas ao demônio – como ocorre com o feitiço. Embora não se recomende algumas delas (como aquelas para prender homem, pois se supõe que quem é preso contra sua vontade não vive bem com a mulher), as simpatias não são definidas como do bem ou do mal, consistindo em uma forma de magia relativamente inofensiva. Além disso, assim como as benzeções, são tidas por necessárias em várias situações cotidianas, principalmente para proteger e curar crianças. Ao contrário das benzeções, contudo, não são mantidas em segredo, mas ensinadas para quem delas necessita, para que possa fazê-las por conta própria. Não há, portanto, especialistas em simpatias, e creio ser possível afirmar que este é o tipo de prática mágica de uso mais simples e democratizado no cotidiano de Terras Altas.

RITOS DE CURA / TRABALHOS

A existência das ameaças místicas já descritas implica na possibilidade de se contrapor a elas de alguma forma, e a cada tipo diferente de ameaça corresponde uma reação distinta. Assim, os efeitos negativos do quebranto ou mau-olhado podem ser neutralizados através da benzeção, que, no entanto, é ineficaz tanto para o combate à possessão por encosto quanto para a eliminação dos resultados da feitiçaria. Estas, consideradas ameaças mais fortes, necessitam também de processos mais enérgicos de luta contra seus resultados, processos estes que envolvem rituais específicos de cura realizados por especialistas do sagrado – curadores/raizeiros ou pais-de-santo. Estes ritos são comumente denominados "trabalhos", principalmente quando seu oficiante é um pai-de-santo. Aqui, é interessante remeter à definição do termo na umbanda feita por Ismael Pordeus Jr. (2000). Ao estudar esta religião, o autor afirma a "utilização recorrente do termo trabalho como expressão da imensa e complexa gama de rituais praticados" (:39), relacionando esta denominação ao processo de constituição da umbanda na primeira metade do século XX e sua proposta de diluição do estigma enfrentado pelas religiões afro-brasileiras, conjugada à valorização do trabalho e negação do valor da malandragem que marca o processo de constituição da nacionalidade. Em suas palavras:

> Da mesma maneira que foi invertida na música popular brasileira a exaltação da malandragem, incentivando por todos os meios a valorização do trabalho, esta mesma valorização passa a ser exaltada tanto no Espiritismo de Umbanda quanto na Macumba (Quimbanda) de uma maneira geral (:66).

A generalização do uso do termo trabalho para designar as práticas dos especialistas no combate às ameaças do encosto e do feitiço não só dá legitimidade às atividades desses especialistas, mas também ajuda a consolidar, em Terras Altas, a concepção do cristianismo como religião por excelência, e permite a conjugação de uma identificação como católico com a prática de curas místicas e ritos de umbanda/candomblé (lembre-se que não há uma única pessoa na região, segundo os últimos Censos Demográficos, que se declare como adepto de religiões mediúnicas). Mito ilustrativo é o depoimento de Joaquinzão, em que ele afirma ser sua ação como pai-de-santo apenas uma profissão:

> L: E o senhor freqüenta a igreja?
>
> J: Freqüento. Vixê!
>
> L: Vai em missa, essas coisas?
>
> J: Vou em missa, em culto, freqüento tudo.
>
> L: O senhor fala que o senhor é espírita, ou que o senhor é católico, ou os dois, como é que é?
>
> J: Não, eu sou catóico. Sou catóico.
>
> L: Senhor acha que não tem nada a ver, o espiritismo não impede nada...
>
> J: Não, não tem nada a ver. Nada... nada a ver.
>
> L: O senhor é católico do mesmo jeito?
>
> J: Mesmo jeito. Sou a mesma coisa. Num muda nada. Só que... isso aí é uma profissão que a gente tem. Sobre religião num tem nada, não.
>
> L: O senhor acha que é mais uma profissão que uma religião?
>
> J: Isso aí é mais uma profissão que a gente tem. É a mesma coisa que uma pessoa que é cantora, é catóica do mesmo jeito, né? Então... é a profissão.

A atividade dos curadores em geral – tanto raizeiros quanto pais-de-santo – ser encarada como profissão tem conseqüências significativas. Em primeiro lugar, na medida em que eles trabalham para neutralizar os males sofridos por aqueles vítimas das ameaças místicas mais fortes, precisam ser remunerados pelo que fazem, e esta forma de proteção/cura tem custos significativamente altos para a população local. Alguns pais-de-santo famosos regionalmente cobram mais por suas consultas que o preço da consulta médica particular, e o gasto pode subir de forma expressiva dependendo do tipo de tratamento indicado. Esta comparação com a atividade médica oficial não é aqui aleatória, pois os rituais não se restringem a combater os resultados de ameaças místicas, mas também podem ter como objetivo a cura de doenças comuns. A dificuldade de acesso aos serviços médicos, e uma concepção de doença em que o tratamento deve resultar na cura dos sintomas – conseqüentemente não reconhecendo a existência de doenças crônicas a serem controladas, e aproximando a atividade médica da atividade mágica – faz com que muitas vezes sejam os curadores responsáveis não apenas pela debelação de males misticamente provocados, mas também das conseqüências de doenças que se mostram resistentes a um tratamento médico inicialmente procurado. Na verdade, a própria classificação de um mal como natural ou sobrenatural parte desta resistência, e, cada vez mais, resulta de um processo em que se recorre inicialmente aos serviços médicos e, frente a sua ineficácia, se define o infortúnio como não-natural – exigindo, portanto, tratamento com raizeiros ou pais-de-santo.

Raizeiros e pais-de-santo não atuam, contudo, nos mesmos contextos, e a substituição nas últimas décadas dos primeiros pelos segundos é significativa. Segundo relatos dos moradores da zona rural, os grandes curadores do passado eram raizeiros, que se caracterizavam por agirem sozinhos, terem um conhecimento aprofundado do poder curativo das plantas e "garrafadas", possuírem um poder divinatório próprio e não terem relação direta com nenhum guia ou entidade sobrenatural que oriente suas ações (mesmo que se reconheça algum estado alterado de consciência, este não é explicado por uma incorporação e é sempre mais tênue que o experimentado pelos pais-de-santo e médiuns). Sua atuação é aproximada da dos atuais médicos, como se torna claro no depoimento de Joaquim Rosa e sua esposa Jovina:

> Ja: Uai, o curadô, eles mesmo já sabia o remédio prá pudê atraí aquilo. Aí eles dava e, fim... Num usava médico praticamente prá nada. De jeito que o criatório nosso aqui vei vino remédio assim de farmácia, depois que começô leição... Que leição eles gosta, pôr médico aí na [Terras Altas], nem usava médico aqui, eles dava o remédio prá lá. Médico daqui era o raizero mesmo.
>
> JR: Raizero memo. E Deus ajuda que salvava tudo. Custava morrê uma pessoa.

Com o passar do tempo, estes raizeiros que andavam com embornal contendo plantas medicinais e outras mezinhas constantemente dependurado no corpo, e que tratavam qualquer tipo de mal-estar, independentemente de sua origem, passam a dar espaço aos pais-de-santo que trabalham em suas casas ou salões especificamente construídos para tanto. Segundo os relatos, os raizeiros famosos do passado já morreram todos, não deixando sucessores, e não cheguei a conhecer nenhum nos vários anos em que desenvolvi trabalho de campo. Simultaneamente, a umbanda é introduzida na zona rural, e os pais-de-santo[66] adquirem cada vez mais reconhecimento e prestígio como especialistas do sagrado responsáveis pelo combate aos efeitos das ameaças místicas mais fortes. Tendo em vista este processo, pode-se compreender esta substituição como uma adequação ao novo contexto social vivido pelos moradores locais, em que a maior possibilidade de acesso a serviços públicos de saúde faz com que seja necessário distinguir entre as atribuições dos agentes de saúde oficiais e curadores.[67] Para tanto, a figura do pai-de-santo é muito mais propícia, na medida em que sua atividade ritual mais sofisticada e uma diminuição da ênfase na medicalização[68] marca seu lugar como especialista do sagrado, voltado essencialmente para o mundo sobrenatural. Além disso, há uma divisão mais clara entre fatores naturais e sobrenaturais de causação de infortúnios, já que a nova configuração de profissionais a eles relacionados exige uma identificação de suas origens.

Abro, aqui, um parênteses para esboçar a forma como se dá a substituição mencionada acima. Quando, após um longo período de campo, tive notícias da existência da umbanda na zona rural, bem como da vinda, tanto de São Paulo quanto da Bahia, de mães-de-santo para Terras Altas, pensei que os rituais religiosos delas decorrentes eram tradicionais, característicos das comunidades rurais negras em que ocorriam. Surpreeendentemente, descobri que a presença local da umbanda e candomblé eram relativamente recentes – pouco mais de três décadas – e que na principal região em que se dá originou-se de uma

66. Embora haja também algumas mães-de-santo, e todas as especialistas que vieram de fora no processo de implantação da umbanda e candomblé no município de que ouvi falar fossem mulheres, há predominância de pais-de-santo locais, e são estes os que têm maior reconhecimento em Terras Altas.

67. Este processo é identificado por Paula Montero (1985) como ocorrendo no Brasil de maneira mais ampla.

68. Vários pais-de-santo ainda receitam garrafadas, chás ou mesmo medicamentos industrializados, mas este não é o foco de suas atividades.

procura da população local pelos serviços de uma mãe-de-santo da cidade vizinha. Esta passou a freqüentar a região e formar alguns de seus moradores na umbanda, que posteriormente buscaram aperfeiçoamento em São Paulo – no período em que estavam no corte de cana – e na Bahia. Desde então, os rituais se consolidam cada vez mais nas áreas da zona rural em que a tradição negra é mais forte, mobilizando as comunidades como um todo. Assim, embora os rituais sejam muitas vezes noturnos, comparecem a eles moradores de várias localidades rurais (mesmo que isto implique em deslocamentos de horas), e de todas as idades, sem que haja qualquer motivo explícito para tanto – em outras palavras, apesar de ser a necessidade de proteção e cura mágica os motivos que justificam a existência dos rituais, a presença nestes não se deve, na maior parte dos casos, a tal necessidade. A realização dos rituais transformou-se em um importante evento de sociabilidade local, e as ações e discursos dos pais-de-santo têm uma influência significativa na dinâmica das relações sociais das comunidades. Além disso, os especialistas locais se tornam cada vez mais autônomos, e a presença das mães-de-santo de fora, que era constante até há cerca de cinco anos, passa a não mais ocorrer.[69] Já na cidade não há nenhum terreiro ou pai-de-santo reconhecido, e em geral os moradores urbanos recorrem a pais e mães-de-santo das cidades vizinhas ou de outros locais mais distantes quando precisam enfrentar alguma ameaça mística. Além disso, temem e condenam os pais-de-santo da zona rural.

Um outro aspecto importante é que, como profissionais que oferecem serviços de custo muitas vezes elevado, os pais-de-santo têm a eficácia de seus trabalhos constantemente avaliada pela população, e conseqüentemente desenvolvem estratégias de sofisticação de seus rituais e potencialização de seu poder. Estratégias estas que são diversificadas, e que em geral se orientam por um branqueamento ou enegrecimento das práticas – ou seja, de acordo com a linha a que o pai-de-santo se vincula, suas características raciais, origem social e público alvo, ele incorpora em suas atividades ou aspectos relacionados a uma tradição ocidentalizada mais esotérica ou a uma tradição religiosa negra. Um exemplo é aqui esclarecedor: em Terras Altas, há dois pais-de-santo famosos

---

69. Nunca soube dos motivos que levaram algumas das mães-de-santo que vinham anualmente a Terras Altas a deixar de fazê-lo. No caso de uma delas, soube apenas da morte de sua filha após sua última viagem, e outra teve sua ajudante envolvida em um problema devido à adoção de uma criança. Mas esses fatos nunca foram explicitamente interpretados como motivos para que elas deixassem de freqüentar a cidade, que lhes dava um rendimento financeiro por seus trabalhos aparentemente significativo.

entre a população local, ambos com perfis bastante diferenciados. Um deles, negro, com cerca de 35 anos e morador de uma comunidade rural também negra, é temido como sendo poderoso e tendo feito um pacto com o diabo, mas pouco procurado pela população urbana. Já na zona rural, possui poder não apenas como pai-de-santo de renome, mas também como gato,[70] e seus rituais (nos períodos em que ele não está fora devido a esta atividade) reúnem número significativo de habitantes de várias comunidades da região. É filho natural de um dos grandes raizeiros do passado, apesar de casado tem envolvimento sexual com inúmeras mulheres, e circulam sobre ele histórias como a de que teria violentado sexualmente sua própria mãe quando bêbada (sendo a praga que a mãe lhe rogou por este ato responsável por sua insaciabilidade sexual). O segundo, com cerca de 40 anos, é branco, louro, morador da cidade vizinha, e boa parte dos moradores urbanos de Terras Altas que necessitam de serviços de um especialista do sagrado procuram por ele. A trajetória do primeiro deles ilustra o que denomino um enegrecimento dos ritos: tendo se iniciado em mesa branca com a senhora da cidade vizinha que introduziu a umbanda no local, vai procurar em São Paulo uma mãe-de-santo que trabalhe com a esquerda, e posteriormente faz sua formação na Bahia em candomblé de caboclo. Este processo é visto como responsável por uma significativa potencialização de seu poder, mas ao mesmo tempo como representativo de uma aproximação cada vez maior com o demoníaco. Já no caso do segundo, quando o conheci tinha um salão na zona rural, onde fazia consultas e rituais utilizando essencialmente a incorporação por entidades da umbanda e uma bacia de água. Em poucos anos ele se desloca da zona rural para a urbana, constrói um salão de alvenaria com acabamento em cerâmica, introduz como elementos centrais de seu processo divinatório o uso de baralho e de uma bola de cristal, privilegia como médiuns os ajudantes brancos – apesar do grande número de médiuns negros que freqüenta seu terreiro. Tem uma enorme preocupação em se distinguir dos pais-de-santo que trabalham com linha de esquerda, bem como de caracterizar seu próprio trabalho como se situando na esfera do bem, e os destes na esfera do mal, do demoníaco.

Os dois casos descritos acima são interessantes para se perceber como a consolidação da umbanda e do candomblé na área passa por uma série de clivagens não apenas relacionadas a especificidades religiosas, mas também ao contexto social e à importância que a questão racial adquire neste contexto.

---

70. Agenciador de turmas para trabalho em migração sazonal.

Não é, portanto, por acaso que as trajetórias dos dois pais-de-santo se adequam a seu pertencimento social e racial. Mas embora haja também uma certa especialização do público de cada um, a circulação de pessoas nos vários ambientes em que os rituais se desenrolam é comum: assim como moradores das comunidades negras da zona rural eventualmente freqüentam as sessões oficiadas pelo segundo (embora com freqüência menor, pois isto implica em um deslocamento mais difícil e custo mais alto), também alguns habitantes da área urbana (principalmente quando precisam de ações mais fortes) procuram o primeiro. Talvez aqui se possa ver a influência das questões sociais e raciais em outro sentido: nas comunidades rurais de tradição negra mais forte, o "espiritismo" é cada vez mais sólido, e a penetração de seitas pentecostais mais difícil – o que não ocorre da mesma forma nas demais comunidades. No entanto, para os freqüentadores de terreiros que não são diretamente ligados a algum deles, a circulação entre vários e a comparação das atividades dos pais-de-santo é não só permitida, mas também vista como interessante.

Por fim, é importante ressaltar que os especialistas do sagrado responsáveis pela cura e proteção contra a feitiçaria e a possessão por espíritos são também vistos como capazes de infligir o primeiro destes males a alguém. São, por isto, simultaneamente respeitados, temidos e reconhecidos como necessários. A diversidade de sua formação e a tentativa de constantemente se diferenciar dos demais como forma de solidificar seu poder faz com que os tipos de rituais variem tanto de um especialista para outro quanto, para um mesmo especialista, com o tempo. Como o enfoque é essencialmente mágico, a incorporação de novos elementos, de procedências diferenciadas, não constitui problema e ocorre em ritmo acelerado.

PACTO (PARTE) COM O DIABO

A crença na possibilidade de fazer "parte" com o diabo – forma local de denominação do pacto, e que leva a pensar sobre como a linguagem identifica o contrato com o diabo com tornar-se parte da esfera do mundo por ele dominada – está presente em Terras Altas, porém não ocupa um lugar de destaque nas reflexões dos moradores locais. São duas as situações em que se fala da existência de pacto,[71] sendo as concepções deste e suas conseqüências em cada

71. Ouvi falar da possibilidade de realizá-lo também para aprender a tocar um instrumento com maestria, mas não tive acesso a nenhum relato de situação concreta em que este tivesse ocorrido.

uma delas muito distintas. Na primeira, o pacto visa conseguir um enriquecimento rápido, não condizente com o status social da pessoa; não é, contudo, aconselhável, pois a riqueza dele resultante é efêmera – se diluindo no final da vida da própria pessoa ou logo após sua morte e comprometendo o futuro de seus descendentes, que passam a enfrentar dificuldades financeiras. Neste caso, a condenação está, ao que tudo indica, no egoísmo de quem faz o contrato com o demo, pois que toma uma atitude baseando-se na ambição e no interesse puramente individual. Seu Jonas, em sua fala, retrata esta concepção do pacto:

> L: Tem gente que faz parte com ele [o diabo] prá poder conseguir alguma coisa?
>
> J: É, ixiste... e cumo ele dá tamém. E ele dá bastante.
>
> L: E que acontece com essa pessoa?
>
> J: O demônio dá e ele dá bastante. Se a pessoa tiver corage e risistir, pode pedir a parte dele que ele dá. Dá uma maior riqueza, que a pessoa véve na boemina, mas véve na maior riqueza... mas dipois ele voita atrais e tomba a pessoa. Quando a pessoa tiver na boa mermo, a pessoa tando na boca de seu hoje, eu num perciso de Deus... ele voita e tomba a pessoa. E Deus não... Deus dá e num quer de volta. *Eu pensava que a senhora tinha isso tudo no livro.* Deus dá e Deus é tão bão, que Deus num quer de volta e o demôno dá e quer de volta!

Neste tipo de pacto, a argumentação pode se aproximar de discussões clássicas sobre o tema, em que o diabo é contraposto a uma ética camponesa e relacionado às relações de trabalho e exploração representadas pelos fazendeiros, a expansão do capitalismo, a dependência dos comerciantes – principalmente, neste caso, devido a ser a região marcada pela migração sazonal, em que é o crédito que permite a sobrevivência familiar no período em que os homens estão fora (cf. Taussig, 1980; Velho, 1995; Novaes in Birman et alli, 1997). As acusações são normalmente dirigidas ou a grandes fazendeiros do passado, ou a comerciantes do presente que enriqueceram de maneira rápida, ou ainda a usineiros de cana em São Paulo. Curiosamente, este foi um dos primeiros temas clássicos que ouvi durante minha pesquisa, quando, em visita inicial a uma comunidade, presenciei uma conversa de vários homens sobre pessoas que possuíam o diabo em uma garrafa. Cito o trecho do diário de campo em que anoto o diálogo:

> Segundo eles, o diabo fica, quando preso na garrafa, com o formato de um mosquitinho, mas quando se solta se transforma em um ser imenso e assustador. Para mantê-lo preso, deve haver sempre fumo, cachaça e agulha virgem na garrafa, que me dizem servir de alimento a ele. Aqueles que o possuem adquirem

> riquezas, mas logo que morrem elas se desfazem e a família fica em situação difícil. Comentam que não vale a pena fazer o pacto, e citam exemplos de pessoas que moravam em locais próximos que têm ou tiveram o diabo preso (as que morreram são ilustrações do que afirmaram sobre a inadequação do pacto). Seu Antônio passa a contar a Seu Zé como os usineiros de São Paulo têm pacto, o que é comprovado por vários fatos. Em primeiro lugar, pela fortuna que possuem, apesar de "não trabalharem". Depois, pela observação de que muitas vezes as famílias dos usineiros abandonam as casas montadas para ir para a cidade, e estas não se sujam e os móveis não estragam. Tanto o abandono da casa sem esvaziá-la quanto o fato dela não se deteriorar são vistos como prova de que quem está habitando ali é "ele".

Aqui, alguns aspectos são interessantes. Antes de mais nada, a presença tão clara de um tema não muito comum nos diálogos cotidianos pode ser interpretada como um teste para perceber qual a minha postura frente a ele, e conseqüentemente construir uma imagem mais definida de mim – e relatos como de Regina Novaes (in Birman et alli., 1997) sobre ter ela sido confundida em contexto de pesquisa com alguém que fizera o pacto e se disfarçava de "mulher de fora que anda sozinha" só reforçam esta concepção. Depois, estabelece-se uma ligação clara entre o pacto e a posse de um diabinho preso em uma garrafa, que deve ser devidamente alimentado e cuidado. É o domínio sobre este ser que dá a seu possuidor as possibilidades de riqueza descritas. Além disso, embora o pacto seja condenável, não há uma condenação muito forte daqueles que o fazem, e na maior parte das vezes em que ouvi histórias do gênero elas eram contadas muito mais como curiosidade que como uma preocupação presente no dia-a-dia – talvez a situação acima descrita seja a única em que isto não ocorreu. Em outras palavras, afirmar que um dos comerciantes mais ricos da cidade fez o pacto, e que é uma evidência para tanto (além de seu enriquecimento rápido) ele ir à noite várias vezes em sua loja (para alimentar seu diabinho) não o torna uma pessoa temida nem limita as relações comerciais com ele. E se às vezes se atribui uma crueldade ao pactário – como é o caso de um antigo fazendeiro que trazia seu gado e o soltava na praça central da cidade a fim de explicitar sua riqueza, em franco desrespeito aos moradores locais[72] – tal atribuição não é uma constante.

---

72. A história deste fazendeiro é bastante curiosa, pois aparentemente era dele o manuscrito da "Orgia dos Duendes" de que falei, e as pessoas que me contaram sobre sua fama de pactário não conheciam a existência do manuscrito. Baseavam sua história em sua riqueza excessiva, seu comportamento anti-social e no desvanecimento de sua fortuna logo após sua morte.

A situação é muito distinta quando a referência é ao pacto que dá ao pactário o poder de, através das forças do mal, interferir no cotidiano – como é o caso de certos curadores e pais-de-santo localmente temidos. Este tipo de pacto é muito mais comentado que o primeiro, e os contextos em que os comentários ocorrem em geral remetem a um sentimento de medo frente a estas pessoas, na medida em que elas podem intervir na vida de outras, provocando inclusive sua destruição ou morte. Enquanto o pacto por riqueza demonstra uma atitude de ambição moralmente condenável mas inofensiva ao outro – afinal o que faz o diabo é apenas redistribuir riqueza entre aqueles que a ele se vinculam, e é exatamente por estar constantemente redistribuindo que a riqueza é efêmera –, o pacto por poder evidencia um desejo de impor sua própria vontade e a ausência de escrúpulos frente ao mal que se pode provocar a qualquer pessoa. Conclui-se, portanto, que o tema do pacto com o diabo é pouco relevante em si mesmo, mas muito relevante quando remete à questão da feitiçaria e da ameaça que ela representa, bem como à consolidação da visão dicotômica do mundo.

Um segundo aspecto que indica as diferenças entre os dois tipos de pacto é a maneira como o diabo é retratado em cada um deles. No pacto por riqueza, ele é domesticado, preso, transforma-se em um "mosquitinho" dependente de seu dono e que precisa ser alimentado. Já no pacto por poder é o demônio que controla a relação, que mobiliza constantemente suas forças para atingir os outros, que define o modelo da ligação com o pactário. Neste, o demônio não é domesticável, o poder implica em obrigações sistemáticas e na adoção de uma postura de malignidade frente ao mundo. O pactário por poder é, em outras palavras, a encarnação do mal, o símbolo do outro temido, pouco confiável, sem escrúpulos ou limitações morais para suas ações. Se, em contextos específicos, seu poder de cura e de desfazer o mal pode ser mobilizado, todas as vezes em que há referência ao pacto é o estereótipo da negatividade extrema que é colocado em jogo. Mesmo que tenha o poder de agir no sentido que deseje – ou seja, tanto para o bem quanto para o mal – o pacto torna a ação do curador/feiticeiro condenável em si mesma, e os custos de optar por este caminho são altos: pobreza, sofrimento (principalmente no momento da morte), condenação eterna.

Esta abordagem do pacto pelo poder serve, portanto, a uma função semelhante àquela ocupada pela imagem do pacto no período inquisitorial, em que este consistia em um instrumento chave na condenação de crenças e ritos pagãos pela Igreja Católica. Como naquele período, a concepção do pacto por poder é fundamental na reprovação de práticas mágicas de origem indígena, negra ou popular em geral, ou mesmo de ritos religiosos afro-brasileiros. Assim, se o uso destas práticas em contextos diversos é amplo, e sua avaliação ambígua, é através de sua relação com o demoníaco que sua censura se consolida e a ambigüidade se torna certeza. Além disso, principalmente a partir do momento em que a umbanda e o candomblé de caboclo se alastram pela zona rural – o que, segundo os relatos, ocorre desde há cerca de trinta anos –, a idéia de um pacto ajuda a compreender a necessidade de constantes rituais religiosos (embora também aqui haja uma percepção pelos pais-de-santo e os freqüentadores dos terreiros de uma diferença entre a "religião" – católica – e a magia – realizada por eles na umbanda e candomblé). Dá, em síntese, subsídios para a manutenção da imagem dicotômica do mundo e a definição do cristianismo como única religião possível.

CAPÍTULO IV

Feitiçaria e relações sociais

Dentre as ameaças místicas discutidas no capítulo anterior, a feitiçaria não só ocupa lugar de destaque, mas também apresenta certas características específicas relevantes. Por um lado, é o tipo de ação mágica mais temido e que mais fortemente influencia o cotidiano de Terras Altas, na medida em que a desconfiança constante frente à maioria das pessoas e a tomada de precauções com o intuito de evitar seu efeito orientam muitas práticas do dia-a-dia e criam um ambiente de tensão não explícita que perpassa as relações de boa parte dos moradores locais. Por outro, é um dos aspectos marcantes na estigmatização regional que sofre a cidade, conhecida como "terra de feiticeiros" – para o que contribui o vínculo estabelecido entre feitiçaria e negritude e a predominância de população negra. Neste sentido, torna-se necessário lidar com uma crença que a um só tempo macula a identidade local (essencialmente negra, como ilustram a importância e forma da Festa de Nossa Senhora do Rosário e dos relatos sobre o negro e a escravidão descritos no Capítulo II) e contribui expressivamente para a construção de uma concepção de mundo e relações sociais dos moradores de Terras Altas. Acrescente-se, ainda, que é a feitiçaria a prática mágica com maior facilidade de vínculo inquestionável com o demoníaco (apesar de neste caso também ser possível a ambivalência, como argumentamos anteriormente), sendo este vínculo uma das conseqüências do mecanismo de demonização da alteridade, e principalmente do negro no país. Como vimos, dois processos comuns na expansão do catolicismo por novas áreas, e que muitas vezes ocorrem concomitantemente, são a demonização da religião dos grupos submetidos e sua incorporação como magia no interior do próprio catolicismo. Weber atribui, inclusive, uma amplitude histórica maior a estes processos, e estabelece uma relação direta entre ambos, como fica claro no seguinte trecho:

> É possível distinguir a "magia", como coação mágica, daquelas formas de relações com os poderes supra-sensíveis que se manifestam como "religião" e "culto" em súplicas, sacrifícios e veneração e, em conformidade com isso, designar como "deuses" aqueles seres religiosamente venerados e invocados, e como "demônios" aqueles forçados e conjurados pela magia. A distinção quase nunca pode ser feita em profundidade, pois mesmo o ritual do culto "religioso", neste sentido, contém quase por toda parte grande número de componentes mágicos. E o desenvolvimento histórico dessa distinção deve-se com freqüência simplesmente ao fato de que, no caso de repressão de um culto por um poder secular ou sacerdotal a favor de uma religião nova, os antigos deuses continuaram existindo como "demônios" (1994: 294).

Na situação específica de colonização do Brasil e consolidação do catolicismo como religião oficial, vários aspectos contribuem para que esta incorporação das religiões dos grupos dominados como magia, e como uma magia de caráter negativo, ocorra de maneira sistemática. Em primeiro lugar, a forte crença na magia entre os povos ibéricos e sua visão dicotômica do mundo fazem com que a percepção de práticas religiosas diferenciadas como uma magia ameaçadora se encaixe facilmente em um sistema prévio definido. Depois, um modelo de extrema dominação e opressão dos grupos negros e indígenas leva à existência de uma forte tensão e ao temor quanto às possíveis reações dos grupos dominados. Neste contexto, a capacidade de recorrer à feitiçaria como forma de contra-poder passa a constituir um dos grandes medos dos grupos dominantes, e o estabelecimento de uma semelhança entre estas práticas e o demoníaco uma tentativa de minimizar os riscos que a feitiçaria representa através de sua estigmatização. Acrescente-se que o uso da magia e dos conhecimentos de plantas medicinais pelos negros e índios em um ambiente onde o acesso a serviços médicos é quase inexistente torna necessário reconhecer uma certa dependência em relação ao poder dos curadores provenientes destes grupos. E, ainda, no que se refere particularmente aos negros, a construção européia de uma imagem do demônio como negro torna a semelhança física mais um aspecto importante na aproximação do negro com o demoníaco. Uma citação de Roger Bastide é aqui esclarecedora:

> O segundo campo em que temos igualmente informações históricas bastante detalhadas é o da magia africana. Na realidade, ela impressionou os brancos. Por várias razões e primeiro de tudo porque o colonizador português era supersticioso também, como seu escravo, negro ou índio. O pequeno número de "cirurgiões",

> de médicos e boticários durante todo o período colonial, mesmo nas grandes cidades e nos portos comerciantes do litoral, forçava os doentes a infusões de ervas e aos emplastros que não chegavam a curar, a consultarem "curandeiros" e "algebristas"; e como os africanos eram versados na arte da magia curativa, impuseram-se a seus senhores brancos e mantiveram, dessa maneira, alguns de seus processos nativos, misturando-os, aliás, aos processos dos feiticeiros brancos [...].
>
> Enfim, é óbvio que o português, longe de seu país natal, numa terra estrangeira, cheia de ciladas e de perigos imprevistos, num clima freqüentemente enervante, não se sentia em segurança. Sabe-se que a magia está ligada justamente à angústia ante o estranho e o desconhecido; é ela uma técnica irracional para tranqüilizar. Dessa forma, tudo concorria: o caráter supersticioso dos primeiros imigrantes, a ausência de uma medicina científica, a insegurança dos trópicos para um homem vindo da Europa, mediterrânea e temperada, para manter entre os brasileiros o interesse pela magia.
>
> E da mesma forma, o negro, tendo uma dupla qualificação, a de estrangeiro, ou seja, a de estranho – e a de cor, que é a cor do Diabo – lhes parecia feiticeiro, por excelência. Mas também a atitude do branco vai ser ambivalente em relação ao preto. De um lado, aceitará sua magia medicinal, seus filtros amorosos que darão aos senhores esgotados sexualmente o vigor desaparecido, e de outro, terá receio do feiticeiro escravo que conhece as plantas venenosas, e prepara os venenos para se desembaraçar de senhores odiosos (1985: 188/189).

Neste trecho de Bastide, apesar de sua postura claramente discriminatória frente às práticas mágicas – vistas como "uma técnica irracional para tranqüilizar" resultante do "caráter supersticioso dos primeiros imigrantes, a ausência de uma medicina científica, a insegurança dos trópicos" –, podemos identificar vários dos pontos anteriormente abordados, importantes não apenas para compreender a disseminação da crença na magia no Brasil mas também seu caráter impreciso (pois que tanto ligado à cura quanto à ameaça ao poder), seu vínculo com os negros e o processo de diabolização por que passa. Aspectos estes que serão cruciais nos discursos sobre o tema construídos em Terras Altas.

A relação estabelecida entre feitiçaria e negritude se expressa, portanto, em várias esferas, e leva a que Laura de Mello e Souza, analisando os processos inquisitoriais nas Minas, afirme:

> Excetuando-se este caso, onde surge com força o sobrenatural e os pactos demoníacos, a tônica dos outros episódios de feitiçaria é a cura e o misticismo de raízes africanas. O que transparece em todos eles é uma certa dificuldade de integração ao meio social por parte dos indivíduos que exercem essas práticas. Havia, por um lado, o repúdio da sociedade: negros em sua grande maioria,

> esses indivíduos traziam na cor da pele a presença de um mundo secreto e desconhecido, de que a feitiçaria era um dos ecos ameaçadores. O africano podia ser escravo dócil e serviçal; mas por detrás dessa aparência inofensiva escondia-se o protagonista da rebelião e da revolta, o representante misterioso e traiçoeiro de uma humanidade diferente e perigosa, o feiticeiro que subvertia o mundo ordenado dos brancos e instaurava o caos (1990: 189).

É neste contexto mais amplo que é preciso pensar em como a feitiçaria vai ser encarada em Terras Altas, e como ela coloca dificuldades frente a características locais relevantes. Pois, convém lembrar, a cidade se define oficialmente como católica (100% da população segundo o Censo Demográfico de 1970; e mais de 90% segundo os Censos seguintes), mas simultaneamente como composta de população predominantemente negra (menos de 15% de brancos – sendo o restante de negros – de acordo com o Censo de 1991), e a feitiçaria é vista como contraposta ao catolicismo mas diretamente relacionada aos negros. Ao mesmo tempo, a cidade é regionalmente discriminada como "terra de feiticeiros". A discriminação, contudo, não traz apenas uma imagem negativa, mas também um temor que leva os moradores das cidades vizinhas a adotar uma postura especial, que muitas vezes resulta em uma atitude particular de respeito e medo frente aos habitantes de Terras Altas – sendo um dos inúmeros exemplos aquele em que um professor de História da PUC Minas, fazendo pesquisa na região, recusa dar carona para um senhor na estrada de Terras Altas e tem a caixa de marcha de seu carro quebrada pouco depois; ao comentar o acontecido na cidade vizinha recebe como explicação para o problema a recusa e fica sabendo que uma transportadora regional dava ordem para que seus motoristas sempre dessem carona na estrada de Terras Altas, pois caso contrário, devido à vingança mágica do preterido, poderiam não chegar a seu destino.

Localmente, por sua vez, raizeiros e pais-de-santo são, como descrito no capítulo anterior, simultaneamente condenados e definidos como necessários, pois representam tanto uma ameaça quanto o principal recurso no combate a uma série de males. Além disso, o vínculo estabelecido entre negritude e feitiçaria complexifica as relações entre negros e brancos na cidade, fazendo com que a discriminação racial interna ao mesmo tempo se consolide e se torne um problema, pois um dos tipos de feitiçaria mais facilmente reconhecido no discurso dos moradores locais é aquele em que esta resulta de uma postura discriminatória da vítima. Assim, também internamente o papel de contra-poder do feitiço está presente, e se expande do grupo negro para outros grupos dominados, como é o caso das mulheres e da força que se atribui ao feitiço amoroso.

Por fim, se este tipo de feitiçaria como contra-poder pode ser visto como uma atenuação de um forte esquema de dominação, por outro lado não há uma garantia de que seja utilizado apenas em situações que estabeleçam um certo equilíbrio entre as partes, ou que haja uma mesma avaliação sobre qual é o equilíbrio desejado. Ao contrário, o risco constante de ser alvo de práticas mágicas realizadas por terceiros e a percepção de que os motivos que originam estas práticas podem ser os mais banais levam à existência de um constante clima de desconfiança e tensão latente. Para o que contribui a demonização da feitiçaria anteriormente abordada, que a constrói como o mal por excelência.

A necessidade dos moradores de Terras Altas de lidar com um tema que é, concomitantemente, central em seu cotidiano e que carrega as complexidades acima delineadas leva a que haja a construção de dois discursos distintos sobre ele que, embora divirjam, se conjugam em situações específicas. Passo, a seguir, a considerá-los, para depois abordar como a crença na feitiçaria aponta muito mais para uma concepção da relação com o outro que para as discussões clássicas em torno da inadequação de seu modelo de definição de relações causa e efeito. Posteriormente, faço uma reflexão sobre como, muito mais que uma linguagem para expressar tensões sociais, a feitiçaria é, em Terras Altas, constitutiva de uma visão de mundo e de relações sociais. Restringi-la a uma linguagem não só limita sua compreensão, mas também provoca uma desconsideração de aspectos cruciais na interpretação dos discursos sobre o tema e das reações emocionais que estão a eles vinculadas.

I. Os dois discursos

Desde o início do trabalho de campo, discursos em torno da feitiçaria se mostraram marcantes. Eles não eram, contudo, homogêneos, e pode-se identificar dois padrões diferenciados, realizados para pessoas distintas em contextos também diversos. O primeiro deles, voltado para os "de fora" e para pessoas com as quais as relações de intimidade são pequenas, abordam uma feitiçaria genérica, deslocada no passado e com caráter eminentemente punitivo, e são responsáveis pela elaboração do estereótipo do feiticeiro negro. Tentam lidar com a imagem de Terras Altas como "terra de feiticeiros". O segundo, geralmente proferido para pessoas próximas, considera situações concretas individuais ou familiares de vitimização por este tipo de magia, situam a feitiçaria no presente e a mobilizam para falar de suas relações com os outros e com o mundo. Enquanto no primeiro caso o estereótipo do feiticeiro é claro, bem definido, no segundo não há uma construção explícita de seu perfil, podendo o agressor ser qualquer pessoa da comunidade, e sendo algumas das pessoas mais temidas muito distintas do estereótipo do feiticeiro negro. Estes discursos, contudo, não são estanques, mas se comunicam todas as vezes em que um deles pode servir como reforço para o outro. Assim, sempre que as acusações do segundo tipo identificam como agressor alguém que se encaixa no estereótipo, mobilizam o estereótipo para reforçar o poder da acusação. Por outro lado, o fato de que em certas situações o agressor tenha um perfil próximo ao ideal do feiticeiro serve para que este se consolide cada vez mais, como ficará mais claro a seguir.

A feitiçaria punitiva para os "de fora"

A presença da imagem regional de Terras Altas como lugar de feiticeiros torna impossível a seus habitantes não elaborar um discurso que venha a dar conta do estigma. Como demonstram as citações no final do Capítulo II, os moradores locais percebem a acusação das cidades vizinhas como uma humilhação, como sinal da discriminação racial, pois ela estaria ligada à predominância de população negra. No entanto, há certo reconhecimento da legitimidade desta acusação, pois estes mesmos moradores apresentam forte crença na feitiçaria e constroem o estereótipo do feiticeiro como negro. Para lidar com esta duplicidade, que por um lado visa rejeitar o estigma e por outro precisa lidar com a concepção de sua relativa autenticidade, elabora-se um tipo de discurso que se caracteriza por alguns aspectos fundamentais: em primeiro lugar, desloca-se para o passado a existência da feitiçaria, que estaria se extinguindo (se não está já completamente extinta) devido à morte dos grandes feiticeiros; em segundo, todas as situações descritas como palco para o uso do feitiço são perpassadas por comportamentos tidos como socialmente inadequados por parte das vítimas – principalmente marcados pela discriminação dos negros por sua condição social de pobreza e inferioridade –, e a feitiçaria passa então a ter um caráter "punitivo" e, assim, legítimo; depois, concebem-se tais feiticeiros do passado como negros e, principalmente, ex-escravos, o que faz o caráter de contra-poder da feitiçaria se explicitar ainda mais. Histórias sobre pessoas que se recusam a dar carona na estrada (como acima relatado) e que têm seus carros quebrados ou sofrem algum empecilho, como atolar, são comuns. Os primeiros relatos sobre o tema a que tive acesso remetem, por exemplo, a um caso em que uma moça rica da cidade vizinha vinha cavalgar em Terras Altas e passava diariamente na porta da casa de uma velha negra sem cumprimentá-la; esta, ofendida, decide revidar e faz com que seu cavalo se imobilize certo dia, logo após passar por sua casa, o que provoca terror na moça e a compaixão de algumas pessoas que estavam passando e que lhe pedem para que não faça isto com ela; a velha retruca que não está fazendo nada, e que basta que dêem um pequeno tapa na traseira do cavalo para que volte a andar normalmente, o que, realizado, gera o resultado previsto; desde então, a moça nunca mais volta a cavalgar em Terras Altas. Outras, ainda, exploram o mesmo tema da recusa ao cumprimento por parte da vítima, como fica claro no relato de D. Álvia, uma senhora de meia idade, branca, moradora da cidade e recentemente convertida ao protestantismo:

> A: Minha mãe quando era mais nova me contou um caso. Um dia ela passou e não saudou uma mulher que estava varrendo a Igreja do Rosário. Isso foi lá prá 1925. Passou e não saudou essa velha não. A velha falou assim com ela: "Oh, que que cê não me saudou?" "Eu nem vi a senhora". "Mas ocê num pode fazer isso não". E quando desceu da Igreja, ela passou em casa, tirou um biscoito e deu minha mãe. Minha mãe não quis comer o biscoito, que cismou. Botou o biscoito lá assim. Tinha uma menina que morava lá em casa, correu depressa e foi comer o biscoito. Quando ela meteu o biscoito na boca, que partiu, do lado que ela partiu o biscoito foi uma dor de dente horrível. Mas doía tanto que ela dava murro por tudo quanto é lado, nas paredes. E falava: (incompreensível). E a mulher passava na porta e saudava e falava assim: "Sua mãe tá boa?" Tinha uma irmã mais velha. Que hoje já é até aposentada. E falava: "Oh, menina..." era menina pequenininha "...sua mãe tá boa?" "Tá". Passava. Quando ela descia, nos movimentos que ela... "Cadê sua mãe?" "Mãe tá boa. Mãe tá ali. Oh ela ali!" Aí ela chegou perto de mãe e falou: "É, ocê é viva, ocê num comeu o biscoito mesmo!" "É, eu num comi não". Por que ela falou prá mãe "é, ocê é viva"? É que ela tinha posto porqueira no biscoito, prá mãe comer pro dente dela doer.

Neste depoimento, além da caracterização do feitiço como réplica a um comportamento anti-social, podemos identificar vários outros pontos importantes sobre a percepção local da feitiçaria, tanto de maneira geral quanto no que remete especificamente ao tipo de discurso aqui considerado. Inicialmente, ele ilustra bem o que foi dito no capítulo anterior sobre uma certa responsabilidade da vítima por seu sofrimento, pois este resultaria não apenas da agressão, mas da vulnerabilidade à agressão pela ingenuidade. Assim, a mãe de D. Álvia seria punida por seu comportamento hostil frente à senhora, mas sua esperteza a livrou da punição, que acabou se abatendo sobre uma pessoa que não era culpada, mas que foi impensadamente comer um biscoito ganho em situação suspeita. Depois, não há nenhuma prova efetiva do enfeitiçamento, embora (assim como no caso anterior) todas as evidências apontem neste sentido. Acrescente-se que, ainda que neste caso o feitiço seja punitivo, continua a ser condenável, pois é descrito como "porqueira". Por fim, é interessante ressaltar que, apesar de não haver uma caracterização explícita da responsável pelo feitiço, ela está varrendo a Igreja do Rosário, que é a santa de devoção dos negros. Este fato leva a duas questões: primeiro, a possibilidade de que alguém que cuida de um templo católico possa também fazer feitiço; segundo, a identificação desta pessoa com os negros, na medida em que é a igreja deles que está sendo varrida no momento da ofensa.

A proximidade entre catolicismo, negros e feitiçaria se expressa também nos casos em que esta última se relaciona com eventos específicos da Festa de Nossa Senhora do Rosário. É assim que o feitiço do tambor, que já abordamos, introduz em um dos principais componentes de uma festa católica a presença da ameaça mística que supostamente mais se distancia do catolicismo,[73] fazendo com que sua demonização se torne, apesar de efetiva, problemática. Também em

---

73. Além dos trechos citados anteriormente, a fala de Nilton de Graça sobre o tema aponta pontos importantes:

"L: Agora deixa eu perguntar uma coisa: e esse negócio do feitiço do tambor? Que eles falam que tem raiz do tambor, como é que é isso?

N: Ah, é. Do tambor eu num sei certo, eu vejo é comentário. Antes tinha! Inclusive há poucos dias mesmo eu conversando com um rapaz ele me falou que eles mastigavam raiz e sopravam na pessoa. Aí a pessoa desacordava e quando num tinha onde deitar de uma vez caía caído. Mas ultimamente acho que não tem, acho que num existe mais isso não. Um tal de pé de pinto, eu nem conheço, diz que é uma mistura de raízes, que diz que derruba mesmo a pessoa. E se quem fizer isso não voltar prá trás a pessoa dorme...

L: É, mesmo?

N: Diz que dorme, dorme e nunca mais ela acorda.

L: E por que as pessoas sopravam nos outros?

N: Olha, porque antes, toda vida tem o negócio do capitão do tambor, que é no caso o chefe. Então às vezes tava dançando ali, um chegava prá atrapalhar, ou às vezes ia dançar sem pedir ordem para o capitão, aí ele... porque tem, inclusive eles brincam "Sai fora, moleque. Pula fora, moleque". Então se a pessoa não saísse, eles davam um jeitinho ali, mandavam o cara desacordar, e inclusive levava até a morte. Nunca aconteceu de morrer, que eles socorriam depois. Mas quanto tempo que a pessoa quisesse que o outro ficasse desacordado, ficava. Inclusive eu brinco tambor aqui mas eu tenho medo (risos). Inclusive eu até penso em parar com isso, mas se a gente parar acaba, que hoje já num tá tendo mais tamborzeiro."

Aqui, vários aspectos importantes aparecem: o feitiço estar situado no passado, seu uso apenas em situações de desafio à autoridade, seu potencial de morte nunca utilizado, o medo que provoca mesmo que a pessoa não tenha como intenção adotar uma postura desafiadora (apenas pela possibilidade de seu uso), a relação com os negros na medida em que o tambor é o componente mais reconhecidamente negro em uma festa a uma santa de devoção dos negros.

um relato de Seu Juca de Ana, um senhor já falecido e de mais de oitenta anos que morava em um dos povoados do município, sobre o "feitiço do angu" (ou seja, um feitiço relacionado com as comemorações da Quinta-Feira do Angu da Festa do Rosário, em que, após mulheres em sua maioria negras e de comunidades rurais lavarem a Igreja do Rosário, há distribuição de angu com molho para todos aqueles que comparecem no local), podemos perceber a proximidade indicada:

> J: Ali também tinha o feitiço do angu. Eu conheci um velho, morava de fronte de casa. Chamava Francisco, a gente chamava ele de Chico Torto. Quando eles tava fazendo muito barulho, muita balbúrdia lá no angu, lá na Igreja, vinha um... como diz, sempre tem um porta-voz, espuleteiro como eles fala. Vinha... Ele era feiticeiro! Ele era aleijado, foi escravo, ele... de tanto trabalhar com pote na cabeça e peso ele ficou... o joelho dele entortou. Ele não saía de casa não. Ele só vivia fiando algodão. Mas existe Nossa Senhora, ó, mãozinha santa. A gente chamava ele de Tichico. "Mas, ô Tichico, mas lá tá uma barulhada, uma bagunça que ninguém tá agüentando o angu lá", "Pois é, meu fio, pois é, pois é". Entrava lá dentro dum quarto escuro que ele tinha, pegava uma argola. Ele tinha uma argola assim, uma coisa parecendo uma sola, uma argola desse tamanho assim. Enfiava ela no braço aqui. Ia suspendendo ela, suspendendo. Quando ela chegava aqui em cima, quem tava comendo carne lá não descia um pedaço de carne na goela de ninguém. Engasgava todo mundo. Aí quando ele via... ele descia a argola. Vap! Todo mundo desenvolvia... a goela. Aí comia. Era assim. Havia muito... muita maldade na Festa do Rosário de [Terras Altas].

Aqui, a caracterização do feiticeiro representa bem o estereótipo construído sobre ele: negro, ex-escravo, aleijado devido aos trabalhos excessivos, retraído, dedicado a uma atividade pouco valorizada – a fiação de algodão. Embora não participasse da Festa, tinha como atribuição garantir um desenrolar tranqüilo da Quinta de Angu, e para tanto utilizava meios mágicos. Meios que levavam unicamente ao retorno a uma ordem perturbada, não deixando qualquer tipo de seqüela em ninguém. No entanto, por isto era considerado feiticeiro, e o trecho termina com a afirmação de que havia "muita maldade na Festa do Rosário de Terras Altas". Novamente há como que uma contradição entre o relato e a conclusão, e a negatividade da feitiçaria não é sustentada pelo contexto em que ocorre. Ao contrário, nos relatos em torno da feitiçaria punitiva, em contraste com aqueles que tratam do feitiço no cotidiano, esta aparece nas entrelinhas como responsável pela manutenção de uma ordem baseada em valores fundamentais como solidariedade, respeito aos outros e a eventos sagrados, sentimento de comunidade. O contra-poder que constitui é uma força importante para garantir o controle do abuso de poder.

Outro trecho da entrevista de Seu Juca complexifica ainda mais o quadro anterior, na medida em que há uma certa dúvida sobre a legitimidade da agressão mágica, mas ao mesmo tempo em que é um negro que provoca o mal é outro ainda mais negro o responsável por desfazê-lo:

J: ... era mesmo um parente, branco, chamava Juca Evangelista. E tinha um nego aqui dos Poção, mau pagador, não pagava ninguém. Esse nego morreu com 110 anos. Tem uns cinco anos que ele morreu.. Mas esse nego não pagava ninguém não. Antônio Grande. Morava aqui nos Poção. Então o Juca gostava de... era enjoado, era engenheiro, fabricante de cachaça, matava boi. O Juca matou uma vaca lá e ele veio comprar uns ossos. O Juca era muito franco, falou assim "Ô, Antônio, eu num vou vender ocê meus osso não, que ocê compra as coisa e num paga", "Ah, Seu Juca, num tem problema não, eu vou embora". E foi embora. E tava vespano a Festa de Nossa Senhora do Rosário em [Terras Altas]. Então, todo mundo foi prá festa, quando chegou ali... a senhora sabe onde é (incompreensível) ele sofreu um derrame, num tá muito bom não, a casa de Zé Mendes?

L: Sei.

J: Ali morava o pai... Eles é casado na mesma família. O pai da mulher dele. Chamava Fulgêncio de Matos. Então tinha muita gente na festa e tal, e esse Antônio Grande também tava lá, na porta dessa venda. Aí chegou o tal Juca e deu ele a mão, saudou ele "Ô, Antônio Grande, cê tá bom Antônio Grande?". Ele deu ele a mão e saudou Juca. Juca me contou que quando ele deu ele a mão, ele fez isso na mão dele. Coçou a palma da mão dele. Passou. É saudação, né, num tem problema não. Daí a uns cinco minutos, veio uma coceira na mão, da mão pro braço, uma coceira só. Mas virou uma canjica só de coceira. Coça aqui que tá coçando, tá coçando, tá coçando. E lá tinha um raizeiro também, que era vizinho do Antônio Grande. Chamava Eduardo. Esse era raizeiro... botava muita coisa mesmo, tinha muito remédio na casa dele. Pretão que... esse era até bonito, porque era preto legítimo mesmo, não era fula não. Escorregava de preto. Andava com um embornalzinho de couro, com um corriãozinho. Andava com ele aqui por dentro, atravessado aqui ó. Só de lado. Capanguinha pequenina assim, embornalzinho, cheio das folhas. Vestia a camisa, o casaquinho, mas não pode andar sem aquele trem. Se for raizeiro não pode andar sem aquele trem. Esse Eduardo foi chegando, era muito amigo do Juca, Juca falou assim "Ô, Eduardo, chega aqui", "Que que é, Juca?", "Eu tou com uma coceira aqui nesse braço que eu num tou agüentando". Ele disse "Como é que ocê arrumou essa coceira?", "Uai, Antônio Grande me saudou, e no ele me saudar coçou o dedão na palma da minha mão". Ele disse "Ah, Juca, que é isso!". Meteu a mão na carteira, tirou uma raizinha, pediu um golinho de cachaça e mandou Juca mastigar e beber, e passar no lugar. Quando Juca bebeu e passou no lugar acabou a coceira.

O primeiro ponto a ressaltar é a definição contrastante dos dois envolvidos no enfeitiçamento: como vítima um branco dono de terras e gado, como agressor um negro que pretende comprar ossos, ossos estes que lhe são recusados explicitamente com base em sua fama de mau pagador. Embora esta fama seja, segundo o narrador, justificada (o que faz com que haja traços da idéia de feitiçaria negativa aqui, pois este fato faria com que a vingança não tivesse legitimidade garantida), sua expressão pública consiste em uma ofensa a Antônio Grande, que provoca em represália o mal ao outro. No entanto, Juca Evangelista tem uma certa responsabilidade no ocorrido: é por não reconhecer a ofensa cometida que ele se torna vítima, pois cumprimenta ingenuamente alguém a quem tinha agravado – mesmo que com motivos –, gerando sua vulnerabilidade. Além disso, a identificação da feitiçaria com os negros se faz não apenas pelo perfil de Antônio Grande, mas também por ser sua vingança realizada em uma Festa do Rosário em Terras Altas. No entanto, é alguém ainda mais negro – que "escorregava de preto" – o responsável por reverter o malefício. Reconhecidamente, os negros são não apenas vingativos e feiticeiros, mas também curadores e capazes de contrapor-se ao mal por eles mesmos provocado.

Neste tipo de discurso, além disso, a feitiçaria é algo em extinção, uma ameaça cada vez menor no cotidiano. Um dos fatores que mais contribui para isso é a afirmação do desaparecimento dos velhos feiticeiros negros com o fim da escravidão e o processo crescente de miscigenação racial dos moradores locais. Se pensarmos que, neste caso, estabelece-se um vínculo claro entre feitiçaria e negritude, este desaparecimento poderia ser interpretado como um indício de uma mudança nos rumos da história local, mudança esta responsável tanto pela diminuição dos contrastes entre negros e brancos quanto pelas tensões deles decorrentes. Um contexto de maior igualdade a partir do fim do cativeiro e da mistura entre raças, esta última levando a que mesmo os definidos como brancos tenham de reconhecer a presença de negros em suas famílias, como explicitado no Capítulo II, faz com que a mobilização da feitiçaria como contra-poder se torne supostamente cada vez menos necessária.

Esta não é, contudo, a única explicação para a existência de um tipo de discurso como o acima descrito, pois não se pode desconsiderar que a afirmação da existência da feitiçaria na esfera pública implica no reconhecimento da legitimidade da estigmatização regional que sofre a cidade e na conseqüente incapacidade de reagir a ele. Ao mesmo tempo, na medida em que a crença é muito presente entre os moradores locais, sua simples negação não representaria também uma possibilidade de reação consistente. Assim, ao reforçar o estereótipo dos feiticeiros negros mas situá-los no passado, bem como ao transformar uma agressão diabolizada em justificável como forma de contra-poder e identificar os feiticeiros com os curadores, é possível manter concepções marcantes no imaginário local sem que seja preciso por isso reforçar uma visão regional negativa da cidade.

A feitiçaria negativa no cotidiano

O tipo de discurso anteriormente descrito não dá conta, contudo, da maneira como a feitiçaria é vivida e temida pelos moradores de Terras Altas na atualidade. Caso a afirmação de que ela se restringe ao passado e aos negros fosse o único tipo de interpretação sobre o tema, provavelmente a abrangência das reflexões em torno dele e suas marcas no presente seriam bem menos significativas do que efetivamente são. Como dito acima, é a relevância da crença no feitiço no cotidiano que, inclusive, sustenta o discurso público, na medida em que gera a impossibilidade da simples negação de sua existência – negação que esvaziaria o estigma muito mais que o deslocamento no passado. Além disso, ocorre com o feitiço o mesmo que com a imagem do negro a ele diretamente relacionada: em ambos os casos, vemos a conjugação de uma concepção pública em que estes, apesar de condenados e discriminados, são retratados como legítimos – por representarem valores como justiça, comunidade, não discriminação, entre outros – com uma prática em que é a condenação e discriminação que imperam. Nas interações face a face e nos casos em que os discursos remetem diretamente a estas interações, a feitiçaria assume um caráter claramente negativo e representa valores opostos aos citados: a ausência de união na comunidade, a força da inveja e a capacidade do outro de provocar os piores males por motivos muitas vezes irrelevantes.

O discurso que versa sobre a feitiçaria negativa apresenta características muito distintas daquele descrito no item anterior. Em primeiro lugar, ele não é publicamente expresso, sendo muito mais difícil obter relatos gravados ou escritos sobre casos de acusação de enfeitiçamento, na medida em que não há uma esfera reconhecida de acusação pública. Sendo assim, quando as pessoas narram situações em que elas ou alguém próximo foi vítima de feitiçaria, normalmente estão em um contexto de intimidade e confiança. É inadmissível que se estabeleça um confronto entre acusador e acusado, e isto torna impossível abordar o tema com qualquer pessoa. Tanto que, com exceção de uma entrevista que será melhor explorada no item posterior, mesmo os relatos gravados de feitiçaria negativa remetem a casos do passado, como fica claro no depoimento de D. Álvia:

> C: Ah, meu pai me contava. Quando eu era pequena já tinha o tema de [Terras Altas] ser a terra do feitiço. E esse moço era morador aqui da rua, de [Terras Altas]. Ele era casado e gostava muito da esposa dele. Só que na rua de baixo ele tinha uma mulher, uma amante, que ele dizia a outra. Aí a outra era louca com ele, mas sempre ele dando assistência na casa da outra e não abandonava a esposa dele, que ele gostava demais da esposa. Aí um dia ela falou "Hoje eu vou acabar com essa... esse xodó que ele tem com essa mulher dele". Aí, Liliana, ele falou com ela assim "Ô, minha filha, tudo que ocê me pedir eu sou capaz de fazer...", "Pois eu quero que você traga prá mim cuspe da sua mulher". Aí ele falou "Meu Deus, quê que será que ela quer com cuspe da minha mulher? Mas eu vou dar prá ela, pode deixar". E ficou de olho nela, Liliana. Quando ela cuspia... ele fez um gano assim, e panhou a palha com papel e botou o cuspe, fez uma volta, trouxe e falou prá ela "Aqui, eu trouxe o que ocê mais queria, que era o cuspe da minha mulher". E ela já tinha o sapo pegado lá. Aí ela pegou o sapo e virou a boca do sapo e colocou o cuspe da mulher, que diz que a outra dele, e costurou a boca e botou na fumaça. Em cima de um fogão de lenha. Que aqui em [Terras Altas] ainda usa muito. E ela num deu... ficou alegre achando que era. E ele falou "Eu quero até ver onde é que vai chegar". Quando foi uma certa manhã, o sapo manheceu tossindo, e ela pegou tossir também. E o sapo foi afinando, e ela também afinando. Aí um dia ela pegou e falou assim "Ô, fulano, ocê trocou... aquele cuspe que ocê trouxe prá mim foi meu ou foi da sua mulher?", "Não, foi da minha mulher", e ela ainda insistiu. Aí o sapo começou a emagrecer, e à medida que o sapo ia sofrendo ela ia também. Ela chamou ele e falou "Esse cuspe não foi da sua mulher não", "Na verdade num foi não. Eu só queria ver o que você queria fazer com a minha mulher", "Pois eu vou morrer", "Ocê caçou com suas mão". Tirou o sapo, o sapo não saiu de lá da casa mais. O dia que o sapo morreu, ela também morreu. O sapo aqui é conhecido como um bicho muito porco. Inclusive nas campanha política sempre aparece o sapo de boca costurada com o nome de candidato. Na política passada tinha o sapo arrastando uma sandália havaiana com o nome do candidato no pé. O sapo sempre aqui é usado prá essas coisas.
>
> L: E quem faz essas coisas aqui?
>
> C: Ninguém sabe, Liliana. O dono dessas coisas não aparece. Eles julga um, julga outro, mas certeza prá falar "Eu vi", ninguém.

Neste trecho, alguns aspectos importantes aparecem. Aqui, ao contrário dos casos de enfeitiçamento punitivo, a agressão não é justificada, mas ameaça a ordem social – na medida em que uma mulher que é amante de um homem tenta destruir sua união oficial provocando a morte de sua esposa (não apenas legítima, mas também amada). Esta tentativa, por sua vez, vai precisar da participação do marido e, a fim de ser bem-sucedida, deveria contar com sua ingenuidade. Na medida em que esta não existe, o feitiço literalmente se volta contra o feiticeiro, levando a sua própria morte. Ilustra-se, assim, a concepção de que o uso de forças mágicas neste modelo resulta em um custo para o agressor, que em algum momento precisará pagar pelo mal cometido.[74] Além disso, o tipo de feitiço é diferente, pois enquanto na feitiçaria punitiva o mal é provocado por alguma imprecação, contaminação alimentar ou rito mágico com conseqüências reversíveis, neste caso há o uso do sapo, "um bicho muito porco", e as conseqüências do rito não podem ser desfeitas. Observa-se, ainda, que a contextualização da história no passado é relativizada logo em seguida, já que a narradora estabelece um vínculo direto entre ela e o presente ao afirmar que este tipo de feitiçaria continua a ser usado principalmente nas disputas eleitorais da atualidade (embora em outras entrevistas ela e sua filha afirmem ser a feitiçaria coisa do passado), e a incapacidade de definir com certeza o autor dos atos mágicos leva a que qualquer outro seja

---

74. Em um trecho da entrevista de Nilton de Graça este afirma o futuro funesto que aguarda aqueles envolvidos com o feitiço:

"N: ... Porque dificilmente a pessoa que mexe com esse tipo de coisa você vê ele bem de vida. Às vezes pode até ficar, mas no final da vida tudo acaba. A mesma roupa que você vê ele dia de semana, dia comum, você vê na Festa do Rosário, não consegue nada na vida, que isso num é coisa de Deus. Só leva... como se diz, só traz azar prá família... prá pessoa. Eu acredito que sim. Inclusive eu conheci um curador, além de ser curador acho que ele fazia também... pros dois lados. Então ele tinha os bens, vacas, animal bom e tal, aí ele faleceu. Um ano depois, eu fazendo recenseamento, eu passei na casa dele e num tinha uma galinha no quintal. Um ano depois. Por aí tira que num tem como, num vai prá frente, é ganhado na base da coisa irregular, na base da maldade, sei lá por que, coisa... acho que não é coisa de Deus não. Senão era prá permanecer alguma coisa. Enquanto eles têm vida não, mas depois que morre... E também não morre morte normal não. Inclusive esse tal que me deu café preparado, ele sofreu muito. Com determinado tempo ele ficou uns anos vivendo através de aparelho, no coração, e assim por diante. Um dia tava aqui outro dia em São Paulo. A vida foi assim, foi muito sofrida. Mas segundo o ditado popular ele tinha muito o que pagar mesmo. Não só comigo que ele fez, a fama dele era grande. Então acho que ele não tem um final feliz. Acho não, não tem. Num tem nem como, fazendo mal pros outros. Inclusive, Liliane, eu sempre falo, às vezes eu falo comigo mesmo, eu num lembro que eu fizesse o mal... Ninguém é santo, é claro, mas tem hora que eu penso "O que eu fiz prá eu passar por essa?"

Cabe ressaltar que, novamente, aparece a indistinção entre curador e feiticeiro, pois quando ele vai se remeter ao senhor que teve seus bens reduzidos a nada um ano após sua morte, ele atribui tal fato a terem os bens sido conseguidos "na base da maldade", mas se refere a ele como curador, não feiticeiro.

percebido como possível agressor. A ameaça está, portanto, dispersa pela comunidade. E toda a história acaba por confirmar o estigma atribuído a Terras Altas como "terra do feitiço".

Um segundo relato sobre uma morte por enfeitiçamento, agora não mais de alguém distante mas de uma parente, pode ilustrar ainda melhor de que maneira este tipo de feitiçaria intervém na vida das pessoas. Embora não tenha sido gravado, transcrevo minhas anotações de campo sobre o caso, que me foi contado por uma senhora negra, moradora da cidade, muito ligada à Igreja Católica e que foi criada pelo Padre João Sacramento:

> Segundo Maria, Geisa namorava para casar um rapaz que gostava muito dela, mas havia uma outra moça também interessada por ele. O rapaz morava na zona rural, próximo ao local onde ela trabalhava. Um dia, Geisa permanece no local de trabalho até mais tarde, e a moça lhe oferece um prato de feijão, que ela aceita. Pouco tempo depois, aparecem em seu corpo, no local entre os seios e, na mesma altura, nas costas, duas bolhas, como se tivesse se queimado. Ela vai ao médico, mas sem resultados. Contam a seus familiares que a moça colocara pó de pele de sapo no feijão – ou seja, fizera feitiço (é Maria quem faz este comentário). Pergunto se não havia como desfazer o que foi feito, e se o problema surgira imediatamente depois dela comer o feijão. Parece que as bolhas não irrompem imediatamente, mas Maria não sabe precisar quanto tempo mais tarde isto ocorre. E afirma não ter sido possível tomar alguma atitude porque ela havia comido, e contra o que foi comido não há o que fazer. Geisa passou a sentir um grande mal-estar, e as bolhas foram se espalhando por todo o corpo (como se sua pele passasse a se assemelhar à pele do sapo). A roupa grudava nas feridas, e ela mal conseguia se manter de pé. Ficou assim por onze meses, sendo Maria uma das pessoas que cuidava dela, inclusive lhe dando banho (afirma que só da primeira vez que a viu despida passou mal, pois não imaginara que seu corpo estaria naquele estado; depois, se acostumou). Quanto ao rapaz, apesar do que fez a moça não conseguiu ficar com ele, e no dia em que celebraram a missa de um ano da morte de Geisa, também celebraram a missa de sétimo dia dele. Dizem que estava em São Paulo e pulou de um caminhão, segundo a interpretação de Maria pelo amor que tinha a Geisa. Já a moça casou-se com o irmão do rapaz.

No relato acima, apesar de haver um reforço de vários pontos já abordados, há um desfecho imprevisto, e que demonstra como as interpretações locais de casos de enfeitiçamento são abertas. Assim, embora a atitude da agressora seja claramente condenável, resultando na morte de duas pessoas inocentes e unidas pelo amor, ela não responde por seus atos explicitamente nem é punida como no relato anterior. Ao contrário, termina por se casar com o irmão daquele cuja morte provocou. Além disso, observa-se que há uma intensificação desnecessária do mal na feitiçaria: existem formas de atrair homens e afastá-los de outras mulheres, mas a agressora opta por um tipo de feitiço que provoca a morte lenta e cruel de Geisa. Esta imagem de um agressor movido por sentimentos malignos desproporcionais a sua motivação inicial vai ser um componente relevante de uma visão das relações sociais segundo um modelo paranóico, como será discutido no próximo item. A isso se alia a atribuição de uma certa responsabilidade da vítima por sua condição, já que é sua ingenuidade frente às intenções nefastas do agressor que a torna vulnerável – o que propicia uma postura de constante desconfiança sobre as intenções e os discursos alheios.

O uso da feitiçaria negativa em disputas eleitorais é também importante indicador de como ela pode ser interpretada como disruptora do equilíbrio local ao garantir a um grupo, por meios socialmente condenáveis, o acesso ao poder. No entanto, esta mobilização do discurso em torno da feitiçaria para justificar derrotas eleitorais tem também um importante papel na garantia da possibilidade de manutenção da honra dos derrotados, na medida em que explica a derrota não pela incapacidade de avaliação da força de cada um dos lados (visto que esta avaliação é a base da definição de vínculos partidários para a maioria dos moradores locais), ou pela maior fragilidade do grupo a que se tem tradicionalmente lealdade, mas sim pelo uso de uma estratégia reprovável. Desta forma, apesar da perda eleitoral, há uma afirmação da positividade do próprio grupo.

Um outro aspecto importante nos discursos sobre a feitiçaria negativa, como indicado na Introdução, é a complexificação do modelo acusatório: enquanto antes o feiticeiro era identificado com o agressor e havia uma relação apenas entre agressor e vítima, agora quatro são os agentes possíveis – o acusado como agressor, a vítima, o especialista responsável pela realização dos ritos de enfeitiçamento e o acusador. Embora possa haver coincidência entre agressor e especialista, ou entre acusador e vítima – e esta coincidência, quando ocorre, fortaleça o discurso –, eles são componentes distintos no modelo acusatório. Em outras palavras, muito mais condenado que o especialista é o agressor, pois é ele quem representa toda a ameaça do outro e os valores socialmente inaceitáveis que orientam a prática cotidiana da feitiçaria. O especialista consistiria, então, em um instrumento de garantia da possibilidade de agressão, sendo portanto condenado de maneira mais genérica e menos enfática. Além disso, muitas vezes a vítima não reconhece seu estado vitimizado ou mesmo a própria efetividade do feitiço, e o acusador a retrata como uma pessoa infeliz que é atingida por sua ingenuidade e não pode reagir ao mal.

Acrescente-se que neste discurso há uma inversão temporal com relação ao anterior: a feitiçaria cresce no presente, o que expressa o desenvolvimento das tensões e disputas sociais frente a uma imagem do passado marcada pela união, pelos valores comunitários, pela confiança. É interessante perceber que a ameaça mágica negativa aqui não diminui com o avanço do capitalismo e do acesso à educação e saúde públicas, mas aumenta. O que aponta para um aspecto central na argumentação a seguir: a grande questão da feitiçaria em Terras Altas não é o desconhecimento de relações adequadas de causa e efeito, mas a forma como as relações sociais e o outro são percebidos. Sendo assim, a inserção crescente do município no capitalismo e as incertezas que isto representa em termos da manutenção do *status quo* – na medida em que o acesso à educação e a necessidade de adoção de critérios mais explícitos e impessoais na obtenção de empregos ou benefícios (principalmente públicos) criam para pessoas que não pertencem à elite a capacidade de ascender socialmente – geram um ambiente de instabilidade propício ao incremento da inveja e da ambição e, conseqüentemente, uma afirmação do aumento das possibilidades da feitiçaria na atualidade. Principalmente por haver uma visão de que os recursos da comunidade são escassos – o mundo se assemelharia a um jogo de soma zero – e, conseqüentemente, qualquer ascensão social implicaria em um prejuízo para aqueles que não a realizaram.

Ocorre, ainda, uma ruptura com a imagem do feiticeiro negro. Por um lado, porque ao centrar as acusações em torno do agressor e não do especialista, os acusadores relacionam suas falas a relações cotidianas específicas, e estas podem remeter a qualquer morador local, independentemente das questões raciais. Depois, por haver uma identificação tanto de especialistas brancos como negros na atualidade, e não ser a negritude uma característica definidora da capacidade de conhecimento de estratégias mágicas. Na verdade, estas estão disponíveis a quem "tenha coragem" não apenas através de contatos com outros especialistas e de processos de iniciação tanto no local quanto fora, mas também de livros como o famoso Livro de São Cipriano.[75] Embora a adequação ao estereótipo seja um reforço importante ao poder atribuído a um indivíduo ou comunidade, a mulher mais temida na zona urbana é branca, assim como o

75. Os estudos de Jerusa Ferreira (1992) sobre o Livro de São Cipriano demonstram sua popularidade e disseminação no Brasil, o que, entre outros fatores, indica que as crenças aqui estudadas não se restringem a Terras Altas, mas estão presentes, de maneiras distintas, por todo o país.

principal pai-de-santo regional. Os deslocamentos, novamente, são significativos, e apontam também para a complexidade das relações raciais no município – pois enquanto em contextos em que a feitiçaria é mobilizada nos discursos como símbolo do contra-poder há um vínculo direto entre negros e feiticeiros, quando ela passa a ser vista como um mecanismo de agressão injustificada ao outro o vínculo se desfaz e uma das pessoas mais temidas é não só branca mas filha de uma família da elite.

A conjugação dos dois discursos

A presença de dois modelos de fala distintos sobre a feitiçaria não os torna, contudo, incomensuráveis, e é a possibilidade de uma mesma pessoa mobilizá-los em momentos diferentes ou conjugá-los em um único discurso que garante a força de ambos. Não há uma percepção entre os moradores locais da existência de uma duplicidade de interpretações, e sempre que uma delas pode ajudar a consolidar a outra se utiliza este recurso. Assim, por exemplo, quando o estereótipo do feiticeiro negro se encaixa no perfil de um agressor ou especialista em um depoimento acusatório, esta característica funciona como reforço para a argumentação. Em um dos processos acusatórios que acompanhei mais detalhadamente e por mais tempo, a mãe de um rapaz atribuía à namorada deste – uma prima sua classificada localmente como branca – o uso de feitiço para prender o filho e desestabilizar a família, e as características da moça não interferiam em nada na possibilidade desta acusação.[76] No entanto, quando ela insere em sua fala como cúmplice da nora uma pessoa próxima porém negra, e que embora tenha sido criada na cidade nasceu na comunidade rural de um dos grandes pais-de-santo locais, sua origem e classificação racial são mobilizadas como aspectos importantes no fortalecimento de seu poder maléfico. Também quando se fala na feitiçaria negativa de maneira genérica há uma tendência a sua identificação com a negritude, como na citação do Capítulo II em que um senhor afirma haver em Terras Altas "uns preto porco, sem vergonha, danado prá sabê pô feitiço".

Uma segunda possibilidade é o deslocamento para o passado da prática da feitiçaria negativa como forma de, simultaneamente, dar conta de sua diabolização e rebater o estigma que paira sobre a cidade. Em uma fala da

76. Mesmo porque, neste caso, a suposição de que a agressora se diferencia do especialista responsável por viabilizar a agressão é explícita.

filha de D. Álvia, ela afirma, em sentido contrário ao apontado pela mãe em trecho citado:

> S: Antigamente tinha muito essas porcaria. Eles falam porcaria, né? Que o negócio é nojento mesmo, eles mexem com muita coisa nojenta. Nojento mesmo. Era terra de cemitério na porta dos outros. Tinha isso antigamente aqui. Agora acabou.

A tentativa de rebater o estigma se explicita na seqüência da entrevista, quando a entrevistada e sua mãe tentam jogar para Minas Novas as acusações que esta cidade faz a Terras Altas (ignorando a existência da umbanda e do candomblé na zona rural):

> S: Eles tem esse preconceito. Eles tiram de Minas Novas prá colocar em [Terras Altas]. Sabe por quê? Lá em Minas Novas, dentro da cidade mesmo, tem terreiro de umbanda, terreiro de candomblé [...] Aqui em [Terras Altas] num tem isso não. Tem na saída o terreiro lá de candomblé de D. Dalva.
>
> A: Sessão espírita de mãe preta.
>
> S: Tem tudo lá, mesa branca, mesa preta, num sei que o diabo a quatro.
>
> L: Em [Terras Altas] num tem isso não?
>
> S: Tem não [...]
>
> A: Num existe. Pode vir a noite aqui, oh...
>
> S: Existia muito, mas morreu...
>
> A: Morreu, cabou.

O deslocamento também pode ocorrer em sentido contrário, situando a existência da feitiçaria punitiva no presente, como é o caso do problema com o carro enfrentado pelo professor da PUC anteriormente descrito e a declaração do morador da cidade vizinha em torno da ordem para que se dê carona a pessoas na estrada de Terras Altas.

Um terceiro ponto que ilustra bem a interpenetração dos discursos é, como vimos, o hábito de após descrever a prática da feitiçaria punitiva o narrador a definir como "maldade" ou "porqueira". Curiosamente, esta definição leva a uma desconsideração das atitudes hostis das vítimas e da impossibilidade de reação dos ditos feiticeiros por meios não mágicos – devido a suas características raciais e sociais –, fazendo com que uma situação de restauração de uma ordem ideal ameaçada se transforme em uma agressão moralmente condenável. Em outras palavras, transmuta-se um contra-poder que garantiria o equilíbrio em uma estrutura social essencialmente injusta em um poder maléfico que poderia colocar em cheque a própria estrutura.

Um dos tipos de feitiçaria que se situa mais claramente na interseção dos dois discursos é o que se refere a questões amorosas e é normalmente atribuído às mulheres. Neste caso, há uma conjugação de aspectos importantes tanto da concepção da feitiçaria punitiva quanto da negativa, na medida em que, por um lado, a possibilidade de recorrer a estas estratégias mágicas garante às mulheres um importante instrumento de contra-poder frente a relações desiguais e de franca subordinação aos homens; mas, por outro, o uso deste contra-poder é fortemente condenado pelos moradores locais e visto como tendo resultados funestos para as partes envolvidas. A oscilação entre o reconhecimento da necessidade da existência de forças que contrabalancem uma estrutura de poder oficial que pode se hipertrofiar e a condenação de tentativas de se colocar contrário ao sistema socialmente legitimado de poder é explicitada. Acrescente-se que, neste caso, o responsável pode não ser a própria mulher, mas sua família, pois o casamento é um ideal social que deve ser cumprido para as moças. Em uma fala de Seu Jonas evidencia-se como, segundo uma visão mais antiga sobre os problemas que filhas solteiras podem representar para a manutenção da honra familiar e a conseqüente necessidade de casá-las, a culpa é retirada da pessoa diretamente envolvida:

> L: E quando eles falam... porque tem uma história também que tem moça que faz feitiço prá prender rapaz, não tem?
>
> J: Moça não. O pai da moça, a mãe da moça, aquele criadô da moça... Tem deles que faz o feitiço prá segurar aquele rapaz prá casar caquela moça.
>
> L: Ah! Num é a própria moça, não?
>
> J: Não. Mas tamém faz aquilo, mas num vê o bem tamém. Casa na... prá li um mês, dois, três, é uma beleza que...(?) Daí esbarata na porcaria tamém.

Neste trecho se reconhece, simultaneamente, a eficácia do feitiço amoroso em estabelecer a relação e sua ineficácia em mantê-lo de maneira harmônica. Como dizem no local, quem faz isso "casa mas não véve". Ou seja, o uso de um instrumento socialmente condenável para se alcançar um ideal social legítimo leva a que seu alcance aparente seja acompanhado de um insucesso real.

Também na identificação estabelecida entre curadores e feiticeiros, abordada em vários momentos ao longo deste trabalho, é possível perceber como o caráter positivo e negativo de práticas mágicas pode se conjugar em uma única pessoa. O curador é alguém muito valorizado e necessário, e são comuns falas em que os narradores, tendo sido vítimas de infortúnios provocados tanto por enfeitiçamento quanto por outro fator físico ou místico, afirmam que "abaixo de Deus, foi Fulano (o curador) quem me salvou". No entanto, não há uma distinção entre o curador e o feiticeiro, e em vários dos casos em que é preciso recorrer ao curador isto acontece devido à suposta ação de um outro curador/feiticeiro. Além disso, como há uma indistinção entre ambos, a procura por um curador pode ser interpretada como procura por um feiticeiro a fim de prejudicar um outro, bem como esta pode ser justificada como necessidade de recorrer a um curador. Assim, quanto mais a pessoa se sente vítima da feitiçaria e portanto se insere no circuito de cura, mais ela se torna suspeita para a comunidade por freqüentar este circuito. É este fato, inclusive, que faz vários acusadores de casos de enfeitiçamento se dirigirem, a fim de ter suas suspeitas confirmadas, a especialistas de outros locais – muitas vezes distantes como São Paulo, em que as consultas se dão através de nomes ou objetos das supostas vítimas –, pois se livram da possibilidade de serem identificados como agressores.

Estas situações de conjugação de dois tipos de concepções distintas sobre a feitiçaria possibilitam interpretar cada tipo menos como um discurso diferenciado e mais como aspectos de um mesmo discurso marcado pela duplicidade. Duplicidade que, como vimos, está presente também na maneira como os habitantes locais lidam com questões como a negritude e o passado escravocrata, e que é fundamental para a compreensão do sentido que a crença em feitiçaria adquire para a população de Terras Altas.

II. Os problemas de lidar com o "Outro" – a feitiçaria como constitutiva de uma visão de mundo

A idéia de uma feitiçaria punitiva controlada pelos negros, com papel fundamental na possibilidade de simultaneamente lidar com a crença e se contrapor ao estigma a que o local está sujeito, não gera maiores temores, pois esta normalmente se desloca no passado e só atinge (e ainda assim de forma relativamente amena) aqueles que desconsideram os valores de respeito e reciprocidade que idealmente regem as relações sociais. No entanto, quando se analisa o discurso sobre a feitiçaria no cotidiano (responsável pela força do tema na atualidade), é interessante pensar como ela é uma ameaça constante, que pode ser provocada por praticamente qualquer pessoa e por motivos aparentemente irrelevantes. Como exemplo cito minhas anotações sobre um dos depoimentos mais fortes a que tive acesso, ouvido logo antes do fim do meu último período de campo em Terras Altas:

No dia 23 de outubro, à tarde, estava em casa quando Marcos me chamou à porta. Convidei-o para entrar, ele então me pediu desculpas por estar me incomodando e disse não ter a pretensão de demorar. Vinha por ter ficado sabendo de minha partida próxima, para saber sua data exata e me dizer que quando voltasse novamente a pintura que havia me prometido estaria pronta. Marcos é alguém que admiro muito, um rapaz de mais de trinta e cinco anos, solteiro, sério, discreto, inteligente, bom profissional, funcionário da Prefeitura e evangélico. Apesar de ser adepto do grupo político que atualmente detém o poder, não consegue ocupar um papel de maior destaque na administração – o que seria possível por sua formação técnica – pela seriedade e empenho no trabalho que demonstra, pois esta seriedade e empenho são vistas como um risco para o modelo pessoal de administração adotado. Tem uma filha ainda jovem com uma moça malvista na cidade, com a qual não mais possui envolvimento afetivo algum. Além disso, treina atletismo todos os dias, e possui um talento para as artes (daí a promessa de me fazer um quadro). Apesar de ter sido sua vizinha por um longo período, só nos últimos tempos tomara contato com ele, principalmente devido a nossa participação em uma ONG local – pois ele é alguém muito isolado do convívio social normal. Desde então, desenvolvemos uma relação de confiança, admiração e respeito – com Marcos me fazendo algumas confidências de sua vida pessoal nos momentos em que nos encontrávamos – apesar de não ser ela marcada por uma proximidade muito grande.

Logo após entrar, e ao reforçar sua determinação em fazer minha pintura antes de 2002, quando deveria voltar a Terras Altas, Marcos tocou no assunto que creio ter sido o que realmente o levou a me procurar naquela tarde. Disse-me que vira minhas fotos dos trabalhos de Joaquinzão e me perguntou se pretendia obter algum benefício pessoal com minha freqüência a tais lugares – querendo insinuar com isto se teria o objetivo de, usando meios mágicos, conseguir algo que não conseguiria comumente. Ao receber minha resposta negativa, e a explicação de que, se comparecia a tais rituais, era para desenvolver meu trabalho de pesquisa, ele se mostrou aliviado e afirmou desejar, no futuro, ter uma conversa mais longa comigo, o que não faria no momento devido ao adiantado da hora. Eu, então, percebendo sua intenção em prolongar o assunto, e nele interessada, abri espaço para que o fizesse.

Marcos demonstra sua preocupação comigo por estar me envolvendo com práticas rituais do chamado "espiritismo", que ele vincula claramente com o diabo. Aconselha-me a que, mesmo com meu interesse profissional voltado para o tema, não guarde em casa nada que se refira a ele, e tente me manter o mais afastada possível das práticas rituais e de todos os objetos que as lembrem. Segundo Marcos, apesar de muitas vezes não levarmos isto a sério, o demônio existe, e é capaz de destruir a vida de muitas pessoas, como fez com a sua. Passa, então, a me contar os problemas que vem enfrentando nos últimos anos.

Em suas palavras, sua vida era normal até há oito anos, quando começou a vê-la desmoronar pela ação de duas pessoas que foram procurar ajuda em rituais do gênero acima citado para destruí-lo. Ele se recusou a me revelar quem fossem, mas prometeu fazê-lo posteriormente. Uma delas, de sua família, por inveja (não especifica de quê), e a outra por um incidente aparentemente sem importância. Neste caso, estava um dia ligando para Andréa, com quem namorava, e observou que a pessoa se aproximou para ouvir seu telefonema. Criticou-lhe por isto, o que a fez desenvolver um ódio (para mim injustificado) contra ele.

No período em que começou a ser afetado, seu namoro era estável e bem-sucedido, mas o interesse de um pelo outro foi acabando pelas influências malignas a que estava sujeito.[77] O fim do namoro, contudo, não foi o que de pior lhe aconteceu. Passou a se isolar do mundo, e as coisas que para ele tinham maior importância passaram a dar errado. Foi assim que, no ano em que conseguiu um patrocínio para ir a uma importante competição nacional, perdeu-se no centro de Belo Horizonte e se desencontrou da delegação com a qual iria. Seu único desejo era se retrair do convívio social, e rompeu praticamente todos os seus contatos. Um de seus momentos de maior prazer era quando saía para correr sozinho no meio do mato, e até mesmo suas corridas só manteve devido a uma severa disciplina. Quanto ao envolvimento com Lúcia e a filha, afirma que este foi mais um artifício do demônio para confundir sua vida, impedindo-o de sair de Terras Altas, se aprimorar profissionalmente e seguir um caminho próprio. Além disso, o demônio também o atingia de formas mais diretas: tinha, à noite, horríveis pesadelos em que, entre outras coisas, ele arrancava suas unhas, que jorravam sangue. Acordava em pânico, e com a sensação de que aquilo era algo real.

Na medida em que estava lidando com "algo feito", Marcos afirma que teria dois caminhos para se contrapor ao demônio. O primeiro deles seria também se dirigir a um terreiro e mandar desfazer o que fora feito. Segundo ele, o demônio deseja culto assim como Deus, e desde que o cultue ele não age contra você. No entanto, este caminho mais fácil faz com que a pessoa fique refém do demônio e o fortaleça, o que não desejava. Sua cruzada torna-se, então, mais árdua por escolher o segundo caminho, que representou sua conversão ao protestantismo. Desde então, passou a estudar em profundidade o que o atingia, chegando até mesmo ao nome do ser maligno responsável por sua desgraça: Iangô. A batalha contra ele é extremamente difícil, e ainda não foi bem-sucedida. Enquanto isto não ocorrer, Marcos afirma que não pode reconstruir sua vida ou arrumar uma namorada, pois sabe que o demônio destruiria suas novas relações e se colocaria em seu caminho. Não quer envolver ninguém mais em sua triste sina.

77. A versão de Andréa é bem diferente. Segundo ela, na época ouviu uns boatos de que Marcos se envolvera com outra moça, o que a fez ficar desiludida e iniciar o relacionamento com seu atual marido.

> Marcos afirma que sua permanência em Terras Altas se deverá apenas a uma missão evangelizadora, caso isto seja necessário. Ao contrário, sairá para reconstruir sua vida fora, seja de que maneira for. Critica o local onde nasceu pelo culto excessivo ao demônio que aqui identifica. Em suas palavras, "Terras Altas é a capital". Também, mesmo dizendo que sua opinião não se deve a preconceito, afirma que este culto excessivo é o resultado da influência negra, que foi destruidora para a cidade (é importante ressaltar que a família de Marcos é uma das poucas famílias do local predominantemente brancas).
>
> Ao final, declara que as confidências que me fez são apenas parte de uma conversa mais longa que gostaria de ter comigo no futuro. Pede-me, também, sigilo absoluto, pois nem mesmo sua família conhece os dramas que vem enfrentando. Creio que só teve a coragem de me dizer o que disse por estar eu já indo embora da cidade, por ter me testado anteriormente com assuntos mais corriqueiros e por sentir a necessidade de se abrir com alguém. Sua angústia é enorme ao longo de toda a conversa, e esta angústia me atinge. Embora tenha dificuldades em reconhecer como fonte de seus males a ação do demônio, seu relato me leva a duas reflexões importantes: primeiro, de que estou lidando com um assunto que envolve uma esfera de poder significativa, e que não é possível desconsiderar este poder e sua influência na vida das pessoas; segundo, de que Terras Altas leva a que as pessoas sérias, de princípios e com uma postura mais voltada para o social tenham a vida dificultada, e a sensação de impotência tome conta delas, fazendo com que acabem por se isolar, tornem-se pessoas deprimidas e utilizem o argumento de feitiçaria para explicar a própria impotência.

No depoimento de Marcos, percebe-se como ele se sente sujeito de infortúnios recorrentes e que comprometem toda sua vida, provocados por pessoas que aparentemente não teriam motivos para tanto – pois um é um parente invejoso (e não se sabe sequer do que tem inveja), e o outro foi levemente repreendido em uma situação justificável. Também, como a partir da crença de que só foi possível atingi-lo da forma descrita devido à existência da feitiçaria, não há um maior questionamento da estrutura social de Terras Altas ou de sua incapacidade de fazer frente a essa estrutura. Seus males se devem à ação direta do demônio – um demônio personalizado e com um nome próximo a um orixá, Iangô –, que por sua vez está relacionado com a predominância de negros na cidade (vê-se novamente como um estereótipo mais relacionado à feitiçaria punitiva é mobilizado em outro contexto). Além disso, é importante ressaltar que a fala de Marcos tem um componente emocional forte, que ele é assaltado pela sensação de angústia e impotência frente às dificuldades que o afligem, mas não consegue verbalizar essas dificuldades.

Nos relatos de Nilton de Graça sobre os vários momentos em que ao longo de sua vida é atingido por infortúnios provocados por feitiçaria, podemos também perceber como praticamente qualquer pessoa, por qualquer motivo, pode se tornar um agressor – neste caso, um suposto amigo pai de uma moça também amiga, a avó de uma namorada, o sogro (não devido a problemas com o genro, mas para tentar prejudicar a própria filha) e até mesmo um carpinteiro desconhecido. A agressão provocada pelos dois últimos é bastante ilustrativa, e cito suas falas sobre ambas:

> N: Isto foi o ano passado. Aí eu liguei prá essa determinada pessoa lá em Belo Horizonte, a Dona Francisca. Expliquei prá ela o que tava acontecendo aqui, porque eu suspeitei de alguma coisa. Não é porque eu só acredito nisso. Mas eu suspeitei que alguma coisa estava acontecendo. Dificilmente eu tive parado tanto tempo assim. É normal quinze dias, vinte, talvez até trinta, isso acontece aqui. Mas noventa dias eu achei muito. Aí eu liguei prá ela, ela falou assim: "Não, Nilton, num precisa preocupar, num tá acontecendo nada". Eu falei: "Será que não tá?"; aí ela falou "Não, num tá não". Eu continuei parado, aí quinze dias depois eu tornei a ligar prá ela. Aí ela pegou falou assim: "Nilton, já que você tá perguntando eu vou te falar. Desde aquele dia que você ligou que eu sabia que tava acontecendo uma coisa com você. E quem fez a porquera como dizem foi o próprio sogro seu. Lá na porta da sua casa. Meia-noite". Ela ainda brincou comigo: "Ah, ocês também dorme demais, é igual porco prá dormi"; mas aí eu falei com ela "Mas ninguém pensava nisso, que tá acontecendo", "Mas também num precisa preocupar não, que eu já liberei, tá tudo já..."
>
> L: Mas por quê? Você tem uma relação difícil com seu sogro?
>
> N: Não, a gente tinha até um... não ótimo relacionamento, mas também num tinha muito assim...
>
> L: Problema?
>
> N: Não, problema nenhum. Mas acho que por maldade mesmo, que eles não gostam dos filhos, segundo a gente vê por aí eles não gostam dos filhos. Inclusive ele chegou até a falar que a minha esposa não é filha dele, o outro não era filho dele, que ele mesmo é uma pessoa muito maldoso. Só que... ainda bem que a dona tratou de mim, na semana seguinte eu consegui trabalho. Hoje às vezes eu fico parado mas não é mais como... Inclusive ele nunca mais veio aqui em casa, ele por si suspeitou de alguma coisa. E alguém de lá perguntou para a minha esposa "E Nilton, sarou?"; sendo que não tinha acontecido nada.
>
> L: Mas sarou de quê?
>
> N: Pois é, ela sem saber falou que sarou, mas depois que ela chegou aqui ela pensou "Mas sarar de que, Nilton? Cê num tava doente". Então alguém lá sabia de alguma coisa, né? Diz que ele chegou lá, falou que eu tava magrinho, que não

sabe como que a filha dele mora com um homem magro desse jeito, seco de fome. Então ele mesmo imaginou que eu tivesse nessa situação, pelo qual, pelo que ele fez comigo. Ele fez mesmo prá acabar com a gente. Só que graças a Deus hoje eu sinto recuperado de tudo. Mas foi difícil. Eu num sei porque eles aprende essas bobagem. Eu sou vítima mesmo disso.

N: Inclusive eu tenho até um outro fato a relatar a você. Apareceu uma dor no meu braço, que eu fiquei muito tempo, uns três meses ou mais com essa dor no braço, mas prá mim era um mal jeito, uma coisa assim. Só que eu num tomava providência. Achava que era comum, no trabalho, no deitar, uma coisa assim. Só que foi passando um, dois, três, quatro meses, e a coisa foi agravando. Sempre eu trabalhava, quando dava quatro horas, quatro e meia, eu num agüentava a dor no braço direito. E no dia seguinte amanhecia bom, eu ia trabalhar e tal, quando dava a tarde novamente o braço doía de novo. Aí mudava de um lugar prá outro, aí uma noite de uma quinta-feira eu senti muita dor, inclusive eu até falei com minha esposa "Ah, num sei, num tem jeito que eu coloco o braço que melhora"; ela falou que levantasse que ela tinha uma pomada, que tinha comprado dos mascates, pessoal que vende na rua, aí eu usei essa pomada, quando eu consegui dormir já era umas duas horas da manhã. Amanheci bom, falei com ela assim "Oh, Juliana, sabe de uma coisa, vou dar umas voltas, como diz o dito popular". As voltas quer dizer procurar tratamento. Ela brincou comigo "Dá uma volta na sala", até que era fácil, né. Aí tudo bem, eu conversando com determinada pessoa, uma senhora, Antônia, ela me levou numa dona, perto do Batieiro. Aí eu conversei com ela. Assim que eu cheguei, que chegou a hora de fazer o trabalho, ela me chamou, eu cheguei coloquei o braço assim, a primeira coisa que o guia me falou foi "É, eles acertaram seu braço bem acertado dessa vez", "É, aconteceu esse negócio, eu num sei como"; ele falou "É, eles fizeram uma coisa bem feita"; eu perguntei prá ele "Quem foi?" e ele não falou. Ele só me disse que um carpinteiro. Eu ainda perguntei se ele era meu amigo, ele falou que não. Disse "Não, ele é colega, amigo não é", que se fosse também não fazia isso. Falei "Tá bom, onde ele mora?", "Em [Terras Altas]", "Onde ele mora? Em que rua mais ou menos?", "Não, ele mora lá em [Terras Altas]". Não quis falar. Falou "Olha, faz isso. Cê tem fé em Deus, que cê vai ficar bom. Num precisa preocupar não que cê vai ficar bom". Aí ele passou uns banhos e falou prá mim assim "Você toma esses banhos, quando for na próxima segunda-feira cê volta aqui". Aí quando eu saí do salão, eu já saí bem melhor, já não sentia mais dor nem nada. Quando eu voltei ele falou "Não, agora cê tá bom, num precisa preocupar não e tal...". Depois que acabou a dor, ficou uma dormência na minha mão. Colocava o cigarro, ficava conversando, de repente o cigarro caía eu nem via. Ele falou assim "Não, mas isso vai melhorar com o tempo" e melhorou. Aí eu perguntei prá ele "Como foi que aconteceu?", "Quem fez colocou no cabo da sua ferramenta. Cê pegou a ferramenta prá trabalhar, dessa hora em diante...". Ele falou que era prá matar,

> prá dar um derrame em mim prá mim morrer. Eu já perguntei prá ele "Essa pessoa...", que eu num lembro que eu brigasse com ninguém, aí eu falei assim "Mas por que que ele fez isso?"; "É inveja de serviço. Que você é uma pessoa muito boa, comunicativa, trabalhador, ele com inveja fez esse mal para você. Mas só você vai saber, quem faz paga. Ele vai pagar isso muito caro". Mas só que até hoje eu num sei quem. E graças a Deus eu estou bom, nem preocupo, num quero nem saber quem foi, que de repente pode...

Novamente, nestes casos, há claros indícios de como os moradores de Terras Altas estabelecem relações com os outros marcadas por uma incapacidade de definição do sentido do discurso alheio (pois é sempre possível que intenções malignas estejam ocultas frente a uma aparente indiferença ou amizade) e, conseqüentemente, por uma desconfiança constante frente ao outro – já que, na medida em que a ingenuidade da vítima é a porta de entrada para o sucesso da agressão mágica, não se pode, como explicita D. Francisca, nem mesmo dormir sossegado. Este tipo de resposta a um contexto comunicativo se assemelha ao que Gregory Bateson (1991, 2000) define como um modelo esquizofrênico de lidar com o outro – ou seja, marcado pela incapacidade de distinção do tipo lógico de mensagens recebidas e, por conseqüência, também das emitidas pela própria pessoa.[78] Processo que resulta de uma experiência constante do que o autor denomina situações de "duplo vínculo". Tendo em vista a adequação desta idéia, é interessante considerar sobre que bases Bateson a constrói, e em que medida pode-se afirmar que o contexto social de Terras Altas gera em seus habitantes uma resposta semelhante à de pessoas que foram submetidas a relações familiares sistemáticas de duplo vínculo.

Bateson desenvolve o conceito de duplo vínculo a partir de sua experiência com doentes mentais esquizofrênicos e da tentativa de compreensão dos sintomas da doença tendo por base uma teoria da comunicação e a classificação desses sintomas como uma incapacidade de identificação dos tipos de mensagem emitidas por terceiros. Segundo o autor, qualquer mensagem apresenta características lógicas de níveis diferentes, sendo o primeiro deles seu conteúdo explícito, mas sendo ela também marcada por sinais sutis que indicam de que

---

78. Ao pensar a maneira como os habitantes de Terras Altas percebem o "outro" e com ele se relacionam, é importante ressaltar que não vejo estas relações a partir de um modelo patológico, mas aproximo minha discussão à de Bateson sobre esquizofrenia a partir da perspectiva de que este autor constrói um argumento que tem por base o contexto comunicativo de grupos sociais e a maneira como este contexto leva a uma estruturação de tipos de resposta específicos para seus membros.

maneira o conteúdo deve ser interpretado – como um discurso sério, como humor, ironia, metáfora, subterfúgio para um outro tipo de discurso etc. O processo de aprendizado na comunicação implica, portanto, não apenas o aprendizado de um código explícito, mas dos níveis lógicos mais abrangentes e de seus sinais sutis. Tendo em vista este nível diferenciado de tipos lógicos na mensagem, o duplo vínculo caracterizaria um contexto em que há um conflito entre os níveis de mensagem e a impossibilidade tanto de explicitá-lo quanto de fugir ao contexto. O autor indica alguns componentes necessários para a existência do duplo vínculo (cf. Bateson, 2000: 206/207): 1) uma situação envolvendo duas ou mais pessoas, sendo uma delas identificada como "vítima"; 2) a experiência ser recorrente para a vítima; 3) uma injunção primária negativa (do tipo "faça isso ou irei puni-lo" ou "se não fizer isso irei puni-lo") – podendo esta punição consistir na perda do amor ou em uma reação agressiva do outro; 4) uma injunção secundária conflitante com a primeira e que também é reforçada por punição ou sinais que ameaçam a sobrevivência da vítima; 5) uma injunção terciária que impede a vítima de sair do campo. A experiência recorrente de uma situação assim leva a pessoa a aprender a perceber o mundo a partir de padrões de duplo vínculo, o que resulta na citada incapacidade de identificar tipos lógicos de comunicação e de discutir aspectos metacomunicativos – ou seja, de esclarecer abertamente dúvidas sobre estes tipos lógicos.

Um dos exemplos mais utilizados por Bateson é de um paciente esquizofrênico cuja mãe apresenta, por questões diversas, uma ansiedade e angústia frente à proximidade com o filho, mas simultaneamente uma culpa por possuir este sentimento. Assim, ela rejeita a criança, que ao perceber a rejeição se afasta, mas no momento em que a mãe percebe o afastamento ela afirma explicitamente seu amor e traz a criança para perto. Esta proximidade, contudo, aumenta o sentimento de angústia e ansiedade, que gera novos comportamentos de rejeição. A criança é portanto punida ao compreender a mensagem implícita de rejeição materna, mas também ao não interpretá-la corretamente, pois tanto o afastamento quanto a proximidade são problemáticos para a mãe. Além disso, a fim de manter uma suposta coerência frente a seus discursos incoerentes, a mãe tenta transformar qualquer resposta a suas ações por parte da criança em uma mensagem diferente da intenção que a origina. E, ainda, a criança não pode se afastar da situação e não responder, pois esta não resposta é também punida pela mãe. Não há, portanto, em contextos de duplo vínculo, nem a possibilidade de ganho nem de fuga do contexto. A solução adotada pela pessoa é, então, a sistemática negação de suas percepções sobre os tipos lógicos diferenciados na comunicação e o desenvolvimento de uma incapacidade de identificação destes tipos lógicos. Nas palavras do autor:

> If an individual has spent his life in the kind of double bind relationship described here, his way of relating to people after a psychotic break would have a systematic pattern. First, he would not share with normal people those signals which accompany messages to indicate what a person means. His metacommunicative system – the communications about communication – would have broken down, and he would not know what kind of message a message was [...] Given this inability to judge accurately what a person really means and an excessive concern with what is really meant, an individual might defend himself by choosing one or more of several alternatives (2000:211).

Três são os tipos de alternativas identificados pelo autor como respostas possíveis a estes contextos, descritos como paranóico, hebefrênico ou catatônico. No primeiro deles, a "vítima" do duplo vínculo assume que sob toda afirmação há um significado oculto que pode constituir uma ameaça a seu bem-estar. Passa, assim, a se preocupar excessivamente com significados subjacentes e a tentar demonstrar que – ao contrário do que aconteceu ao longo de toda sua vida – não pode ser enganada, o que a coloca em constante estado de suspeição e agressividade. No segundo, ela opta por aceitar literalmente o conteúdo de toda mensagem a ela dirigida, e quando há uma contradição qualquer entre este conteúdo e o contexto, pode estabelecer um padrão em que ri dos sinais metacomunicativos. Desiste, portanto, de tentar discriminar os diferentes níveis de mensagens e passa a tratá-las igualmente como irrelevantes ou como algo do qual se deve rir. Já no tipo de reação catatônica a vítima tenta ignorar as mensagens do entorno, evitando assim classificá-las ou respondê-las e dirigindo seu interesse para seu mundo interno.

Se é possível afirmar, como fizemos antes, que as relações sociais em Terras Altas apresentam características que podem ser definidas como esquizofrênicas, principalmente segundo um modelo paranóico de percepção do outro – em que este representa uma constante ameaça à sobrevivência e bem-estar do eu, e em que suas mensagens sempre podem carregar sentidos ocultos de difícil percepção –, cabe perguntar como o contexto de duplo vínculo é socialmente gerado, e qual a importância da crença em feitiçaria neste contexto. Ao discutir o perfil da família esquizofrenogênica, Bateson (1991) ressalta que o comportamento patológico de um dos membros não é isolado, mas reflete uma estrutura específica de manutenção da homeostase do grupo e de seu relativo fechamento ao ambiente externo. Nesta estrutura, não é apenas o membro reconhecidamente doente que se relaciona e interpreta o mundo a partir de uma experiência de duplo vínculo, mas todo o grupo. É esta consideração de um comportamento individual como resultante de um equilíbrio coletivo que abre espaço para pensar como a história, a distribuição de poder e o processo de socialização em Terras Altas constituem respostas individuais ao outro características de pessoas que enfrentam a situação de duplo vínculo. E, ainda, permite a reflexão sobre a interpretação da crença em feitiçaria como um componente fundamental para o desenvolvimento desta situação ou apenas uma linguagem de expressão das tensões sociais.

A experiência histórica da escravidão e a maneira como ela permanece na memória têm aspectos que podem ser claramente identificados como constituintes de um contexto de duplo vínculo. Não há, aqui, possibilidade de ganho para o escravo, na medida em que tanto seu comportamento de conformidade à dominação quanto de reação a ela resultam em punição. Em outras palavras, na medida em que ele é propriedade de um senhor todo poderoso, seu esforço e dedicação a este senhor não trazem a ele realização e benefício próprio; ao contrário, afirmam sistematicamente o sistema de dominação que destrói sua autonomia e individualidade. Ao mesmo tempo, as tentativas de reação a este sistema são severamente punidas. Para completar, há todo um mecanismo de controle a fim de evitar que o escravo possa fugir desse contexto. Não cabe a ele, ainda, discuti-lo, pois na medida em que sua humanidade é negada ele não é um interlocutor válido. Esta concepção das relações escravocratas aparece reiteradamente nos discursos sobre o tema vistos no Capítulo II: embora os escravos, nestes discursos, tentem afirmar sua condição de humanidade, esta é contestada em vários momentos – como nos relatos em que eles são ferrados no rosto e tratados e alimentados como animais. Por outro lado, nos momentos em que conseguem burlar esta definição, são punidos pela tentativa. É o que ocorre no caso do escravo que quer comer na mesa do patrão, e que embora o consiga é posteriormente açoitado. Ou naquele em que o negro da Costa tenta casar com a rainha, mas tem seu plano descoberto e retorna a sua condição subordinada (e, neste caso, duplamente subordinada, na medida em que sua tentativa não apenas não o leva a alcançar uma posição de igualdade, mas também gera uma subordinação em que ele ainda se adequa aos moldes do dominador – "Pelo menos os bicho ficô tirado"). Do ponto de vista do dominador, ser humano é se sujeitar a um modelo de dominação que nega ao dominado sua própria humanidade.

A influência de concepções do período escravocrata na definição dos moldes em que se dão as relações raciais na atualidade mantém estruturas de duplo vínculo, expressas na duplicidade do discurso em torno do negro. Como vimos, há uma discriminação clara, porém negada, e uma proibição social de discutir metacomunicativamente este processo. O argumento da miscigenação aparece aqui como um instrumento importante para garantir a manutenção do duplo vínculo: ao se dizer que não se pode discriminar por todas as famílias da cidade terem entre elas algum membro negro, se inviabiliza a capacidade do negro de questionar abertamente a discriminação a que é efetivamente sujeito. Por outro lado, a identificação dos padrões estéticos e de comportamento aos brancos, e o uso de adjetivos como "porcos" e feiticeiros para se referir a pessoas e comunidades negras leva a que o negro tenha sua auto-imagem e identidade constantemente comprometidas. Como exemplifica a reza de Maria Preta sobre não ser pecado ser negro, mas se comportar como tal, a única saída para fugir à discriminação é adotar uma postura e uma estética definidas como apropriadas pelo grupo dominante, e que portanto reforçam a discriminação. Em síntese, o negro precisa lidar com a percepção da discriminação, sua negação no discurso social reconhecido e a incapacidade de explicitar esta contradição.

Também o sistema político e de distribuição de recursos – marcado, como dito na primeira parte deste texto, pela experiência da escravidão – reforça o contexto de duplo vínculo. A predominância de critérios pessoais e não explícitos para se ter acesso ao poder e aos benefícios sociais e econômicos que este garante geram um ambiente de insegurança e dependência. Insegurança e dependência agravadas pelas pequenas possibilidades de ganho financeiro no local e a forma subordinada de os moradores de Terras Altas se inserirem nas regiões para as quais migram temporária ou definitivamente – o que faz com que esse acesso seja fundamental na possibilidade de permanência no município, ou seja, em um local em que têm pelo menos uma posição mais digna. Não há, portanto, alternativa para se fugir da dependência. Além disso, a percepção do mundo como um jogo de soma zero, em que o sucesso de uns implica necessariamente no fracasso de outros – mesmo que não haja uma relação direta entre os eventos relacionados ao sucesso e a percepção do fracasso – faz com que qualquer benefício obtido em bases pessoais possa ser ameaçado por intrigas de terceiros com o detentor do poder, sem que seja possível se defender (pois é característica da intriga ser velada) ou recorrer a critérios impessoais para garantir as vantagens alcançadas. Por outro lado, a idéia de uma feitiçaria punitiva faz com que também para os poderosos a situação não seja tranqüila, pois decisões arbitrárias trazem consigo o risco de uma retaliação mágica. Acrescente-se que a maior fonte de poder são os recursos públicos, e para adquirir seu controle torna-se necessário, pelo menos nos momentos de disputa eleitoral, mobilizar o apoio da população e se defender dos ataques diretos e mágicos dos adversários.

Outro processo histórico que instaura uma situação de duplo vínculo é aquele relacionado com a catequização dos grupos negros e indígenas submetidos ao domínio português. A imposição de uma religião oficial radicalmente distinta daquelas professadas por estes grupos, aliada à demonização de suas crenças, faz com que a inserção no catolicismo se torne não apenas complexa, mas também problemática – pois mesmo com as interpenetrações que ocorrem entre visões religiosas diversas, e com as estratégias utilizadas para manutenção de certas crenças e ritos negros e indígenas a partir da identificação de suas divindades com santos católicos (em uma tentativa de resistir à demonização), adequar-se à religião dominante resulta no reconhecimento de sua legitimidade (conseqüentemente da legitimidade da dominação), bem como em uma transformação das religiões subordinadas. Por outro lado, o mero abandono da religião tradicional não se dá facilmente, e a abertura do catolicismo para sua permanência desde que vinculada ao diabo provoca uma dubiedade frente à mesma, que pode ser simultaneamente negada e afirmada, vista como positiva e negativa, mas de qualquer forma modificada.

Com relação a este processo de expansão do catolicismo junto às populações negra e indígena, bem como ao contexto colonial mais amplo de imposição dos modelos do colonizador a grupos dominados, são esclarecedoras as palavras de Bateson (1991) em torno dos dilemas enfrentados pela cultura da Nova Guiné frente à proibição, por missionários ou pelo governo ocidental, de rituais que estimulam comportamento complementar em situação de incremento da rivalidade simétrica:

> What we have done above is to imagine a culture placed in a double bind. From its own point of view, the culture faces either external extermination or internal disruption, and the dilemma is so constructed as to be a dilemma of *self*-preservation in the most literal sense. Under no circumstances can the preexisting "self" survive. Every move seems to propose either extermination by the larger environment or the pains of inner disruption. Even if the culture elects for external adaptation and by some feat achieves the necessary inner metamorphosis, that which survives will be a different "self" (:113).

Um ponto adicional importante na compreensão do tipo de reação ao "outro" característico dos moradores de Terras Altas são os moldes segundo os quais se orienta a educação infantil. Esta se baseia no princípio de que cabe aos adultos manter seus filhos o mais calmos e disciplinados possível, e que para tanto qualquer tipo de recurso é válido – desde a rigidez dos pais até, e principalmente, o engano sistemático das crianças. Assim, por exemplo, tendo como objetivo fazer um menino parar de chorar ou conformá-lo a uma situação desagradável, é legítimo mentir para ele sobre as ações futuras das outras pessoas, sem que posteriormente tais pessoas se sintam compelidas a reconhecer a mentira ou responder por ela. Qualquer questionamento da criança pode ser rebatido com uma repreensão ou negação de que houve uma mensagem que objetivava apenas o seu apaziguamento. Neste contexto, torna-se muito difícil avaliar a confiabilidade dos discursos dos outros, pois eles sempre podem ter sentidos muito distintos de seu conteúdo explícito, e não há como esclarecer tais sentidos através de discussões metacomunicativas. Além disso, quando estas são tentadas, normalmente resultam em uma distorção da mensagem da própria criança, como forma de defesa para a estratégia educativa adotada.

Acrescente-se ainda que, por conseqüência do quadro acima descrito e representando um importante reforço a ele, a expressão aberta de sentimentos é algo socialmente malvisto em Terras Altas. Isto é evidente no que se refere aos conflitos, que raramente são explicitados. Quando o são (como no caso de brigas e discussões públicas) levam a que todos aqueles não envolvidos condenem a atitude de quem provoca a explicitação, e normalmente dêem ao atingido, por sua postura como vítima, a razão na contenda. Aquele que tenta colocar questões polêmicas para os outros, mesmo em ambientes profissionais, é visto como um agressor, e um agressor desagradável. Mas também no que se refere a sentimentos positivos há um controle em torno de sua expressão – fato que provavelmente tem um vínculo com o aprendizado desde a infância de que, assim como as declarações dos outros muitas vezes querem dizer algo distinto de seu conteúdo, também as suas podem ser interpretadas como de um tipo lógico diferente do desejado. Não se elogia comumente, nem se enuncia sentimentos de amor ou amizade a não ser de maneira formal – em cartões e mensagens escritas de forma padronizada e que costumam ter um caráter pouco autêntico. Na verdade, a enunciação de sentimentos positivos é em geral prenúncio de um interesse pessoal de quem a faz (ou pelo menos é assim compreendida), levando a que seja mal interpretada. As pessoas se colocam o tempo todo na posição expressa pelo ditado "Quando a esmola é muita, o santo desconfia". E qualquer gentileza é vista como esmola e excessiva. Pode-se identificar o que Bateson define como "one of the most destructive form of double bind, namely the attack upon spontaneity or sincerity" (2000:119).

No contexto social acima descrito, marcado pelo duplo vínculo, a resposta em moldes paranóicos identificada nos discursos e ações dos moradores de Terras Altas se constitui a partir da crença na feitiçaria. É a possibilidade de, por inocência, ser molestado por uma agressão mágica que torna qualquer outro ameaçador, exigindo uma postura de constante vigilância e desconfiança. Embora a intriga seja também instrumento importante para atingir os desafetos, a feitiçaria amplia significativamente a capacidade atribuída ao outro de intervenção nefasta na vida de cada um. Além disso, os mecanismos variados disponíveis para o feitiço, vários deles já citados – dar presentes ou alimentos enfeitiçados para alguém comer ou beber, fazer "coisa" em seu rastro, na porta de sua casa, colocar no caminho em que vai passar, na ferramenta de trabalho, costurar o nome da pessoa ou sua saliva na boca de um sapo, entre outros – leva a que, mesmo que a pessoa esteja em constante alerta, não consiga se furtar de maneira definitiva ao ataque alheio. Pelo menos é o argumento comum nos discursos sobre o tema para os moradores que se mostram mais temerosos: todo infortúnio, desde que visto como recorrente, pode ser atribuído a uma agressão mágica em geral provocada por terceiros. Estes, por sua vez, são movidos por um sentimento difuso que é visto como a principal causa da feitiçaria: a inveja.

Interessante sobre a inveja é que ela nos discursos não tem estímulos claramente definidos, podendo ser provocada tanto por ter a vítima mais acesso a poder e recursos quanto por suas amizades, ou por conseguir trabalho, ou por ter uma família estável, ou por ter o mínimo para sua sobrevivência, ou por sua aparência física, ou por um aspecto até mesmo impensável. A inveja é um sentimento nefasto que é intrínseco ao invejoso (embora muitas vezes não seja claro aos demais), e que o torna alguém com potencial nocivo. Curiosamente, contudo, só se tem acesso a ela ou por indícios sutis de comportamento que precisam ser interpretados, ou pela interpretação presente no discurso de alguém que se sente vítima ou identifica um outro como vítima. Caracteriza-se o outro a partir de sentimentos que justificam uma postura de constante desconfiança frente a ele.[79] O par inveja/feitiçaria representaria, assim, tanto o suporte

---

79. Neste ponto, talvez se possa ir mais longe e identificar com relação à inveja um processo semelhante àquele identificado por Freud (1948) no que se refere aos ciúmes projetados, em que o autor afirma: "Precisamente aquellos que niegan experimentar tales tentaciones, sienten tan enérgicamente su presión que suelen acudir a un mecanismo inconsciente para aliviarla, y alcanzan un tal alivio e incluso una absolución completa por parte de su conciencia moral, proyectando sus proprios impulsos a la infidelidad sobre la persona a quien deben guardala. Este poderoso motivo puede luego servirse de las percepciones que delatan los

ideológico para que a resposta ao outro em moldes paranóicos esteja presente quanto um reforço ao contexto marcado pelo duplo vínculo.

Cabe notar, aqui, que a relevância da inveja não é uma característica que se restringe ao contexto de Terras Altas. Michael Taussig (1993) também destaca sua importância como discurso que dá sentido às acusações de malefício, e afirma que "ao que parece, as pessoas podem sentir inveja de praticamente tudo. A pessoa invejosa é perigosa, tão excitada pela inveja que tentará matar através de meios mágicos" (:373). Comenta, ainda, que "o mais pobre entre os pobres, como Alquimedes, pode sentir que é vítima da inveja. Porque um homem pobre não pode ser medido pela moeda da República ou pelo que é visível" (:375). No entanto, em momento posterior do texto estabelece um vínculo entre presença e crescimento do temor a agressões mágicas provocadas por terceiros e o incremento da criação de gado, por estímulo do Banco Mundial, na região do Putumayo colombiano por ele estudada – em que a produção em moldes capitalistas representaria uma ameaça aos valores comunitários e à distribuição prévia de poder e recursos. No trecho em que, ao abordar o discurso da inveja, afirma "O traço mais proeminente desse discurso é a incapacidade de retribuição e a traição de uma amizade. A questão mais ampla à qual esse teatro responde é a rejeição desdenhosa do próprio laço social, por meio da encenação violenta da mitologia do indivíduo associal, que nutre a si mesmo. Devido a isso ele motiva o contra-ataque da feitiçaria, desfechado pela sociedade" (:370), parece haver um deslocamento da argumentação do agressor para a vítima. Atos que são retratados, nos discursos acusatórios em torno da feitiçaria motivada pela inveja, como expressão do individualismo excessivo de quem recorre aos poderes mágicos passam a ser vistos apenas como um contra-poder frente a outros que, esses sim, teriam um comportamento associal. Talvez esta afirmação se justifique pelo tipo de duplicidade de interpretações característico do tema, pelo menos em contextos semelhantes ao descrito no primeiro item deste capítulo – e, neste sentido, pensar nos dois tipos de discursos já descritos como a interpretação de quem se encontra de cada um dos dois lados da dinâmica da feitiçaria: ou como acusador ou como (potencial) acusado. No entanto, como argumentaremos posteriormente, a intensificação do medo à feitiçaria ao longo de processos de

---

impulsos inconscientes análogos de la otra persona y justificarse entonces con la reflexión de que aquélla no es, probablemente, mucho mejor" (:1030/1031). Assim, em certos casos, o temor à inveja resultaria de um impulso invejoso do próprio acusador, que transfere para o outro os sentimentos que rejeita em si mesmo. E exatamente por possuí-los e rejeitá-los procura sistematicamente no comportamento alheio indícios que sustentem a projeção.

expansão do modo de produção capitalista pode ser compreendida não somente como necessidade de mobilização de um contra-poder, mas também a partir do aumento dos impulsos para a inveja em situações em que há uma intensificação da mobilidade social e uma ruptura do *status quo*.

Se voltamos à discussão de Bateson em torno da esquizofrenia como resposta a uma situação de duplo vínculo e aceitamos a importância da feitiçaria na estruturação desse discurso, podemos questionar, no caso de Terras Altas, a adequação de explicações da crença como linguagem para expressar tensões sociais. Pois a ação do esquizofrênico se dá exatamente no sentido oposto: sua postura de incapacidade de avaliação do discurso do outro é uma estratégia de não percepção das contradições presentes nesse discurso, já que há uma impossibilidade de fugir ao duplo vínculo ou esclarecê-lo por discussões metacomunicativas. Neste sentido a feitiçaria não seria, em primeiro lugar, uma linguagem, pois ela *constitui* uma visão de mundo específica. Em outras palavras, em um ambiente povoado pela ameaça da agressão mágica as tensões sociais não são as mesmas: o outro é percebido de forma diferente e as relações com ele se dão em moldes distintos. Depois, na medida em que fornece as bases de um discurso paranóico, ela, ao contrário de explicitar tensões sociais, as camuflaria, pois impediria que incoerências e conflitos sociais, econômicos e políticos fossem abertamente tratados.

O relato de Marcos anteriormente citado esclarece o que tento apontar. Sua inadequação à forma de relações sociais e profissionais predominantes na cidade leva a seu isolamento e uma certa destruição de seu eu. Seria, assim, mais suscetível aos contextos de duplo vínculo, e sua resposta a eles se encaixa bem na definição do modelo paranóico. Ele não faz, em toda a conversa, nenhuma reflexão em torno do contexto social que o impede de ser bem-sucedido, mas responde a ele com angústia e uma sensação de estar sendo constantemente perseguido por um ser sobrenatural nefasto, a imagem por excelência do mal: o demônio. Este, contudo, não age sozinho, mas apenas ao ser mobilizado por duas pessoas que desejam sua destruição por motivos insignificantes. Neste contexto, reafirmo a dificuldade de sustentar a idéia de o discurso em torno da feitiçaria ser uma linguagem de expressão das tensões sociais. O grau de emoção envolvido nessa percepção do mundo é alto para limitar a crença na feitiçaria a uma linguagem. Ela constrói uma imagem do outro, e esta imagem orienta significativamente as possibilidades das relações sociais. Além disso, que tensões sociais específicas seriam expressas em um discurso como o aqui considerado, ou em que medida estariam elas sendo ocultadas por este discurso?

O argumento acima desenvolvido leva, ainda, a outra consideração importante sobre um tema, abordado na Introdução deste trabalho: o problema da interpretação da crença na feitiçaria como um modelo inadequado de estabelecimento de relações de causa e efeito, contraposto ao modelo supostamente adequado – científico – de compreensão da realidade. Como vimos, vários dos autores clássicos, ao pensar a magia, o fazem a partir de uma perspectiva em que ela representa uma superstição, uma incapacidade de compreensão da dinâmica efetiva dos eventos no mundo natural, estimulado pela incerteza resultante de um controle rudimentar sobre a natureza e o porvir. Este modelo de compreensão das crenças mágicas conduz a algumas conseqüências significativas. Em primeiro lugar, supõe que estas crenças estão fadadas ao desaparecimento, na medida em que o aumento do conhecimento "adequado" sobre o mundo e do controle sobre o ambiente provocariam a redução das incertezas e angústias humanas que geram a necessidade de recorrer a ritos mágicos. Além disso, constrói este desaparecimento não apenas como inevitável, mas também como ideal – pois as crenças mágicas são, como diz Mauss, "um encadeamento de absurdos e de erros propagados" (1974:154), proveniente do "espírito crédulo e ignorante de todos os tempos" segundo Malinowski (1988:84). O avanço da cultura ocidental e do capitalismo constituem, nesta perspectiva, não somente um processo de dominação sócio-econômico-cultural, mas também um benefício inquestionável ao propiciar a estes "crédulos e ignorantes" uma visão "correta" do mundo.

No entanto, o que estudos como o de Taussig (1993) anteriormente citado e o de Mary Douglas (1999) apontam de formas diferenciadas é que, ao contrário do previsto na concepção clássica de que a superstição e ignorância que representam a crença na magia seriam debeladas pelo esclarecimento das populações vinculado à expansão do capitalismo (principalmente por ser ela acompanhada do incremento do sistema de educação leiga oficial e de meios de comunicação de massa), há um acréscimo, nas áreas por eles estudadas, do temor aos danos provocados pela feitiçaria aliado à difusão de processos de produção em moldes capitalistas. Caso seja possível afirmar, pelo menos em alguns contextos, que a feitiçaria fala muito mais sobre a relação com o outro que sobre a relação com o mundo, e que constitui uma imagem deste outro a partir da constante ameaça que ele representa – tanto como defensor de uma ordem ideal colocada em risco pelo sistema de poder (feitiçaria como contra-poder) quanto agressor de outros movido pela inveja e por sentimentos anti-sociais –, bem como que esta forma de resposta ao outro provém de um meio social em que a presença do duplo vínculo é significativa, então este crescimento do medo do feitiço resultante da desestabilização de modos de vida tradicionais e de uma nova estruturação do sistema de acesso ao poder e recursos não parece um contra-senso. Como indica a análise sobre a situação de Terras Altas, parte importante dos componentes do contexto social que definem a presença do duplo vínculo se ligam à história da colonização e a maneira como se reflete na atualidade. E, em um ambiente em que o modelo paranóico de resposta ao outro está disponível, há uma tendência a que ele seja mobilizado com maior intensidade nos momentos marcados por mudanças sociais, quando as incertezas, as relações de duplo vínculo e a inveja se multiplicam (principalmente se a população envolvida vê o mundo como um jogo de soma zero).

Na tentativa de consolidar a argumentação acima, volto aos relatos de casos de enfeitiçamento citados ao longo do capítulo, apenas para destacar que a questão dos mecanismos utilizados para atingir a vítima – ou seja, as relações de causa e efeito que possibilitam a feitiçaria – é um tema marginal, quando presente. Assim, por exemplo, é pouco relevante para Maria que Geisa tenha ficado doente de uma maneira cruel e morrido devido a uma rival ter colocado pó de pele de sapo na sua comida, ou então para Nilton de Graça que tenha contraído uma forte dor no braço devido a "algo feito" no cabo de sua ferramenta. No caso de Marcos, a perseguição de Iangô não é descrita como resultando de nenhum tipo de rito identificado. Para estas pessoas o fundamental é que alguém tente matá-los ou destruí-los por rivalidade amorosa, ódio contraído em uma situação corriqueira ou uma inveja difusa, e que possa fazê-lo. A maneira como o faz permanece em segundo plano. Sendo assim, na medida em que a inserção em um modelo produtivo capitalista potencializa as rivalidades, a inveja e até mesmo a necessidade de controlar magicamente o abuso de poder e as atitudes anti-sociais, não há porque supor que haveria uma redução ou mesmo extinção da crença em feitiçaria quando os motivos para realizá-la se fortalecem.

Considerações finais

A amplitude do tema deste livro e a necessidade de contextualização da crença em feitiçaria para que seu sentido fosse melhor explorado leva a que uma série de aspectos importantes da história, e principalmente da religiosidade de Terras Altas, não tenha sido abordada em profundidade – pois tal abordagem implicaria em um aumento significativo da extensão e dispersão do texto. Assim, para exemplificar, questões como o processo de implantação e consolidação da umbanda/candomblé na zona rural; as relações deste com a dinâmica das comunidades; os vínculos entre poder de cura, demonização, imagem do negro e sua história; a procedência das diversas crenças mágicas e sua conjugação, entre outras, foram apenas indicadas ao longo do texto, havendo inúmeras reflexões possíveis a partir de cada uma delas. No entanto, mesmo reconhecendo a impossibilidade de desenvolvê-las adequadamente aqui, optei por indicar certos aspectos relevantes, na expectativa de que venham a estimular posteriores considerações.

Neste trecho final, levanto ainda um outro tipo de questão, mais geral e que creio ser importante para pensar os problemas que se colocam na abordagem da magia e na reflexão sobre ela de uma perspectiva antropológica. Volto, assim, a alguns pontos presentes na Introdução, com destaque para a proposta de diálogo entre as teorias nativas e do mundo do antropólogo, principalmente quando lida com temas delicados como a eficácia mágica. Imergir no universo do discurso sobre a magia e, em algumas situações especiais, de sua prática leva o pesquisador a enfrentar experiências que o colocam frente à necessidade de reconhecimento de que, em certos casos, a interpretação mágica de eventos dada por seus informantes é muito mais consistente que suas possibilidades de interpretação excluindo a magia. Por outro lado, a resistência de sua própria concepção de mundo a este reconhecimento cria dificuldades na reflexão sobre estas experiências, o que em geral é enfrentado com uma opção ou pela descrição não problemática da interpretação nativa ou por uma descaracterização desta interpretação a partir da afirmação de sua impossibilidade. Apenas em alguns textos específicos – como no momento discutido na Introdução em que Evans-Pritchard (1978) afirma ter visto apenas uma vez a bruxaria, para logo em seguida postular sua inexistência – o problema aparece de forma mais explícita. No entanto, durante o campo é comum se confrontar com situações do gênero, e elas, pelo menos momentaneamente, colocam as concepções do antropólogo em cheque, além de criarem uma interrogação – mesmo que rápida – sobre a capacidade de dialogar com crenças que questionam fundamentos básicos de nossas próprias crenças. Talvez seja mesmo esta ameaça a um dos aspectos essenciais da nossa visão de mundo que faz essas situações desaparecerem da maior parte dos textos antropológicos, e torna tão difícil encarar de frente o desafio de explicitá-las e refletir sobre elas.

Apesar de não ter conseguido lidar com o problema ao longo do texto, gostaria de reconhecer sua existência citando duas situações em que o impacto da explicação mágica sobre mim foi significativo. Ambas envolvem conseqüências funestas – a morte de duas pessoas que se tornaram amigas ao longo do trabalho de campo – e um discurso sobre a agressão mágica a elas antes que o mal fosse consumado. A primeira se inicia em um momento em que resolvi fazer um questionário sobre a religiosidade local que, depois de perguntar sobre os hábitos religiosos do informante, lhe inquiria sobre já ter ouvido falar do ditado "Terras Altas é terra de feiticeiros" e, caso a resposta fosse afirmativa, se conhecia alguém que havia sido vítima da feitiçaria. Uma das pessoas entrevistadas foi uma mulher de cerca de quarenta anos, branca, filha de uma das mais influentes famílias da cidade, que já havia sido diretora da escola local e era casada com um homem de uma família grande mas menos influente que a dela, moreno e que trabalhava em uma usina de cana no interior paulista. Ela não apenas afirma sua crença no feitiço e na presença deste em Terras Altas, mas passa a me relatar como era vítima. Segundo disse, no período de seu casamento ficou sabendo que uma mulher que considerava sua amiga, e que é muito temida como feiticeira, havia falado (sem que identificasse os motivos) que ela poderia até se casar, mas não viveria com o marido (não fica claro em seu relato se este conhecimento se deu antes ou depois de casada). Assim, no mesmo ano em que se casa, seu marido passa de cortador de cana a funcionário permanente da usina, só podendo ficar em casa um mês por ano. Ao mesmo tempo, ela não pode abandonar seu cargo na escola para acompanhá-lo. Ele começa, ainda, a beber muito (sua família é de alcoólatras) e se descontrolar quando embriagado (esta segunda parte também atribuída à feitiçaria). Em síntese, nunca tivera uma vida matrimonial estruturada, atribuindo o fato à interferência mágica de terceiros.

Na manhã do dia seguinte à entrevista, ela me procura em casa para pedir-me que não comentasse com ninguém suas declarações, pois caso o marido soubesse se irritaria muito. Desde então, nunca mais conversamos sobre o assunto. Cerca de um ano depois, ela consegue aposentadoria proporcional na escola, fecha sua casa, compra um enxoval novo e se muda para São Paulo. Os planos eram ficar lá por três anos, até a aposentadoria do marido, quando voltariam todos para Terras Altas. A mudança se dá em agosto, e, sete meses depois, recebo uma carta contendo a notícia de sua morte, ao que tudo indica por um problema hepático e insucesso na cirurgia. A primeira lembrança que me ocorreu foi sua afirmação na entrevista de que forças mágicas a impediriam de viver com o marido.

O segundo acontecimento envolve a morte de uma pessoa fundamental em minha pesquisa e com quem eu mantinha uma relação de forte amizade. O filho deste senhor tinha, na época, um noivado tumultuado com uma moça de quem a família não gostava, e com quem teve uma filha. A gravidez se deu em um momento em que estavam rompidos, e a moça não podia sequer entrar na casa dos pais do noivo. Cerca de um ano antes que este senhor falecesse, comecei a observar que ele estava ficando cada vez mais lento, desligado, sem energia, apesar de ter apenas sessenta e quatro anos de idade. Neste período, ele estava se tratando de úlcera e alternava períodos em São Paulo e Terras Altas, tendo inclusive passado por um neurologista recentemente. A avaliação médica foi positiva.

O comportamento desligado e estranho deste senhor se agravou rapidamente cerca de um mês antes que se sentisse mal, passando a ser visível para membros da comunidade com quem não tinha contato direto. Dois dias antes do mal-estar que o levaria para Sete Lagoas, fui à casa de uma parente de sua mulher, que me contou que, a pedido desta, mandara consultar uma mulh em São Paulo sobre o que estava ocorrendo, ao que ela afirmou que a noiva do filho estava atingindo o pai, pois previa ser ele o maior empecilho para sua penetração na família. Os sintomas por ele apresentados se encaixavam perfeitamente em um tipo de agressão mágica responsável por "sonsar" a vítima.

A entrevistada ainda comenta sobre os riscos que ele corria, e como seria o comportamento da agressora caso conseguisse acabar com ele. Após dois dias, ele sente um mal súbito, e é transportado em ambulância até Sete Lagoas, onde já chega em coma profundo. O médico responsável pelo caso afirma que ele apresentava um problema cerebral grave que provocou as alterações de comportamento que vínhamos observando, e que era estranho que não houvesse sido diagnosticado antes. Ao longo do velório, em Terras Altas, o comportamento da noiva do filho foi exatamente aquele previsto pela parente, e esta me falou, ainda, que seus filhos haviam ligado de São Paulo no dia em que o senhor se sentiu mal, e que a vidente mandara dizer que tomassem providências rápidas, pois ele corria sérios riscos de vida. Após esses episódios, o noivado do filho continuou tumultuado mas se acertando nos últimos tempos, e nunca mais a família tocou no assunto.

O que mais me marcou nas duas situações acima não foram as acusações e sua estrutura, mas o fato de que elas, de certa forma, prevêem um resultado posterior negativo que realmente se efetiva, e que só poderia ser descrito em um discurso que ignore a magia como *coincidências*. Além disso, em várias situações menores a adequação das explicações em torno da magia e de suas previsões bem-sucedidas geraram pelo menos dúvidas quanto a minha concepção de sua impossibilidade. Dúvidas estas que creio representarem um importante fator no processo de elaboração das interpretações sobre as vivências e informações obtidas no campo, e mesmo na capacidade de enxergar a existência e relevância do material abordado ao longo deste texto. Pois, mesmo que não levem a uma mudança definitiva de percepção do mundo, elas indicam que o discurso do outro tem impacto sobre o pesquisador – portanto que este consegue ouvi-lo. Voltando às declarações de Evans-Pritchard sobre a bruxaria zande, as oscilações que ele demonstra frente à adequação ou não dos oráculos, ou a possibilidade ou não de agressões místicas, mesmo que posteriormente negadas em seu texto, abrem caminhos para se perceber que, caso não se deixe penetrar pelo discurso do outro, o antropólogo não será capaz de estabelecer um diálogo efetivo.

Acrescente-se, ainda, que tal diálogo não envolve apenas aspectos intelectuais, mas também emocionais. É difícil, se não impossível, ficar imune à forte carga emocional que têm os discursos dos sujeitos de estudo em torno das ameaças mágicas a que são vulneráveis, bem como da construção que fazem dos outros capazes de impingi-los o malefício. Também é impossível deixar de reconhecer – e sentir – o poder que gira em torno dos pais-de-santo ou outras pessoas que estão diretamente vinculadas à realização e combate à feitiçaria. No meu caso, creio que este impacto emocional foi, inclusive, um estímulo importante na reflexão que deu origem a este trabalho. A percepção de uma relação com o outro muito diferente daquela à qual eu estava acostumada, e das conseqüências desta relação nas possibilidades de vida e realização pessoal e profissional das pessoas envolvidas – bem como da importância da crença em feitiçaria na geração de sentimentos recorrentes de angústia e desconfiança sobre o outro, e da conseqüente legitimação de ataques cruéis a esse outro a partir desses sentimentos – funcionou para mim como uma alavanca no sentido de dar conta dos aspectos que motivavam uma concepção de mundo que me parecia essencialmente perversa. E à qual eu não era imune, como demonstra um sonho que tive pouco antes de ir embora, alguns dias depois da conversa com Marcos que descrevi no capítulo anterior. O sonho aconteceu na noite de uma conversa com Ana, uma moça de quem gostava muito, professora, e que teve papel importante em um órgão público municipal (do qual saiu por não conseguir lidar com a estrutura de poder local, que a pressionava sistematicamente, tendo visto todas as modificações no sentido de estabelecer critérios claros e impessoais de gestão que fez irem por água abaixo com a administração seguinte). Ela me conta os problemas que enfrentava no local, seu relativo isolamento e desconfiança de todos, e como, quando chegou na cidade, não acreditava em feitiço, mas agora estava começando a acreditar.[80] Para finalizar, transcrevo minhas anotações sobre o sonho, que acredito expressar bem este impacto emocional a que me referi:

---

80. A maneira como sintetizo a conversa em minhas anotações de campo pode ser relevante: "Enfrentando um relacionamento amoroso difícil, possuindo uma família repressora e lidando com um processo de perseguição movido pela chefe do local onde trabalha, Ana se mostra cada vez mais isolada do convívio social, e incapaz de estabelecer relações com as pessoas de quem aparentemente gostaria de se aproximar (como, por exemplo, no meu caso: tendo ela várias vezes demonstrado confiança e simpatia por mim, fazendo-me até mesmo confidências, mantém-se distante no cotidiano). Neste contexto, é bastante significativa a sua afirmação, solta em uma conversa em torno desses problemas, de que não acreditava em feitiçaria, mas nos últimos tempos tem mudado de opinião. Parece-me que sua crença no feitiço acompanha a descrença nos habitantes de Terras Altas e na possibilidade de realizar um trabalho que avalie como sério e bem-sucedido, ou de estabelecer relações que perceba como sinceras e gratificantes. O ânimo com que chegou à cidade após sua formatura, e que a fez assumir inicialmente um cargo público de destaque e reestruturar a área da qual era responsável, foi sendo minado a cada dia. Testemunho, no caso de Ana, um processo de destruição individual ao qual não consigo ficar emocionalmente imune".

À noite, tive um sonho que, creio, reflete a percepção que tenho de Terras Altas, estimulado pela conversa com Ana, e que relato em linhas gerais. Nele, eu estava em uma casa antiga, em cuja vizinhança havia uma residência de vampiros. Estes, à noite, invadiam a casa onde estava e mordiam as pessoas, que se tornavam também vampiros. Tentando me defender, decidi me trancar no quarto, para que os vampiros não pudessem entrar, mas me vi impossibilitada de fazê-lo porque neste quarto também dormiam outras pessoas, e trancá-las do lado de fora significaria condená-las ao vampirismo (pois não teriam para onde fugir). Por outro lado, abrir a porta para meus companheiros de quarto poderia me condenar, na medida em que não havia como saber se eles já tinham se tornado vampiros ou não. Havia apenas uma maneira de identificar os vampiros: eles não comiam nem bebiam. Assim, em um almoço observo que um homem mudo e com uma mão defeituosa não está comendo nem bebendo nada, e o pavor toma conta de mim. Estando em outro quarto, tento desesperadamente trancar a porta, mas quando consigo fazê-lo a parte com dobradiças se abre. Penso, ainda, que não poderei ficar o resto da vida trancada em um quarto, que precisarei comer e beber, mas então me lembro de que durante o dia os vampiros não atacam. Quando, por fim, consigo fechar a porta, subo em um banco e olho, pela parte de vidro de cima dela, quem está comendo e bebendo ou não, vejo Júlia (uma moradora local) comendo um salgado e penso que ela ainda não se tornou um vampiro. Observo, então, que o quarto em que estou não possui paredes, mas apenas uma bancada de madeira da altura de menos de um metro, não estando eu, portanto, nada protegida. Vejo meu pai, que é um homem gordo, com um belo terno verde claro, de bigodes e advogado (características que não se aplicam a meu pai verdadeiro) chamando minha prima para analisar uns documentos. Ele não come nem bebe, portanto já se tornou vampiro, e vai transformá-la em vampiro também. Apesar de minha agonia, não posso fazer nada. O sonho é tão angustiante que nele eu acordo e começo a contá-lo para um rapaz, então Márcia (minha anfitriã) nos chama para tomar café e quando vou vejo uma turma já pela manhã bebendo cerveja. Acordo em seguida, e como estou sozinha em casa vou procurar minha vizinha para conversar, devido a meu estado de ânimo.

BIBLIOGRAFIA

ALBERONI, Francesco. 1996. *Os invejosos*: uma investigação sobre a inveja na sociedade contemporânea, Rio de Janeiro: Rocco.

AMADO, Janaína, FERREIRA, Marieta M. (org.). 1996. *Usos e abusos da história oral*, Rio de Janeiro: Fundação Getúlio Vargas.

AMARAL, Leila. 1988. *Do Jequitinhonha aos canaviais*: em busca do paraíso mineiro, Dissertação de Mestrado apresentada ao Departamento de Sociologia e Antropologia da UFMG.

Annuario de Minas Geraes, 1918, Belo Horizonte.

Annuario Historico e Chorographico de Minas Geraes, vol. II, anno III, 1909, Bello Horizonte.

APPADURAI, Arjun. 1981. "The Past as a Scarce Resource". *MAN*, vol. 16, n. 2.

BAGNO, Marcos. 2002. *Preconceito linguístico*: o que é, como se faz, São Paulo: Loyola.

BAKHTIN, Mikhail. 1993. *A cultura popular na Idade Média e no Renascimento*: o contexto de François Rabelais, Brasília/São Paulo: Edunb/Hucitec.

BAKHTIN, Mikhail. 1997. *Estética da criação verbal*, São Paulo: Martins Fontes.

BARBOSA, Waldemar de Almeida. 1972. *Negros e quilombos em Minas Gerais*, Belo Horizonte, s.e.

BASTIDE, Roger. 1985. *As religiões africanas no Brasil*, São Paulo: Pioneira.

BATESON, Gregory. 1991. *A Sacred Unity. Further Steps to an Ecology of Mind*, New York: A Cornelia & Michael Bessie Book.

BATESON, Gregory. 2000. *Steps Towards an Ecology of Mind*, Chicago: The University of Chicago Press.

BIRMAN, Patrícia, NOVAES, Regina, CRESPO, Samira (org.). 1997. *O mal à brasileira*, Rio de Janeiro: EdUERJ.

BOSCHI, Caio César. 1986. *Os leigos e o poder*: irmandades leigas e política colonizadora em Minas Gerais, São Paulo: Ática.

BROWN, Diana et. alli. 1985. *Umbanda e política*, Rio de Janeiro: Marco Zero.

BRUMANA, Fernando, MARTINEZ, Elda. 1991. *Marginália sagrada*, Campinas: Editora da UNICAMP.

BURKE, Timothy. 1996. *Lifebuoy Men, Lux Women. Commodification, Consuption and Cleanliness in Modern Zimbabwe*, London: Leicester University Press.

CARNEIRO, Edson. 1956. "O negro em Minas Gerais" in *Segundo Seminário de Cultura Mineira*, Belo Horizonte: UFMG.

CARNEIRO, Edson. 1991. *Candomblés na Bahia*, Rio de Janeiro: Civilização Brasileira.

CARNEIRO, Edson. 1991. *Religiões negras / Negros bantos*, Rio de Janeiro: Civilização Brasileira.

CARVALHO, José Jorge. 1992. Antropologia: saber acadêmico e experiência iniciática. *Série Antropologia 127*, Brasília: Universidade de Brasília / Departamento de Antropologia.

CARVALHO, José Jorge. 1996. Images of the Black Man in Brazilian Popular Culture. Série Antropologia, n. 201, Departamento de Antropologia / UnB.

CARVALHO, José Jorge. 1999. O olhar etnográfico e a voz subalterna. Série Antropologia, n. 261, Departamento de Antropologia / UnB.

CARVALHO, José Jorge. 2000. A Religião como Sistema Simbólico. Uma Atualização Teórica. Série Antropologia, n. 285, Departamento de Antropologia / UnB.

CLIFFORD, James, MARCUS, George (org.). 1986. *Writing Culture*, Berkeley: University of California Press.

COHEN, Anthony P. 1985. *The Symbolic Construction of Identity*, London and New York: Routledge.

Diccionario geographico, historico e descriptivo, do Imperio do Brazil, 1845, Paris: J. P. Aillaud.

Dicionário histórico-geográfico de Minas Gerais, s.d., Belo Horizonte: Arquivo Público Mineiro.

DOUGLAS, Mary. 1976. *Pureza e perigo*, São Paulo: Perspectiva.

DOUGLAS, Mary. 1999. Os lele revisitados, 1987: acusações de feitiçaria à solta in *Mana*, vol. 5, n ° 2, out. 1999, Rio de Janeiro: Contra Capa.

DURKHEIM, Émile. 1989. *As formas elementares da vida religiosa*, São Paulo: Paulinas.

ELIADE, Mircea. 1995. *O Sagrado e o profano*: a essência das religiões, São Paulo: Martins Fontes.

ESCHWEGE. 1979. *Pluto Brasilienses*, Belo Horizonte: Itatiaia.

EVANS-PRITCHARD. E.E. 1978. *Bruxaria, oráculos e magia entre os Azande*, Rio de Janeiro: Zahar.

FABIAN, Johannes. 1983. *Time and the Other. How Anthropology Makes Its Object*, New York: Columbia University Press.

FABIAN, Johannes. 1998. *Moments of Freedom. Anthropology and Popular Culture*, Charlottesville: University Press of Virginia.

FAVRET-SAADA, Jeanne. 1999. *Les Mots, la Mort, les Sort*, Éditions Gallimard.

FERREIRA, Jerusa P. 1992. *O Livro de São Cipriano*: uma legenda de massas, São Paulo: Perspectiva.

FOUCAULT, Michael. 2002. *As palavras e as coisas*, São Paulo: Martins Fontes.

FRANCO, Francisco Assis de Carvalho. 1953. *Dicionário de bandeirantes e sertanistas do Brasil*: séculos XVI - XVII - XVIII, São Paulo.

FREUD, Sigmund. 1948. Sobre algunos mecanismos neuroticos en los celos, la paranoia y la homossexualidad in *Obras Completas I*, Madrid: Editorial Biblioteca Nueva.

GALIZONI, Flávia M. 2000. *A terra construída*: família, trabalho, ambiente e migrações no Alto Jequitinhonha, Minas Gerais, Dissertação para obtenção do título de mestre em Antropologia Social, no Departamento de Antropologia Social da Faculdade de Filosofia, Letras e Ciências Humanas da Universidade de São Paulo.

GEERTZ, Clifford. 1978. *A interpretação das culturas*, Rio de Janeiro: Zahar.

GEERTZ, Clifford. 1998. *O saber local*, Petrópolis: Vozes.

GEERTZ, Clifford. 2001. *Nova luz sobre a Antropologia*, Rio de Janeiro: Jorge Zahar.

GINZBURG, Carlo. 1987. *O queijo e os vermes*: o cotidiano e as idéias de um moleiro perseguido pela Inquisição, São Paulo: Companhia das Letras.

GINZBURG, Carlo. 1991. *História noturna*: decifrando o Sabá, São Paulo: Companhia das Letras.

JAMES, Allison, HOCKEY, Jenny, DAWSON, Andrew (org.). 1997. *After Writing Culture. Epistemology and Praxis in Contemporary Anthropology*, New York / London: Routledge.

KLEIN, Melanie, RIVIERE, Joan. 1962. *Vida emocional dos civilizados*, Rio de Janeiro: Zahar.

KLEIN, Melanie. 1991. *Inveja e gratidão e outros trabalhos – 1946-1963*, Rio de Janeiro: Imago.

LACAN, Jacques. 1998. *O seminário – Livro 11*: os quatro conceitos fundamentais da psicanálise, Rio de Janeiro: Jorge Zahar.

LATOUR, B. 1994. *Jamais fomos modernos*, Rio de Janeiro: Ed. 34.

LATOUR, B., WOOLGAR, S. 1997. *A vida de laboratório*, Rio de Janeiro: Relume Dumará.

LEMAIRE, Anika. 1989. *Jacques Lacan*: uma introdução, Rio de Janeiro: Campus.

LÉVI-STRAUSS, Claude. 1973. *Antropologia estrutural*, Rio de Janeiro: Tempo Brasileiro.

LIMA, Alceu Amoroso. 1983. *Voz de Minas*, São Paulo: Abril S/A Cultural / FIAT.

MACHADO FILHO, Aires da Mata. 1985. *O negro e o garimpo em Minas Gerais*, Belo Horizonte / São Paulo: Itatiaia / USP.

MAGGIE, Yvonne. 1992. *Medo do feitiço*: relações entre magia e poder no Brasil, Rio de Janeiro: Arquivo Nacional.

MAIR, Lucy. 1976. *Witchcraft*, New York: McGrall-Hill Book Company.

MALINOWSKI, Bronislaw. 1984. *Magia, ciência e religião*, Lisboa: Edições 70.

MARCUS, George, FISCHER, Michael. 1986. *Anthropology as Cultural Critique*, Chicago: University of Chicago Press.

MARWICK, Max (ed.). 1970. *Witchcraft and Sorcery*, Middlesex: Penguin Books.

MATOS, Raimundo José da Cunha. 1979. *Corografia histórica da Província de Minas Gerais (1837)*, Belo Horizonte: Arquivo Público Mineiro.

MAUSS, Marcel. 1974. Esboço de uma teoria geral da magia in *Sociologia e Antropologia*, vol. I, São Paulo: EDUSP / EPU.

MAUSS, Marcel. 1988. *Ensaio sobre a dádiva*, Lisboa: Edições 70.

Minas Gerais. Monumentos históricos e artísticos: circuito do diamante. 1994. Belo Horizonte: Fundação João Pinheiro.

MONTERO, Paula. 1985. *Da doença à desordem*: a magia na umbanda, Rio de Janeiro: Graal.

MOURA, Margarida Maria. 1988. *Os desclassificados do ouro*, Rio de Janeiro: Zahar.

NEGRÃO, Lísias Nogueira. 1996. *Entre a cruz e a encruzilhada*: formação do campo umbandista em São Paulo, São Paulo: EDUSP.

NOGUEIRA, Carlos Roberto F. 1995. *O nascimento da bruxaria*, São Paulo: Imaginário.

OLIVEIRA, João Pacheco. 1999. Romantismo, negociação política ou aplicação da antropologia: perspectivas para as perícias sobre terras indígenas in *Ensaios em Antropologia Histórica*, Rio de Janeiro: UFRJ.

ORTIZ, Renato. 1988. *A morte branca do feiticeiro negro*: umbanda e sociedade brasileira, São Paulo: Brasiliense.

PASSERINI, Luisa. 1988. Oral History in Italy After the Second World War: From Populism to Subjectivity. *International Journal of Oral History*, vol. 9, n.2.

PEIRANO, Mariza. 1995. *A favor da etnografia*, Rio de Janeiro: Relume Dumará.

PINTO, Alfredo Moreira. 1894. *Apontamentos para o Diccionario Geographico do Brazil*, Rio de Janeiro: Imprensa Official.

PIZARRO E ARAUJO, José de S. A. 1948. *Memórias históricas do Rio de Janeiro (1820)*, vol. 8, Rio de Janeiro: Imprensa Nacional.

POHL, Johann Emanuel. 1976. *Viagem ao interior do Brasil*, Belo Horizonte: Itatiaia.

PORDEUS Jr., Ismael. 2000. *Magia e trabalho*: a representação do trabalho na macumba, São Paulo: Terceira Margem.

PORTELLI, Alessandro. 1981. The Peculiarities of Oral History. *History Worksohp*, issue 12, Autumn.

PORTELLI, Alessandro. 1991. The Death of Luigi Trastulli: Memory and the Event, in *The Death of Luigi Trastulli and Other Stories. Form and Meaning in Oral History*, New York: State University of New York Press.

PORTO, Liliana. 1998. *Reapropriação da tradição*: um estudo sobre a festa de Nossa Senhora do Rosário de Chapada do Norte / MG, Versão modificada de dissertação de mestrado premiada em 2° lugar no Concurso Sílvio Romero 1998 / FUNARTE.

PRIORE, Mary del. 1994. *Festas e utopias no Brasil Colônia*, São Paulo: Brasiliense.

Revista do Archivo Publico Mineiro, anno II, 1897, Ouro Preto: Imprensa Official de Minas Gerais.

Revista do Archivo Publico Mineiro, anno IV, 1899, Bello Horisonte: Imprensa Official de Minas Geraes.

Revista do Archivo Publico Mineiro, anno XIII, 1908, Bello Horizonte: Imprensa Official de Minas Geraes.

Revista USP / Dôssie Magia, nº 31, mar-mai 1989. São Paulo: USP.

RIBEIRO, Ricardo F. 1993. *Campesinato*: resistência e mudança – o caso dos atingidos por barragens no Vale do Jequitinhonha, Dissertação de Mestrado apresentada ao Departamento de Sociologia e Antropologia da UFMG.

ROPER, Lyndal. 1994. *Oedipus and the Devil. Witchcraft, Sexuality and Religion in Early Modern Europe*, New York / London: Routledge.

RUSSEL, Jeffrey B. 1997. *A History of Witchcraft. Sorcerers, Heretics and Pagans*, New York: Thames and Hudson.

SAINT-HILAIRE, Auguste. 1975. *Viagem pelas províncias do Rio de Janeiro e Minas Gerais (1816-1817)*, Belo Horizonte: Itatiaia.

SALLES, Fritz Teixeira de. 1963. *Associações religiosas no ciclo do ouro*, Belo Horizonte: Imprensa Universitária (UFMG).

SANTOS, Ana Flávia M. 2001. *A comunidade de Porto Coris e os aspectos sócio-econômicos do processo de licenciamento da UHE Irapé – Vale do Jequitinhonha/MG*, PA nº 08112.001180/98-04, Procuradoria da República de Minas Gerais, Ministério Público Federal.

São Cipriano, o Bruxo (Capa Preta), 1998. Rio de Janeiro: Pallas.

SCARANO, Julita. 1975. *Devoção e escravidão*: a Irmandade de Nossa Senhora do Rosário dos Pretos no distrito diamantino no século XVIII, São Paulo: Brasiliana.

SCHWARCZ, Lilia, REIS, Letícia V. S. (org.). 1996. *Negras imagens*: ensaios sobre cultura e escravidão no Brasil, São Paulo: EDUSP / Estação Ciência.

SEGATO, Rita L. 1992. Um paradoxo do relativismo: o discurso racional da Antropologia frente ao Sagrado in *Religião e Sociedade*, v. 16, n. ½, Rio de Janeiro: ISER.

SEGATO, Rita L. 1995. *Santos e daimones*, Brasília: Editora da UnB.

SHAPIN, S., SCHAFFER, S. 1985. *Leviathan and the Air Pump: Hobbes, Boyle and the Experimental Life*, Princeton: Princeton University Press.

SILVA, Vagner G. 1994. *Candomblé e umbanda*: caminhos da devoção brasileira, São Paulo: Ática.

SILVA, Vagner G. 2000. *O antropólogo e sua magia*, São Paulo: Edusp.

SOUZA, João Valdir Alves. 2000. *Igreja, educação e práticas culturais*: a mediação religiosa no processo de produção/reprodução sociocultural na região do Médio Jequitinhonha mineiro, Tese de Doutorado apresentada ao Programa de Estudos Pós-Graduados em Educação: História, Política, Sociedade da PUC/SP.

SOUZA, Laura de Mello. 1986. *Desclassificados do ouro*: a pobreza mineira no século XVIII, Rio de Janeiro: Graal.

SOUZA, Laura de Mello. 1993. Inferno atlântico: demonologia e colonização: séculos XVI-XVIII, Rio de Janeiro: Graal.

SPIX e MARTIUS. 1981. *Viagem pelo Brasil (1817-1820)*, Belo Horizonte: Itatiaia.

STOLLER, Paul. 1987. *In Sorcery's Shadow*, Chicago: University of Chicago Press.

STOLLER, Paul. 1989. *Fusion of the Worlds*, Chicago: University of Chicago Press.

STOLLER, Paul. 1995. *Embodying Colonial Memories*, New York / London: Routledge.

TAUSSIG, Michael. 1993a. *Xamanismo, colonialismo e o homem selvagem*: um estudo sobre o terror e a cura, Rio de Janeiro: Paz e Terra.

TAUSSIG, Michael. 1993b. *Mimesis and Alterity. A Particular History of the Senses*, New York / London: Routledge.

VASCONCELLOS, Sylvio de. 1968. *Mineiridade*: ensaio de caracterização, Belo Horizonte: Imprensa Oficial.

VASCONCELOS, Diogo de. 1974. *História média de Minas Gerais*, Belo Horizonte: Itatiaia.

VELHO, Otávio. 1995. *Besta-Fera*: recriação do mundo, Rio de Janeiro: Relume-Dumará.

WEBER, Max. 1994. *Economia e sociedade*, Vol. I, Brasília: Editora da UnB.

ZALUAR, Alba. 1983. *Os homens de Deus*: um estudo dos santos e das festas no catolicismo popular, Rio de Janeiro: Zahar.

Este livro foi composto em Scala, texto 10,5/13,8; Nexus Mix nos títulos e impresso pela gráfica Palas Athena em papel chamoix book 80 gr. para a Attar Editorial em setembro de 2007.